2,–

Über dieses Buch Jack Flowers, ein rothaariger Riese in den Fünfzigern, glaubt an einen Neuanfang in seinem Leben, als er in einem Hafen der Straße von Malakka bei Nacht und Nebel sein Schiff verläßt und auf einem Proviantboot nach Singapur weiterfährt. Tagsüber und offiziell arbeitet Jack für einen chinesischen Schiffsausrüster, doch sein eigentliches Metier wird die Zuhälterei: Und während er seinen Kunden – meist touristischen Greenhorns – »alles, aber auch alles« verspricht, träumt der menschenfreundliche Jack zugleich von einem humanen Freudenhaus mitten im Halbwelt-Dschungel von Singapur. Doch seinen Unternehmungen droht mächtige Feindschaft von seiten der chinesischen Geheimbünde, die die Prostitution der Stadt beherrschen.

Der Roman ›Saint Jack‹ wurde 1979 mit Ben Gazzara in der Rolle des seltsamen Heiligen von Peter Bogdanovich verfilmt.

Der Autor Paul Theroux, 1941 in Massachusetts geboren, hat lange Zeit in Afrika und Asien gelebt und auch später immer wieder ausgedehnte Reisen unternommen, zuletzt in die UdSSR und nach China. Seit mehreren Jahren lebt er, zusammen mit seiner Familie, in London. In England und Amerika wurde er zuerst durch seine ungewöhnlichen Reisebücher bekannt. Seine Romane – in mehr als zehn Sprachen übersetzt – erreichten eine Gesamtauflage von über fünf Millionen Exemplaren.

Als Fischer Taschenbuch lieferbar: ›Dr. Slaughter‹ (Bd. 8372), ›London Embassy‹ (Bd. 5406), ›Orlando, oder die Liebe zur Fotografie‹ (Bd. 8371), ›Moskito-Küste‹ (Bd. 8344), ›O-Zone‹ (Bd. 8346).

Paul Theroux

SAINT JACK

Roman

Aus dem Englischen von
Rudolf Schultz

Fischer Taschenbuch Verlag

Ungekürzte Ausgabe
Veröffentlicht im Fischer Taschenbuch Verlag GmbH,
Frankfurt am Main, August 1989

Lizenzausgabe mit freundlicher Genehmigung
der Claassen Verlag GmbH, Düsseldorf
Die Originalausgabe erschien 1977 unter dem Titel ›Saint Jack‹
im Verlag Hamish Hamilton Ltd., London.

Umschlaggestaltung: Manfred Walch, Frankfurt am Main
unter Verwendung einer Illustration von
Dirk Görtler, Glottertal
Gesamtherstellung: Clausen & Bosse, Leck
Printed in Germany
ISBN 3-596-28345-0

Für Anne,
wie immer in Liebe

Und für gute Freunde
an zwanzig
tropischen Orten

Handeln schafft Glauben –
aber den richtigen?

A. H. Clough,
Amours de Voyage

1. Teil

1

Es ist bei Memoiren üblich, mit dem ersten Satz soviel wie möglich vom Wesen des Verfassers zu enthüllen und deshalb durch ein anschauliches und einprägsames Motto zu illustrieren, und schon bei meinem ersten Satz, der sich jetzt seinem Ende nähert, sehe ich, daß ich dies versäumt habe! Aber man schreibt mit den Fingern, und alles Schreiben, auch wenn es unbeholfen ist, offenbart mit seinen Schnörkeln und Schiefheiten eine Sehnsucht, die tiefer liegt als die bloße Absicht, und die Seele des Autors flattert an der Wäscheklammer seiner Ausrufezeichen. Das schließt den oben hingekritzelten Satz mit ein: Mein Wesen nur langsam preiszugeben ist charakteristisch für mich. Damit bin ich also doch noch zu einem gar nicht so schlechten Anfang gekommen. Mein Gemurmel bringt mich dazu, mich zu erinnern. Später werde ich von meinen Mädchen erzählen.

Beginnen wollte ich eigentlich mit einem Wortwechsel, der im vergangenen Jahr eines Morgens zwischen Gopi und mir stattfand. Gopi war unser *Peon* – ausgesprochen wie »Paiũũn«, der Bote, um ihn vom »Pi-on«, dem Sklaven, zu unterscheiden. Er war Tamile und hatte ein lahmes Bein. Er schlängelte sich in meine Nische. Er zeigte mir zwei große feuchte Handflächen und zwei farblose Augen und sagte: »Mister Hing wollen sehen Mister Jack sehr eilig-*lah*.«

Mit dieser Vorladung fing es an. Damals wußte ich nicht genug, um es für dramatisch zu halten. Vielmehr ärgerte es mich. Obwohl es wie eine unschuldige Bitte aussieht, legt es sich – wenn es vierzehn Jahre lang praktisch jeden Tag wiederholt wird – beklemmend auf die Seele. Dieses »eilig-*lah*« wurmte mich mehr als die Vorladung selbst. Mr. Hing, mein *Towkay*, mein Chef, war ein ungeduldiger Typ. Und ich bot mich seinen Vorladungen geradezu an.

»Niemand sagt Jack Flowers, daß er sich beeilen soll«, sagte ich und wandte mich wieder meinem blauen Notizbuch zu. Ich war finster entschlossen. Ich schrieb den Namen eines Mädchens neben ein umrandetes Datum. Er kann warten, bis er schwarz wird, dachte ich, der Arsch. »Gopi, sag ihm, ich bin beschäftigt.«

Wenn er diese Mitteilung überbrachte, würde der *Peon* Gefahr laufen, einen Teil der Schuld auf sich zu ziehen. Vermutlich hatte ich es auch deswegen gesagt – kein erfreulicher Gedanke. Aber ich konte nicht sofort zu Mr. Hing hinaufgehen. Gopi ging langsam hinaus und schleppte dabei sein krankes Bein hinter sich her. Als er draußen war, knallte ich meinen Kalender zu und stieg dann, wie von schwerem Kummer geplagt und auf jeder Stufe seufzend, die schmale Stiege zu Mr. Hings Büro hinauf.

Mr. Hing, ein sauberer rundlicher Kantonese, erhielt einmal wöchentlich einen brutalen Haarschnitt in der Art, wie ihn Insassen einer Irrenanstalt verpaßt bekommen; oben blieb eine stachlige Bürste stehen, der Rest war weiß geschoren. Er hatte hohe chinesische Augenbrauen, und sein Lächeln, das kein wirkliches Lächeln war, zeigte einen gemeißelten Schatz goldener Zähne. Sein Lächeln war Zorn. Er war meistens zornig, mit der typisch chinesischen Seelenqual, einem impulsiven, magenverstimmenden *Yin*, das mit einem feigen *Yang* um die Wette schwamm: die auf einem toten Punkt angelangte Persönlichkeit. So kann es passieren, daß die Chinesen einem mit wächsernem Gleichmut ins Gesicht starren oder schnauben und furzen, wenn man ein Wort der Ermutigung hören möchte. Ihre Heimlichtuerei ist nur die halbe Geschichte. In der anderen Hälfte stoßen sie gellende Schreie aus, stürzen sich von Dächern herab, saufen Unkrautvertilgungsmittel und Ätznatron und sterben auf schreckliche Weise, um ihren Verwandten Unannehmlichkeiten zu machen, oder sie schnattern auf der Straße herum mit Messern in den Händen. Was Mr. Hing vom Selbstmord abhielt, war vielleicht die Überlegung, daß er sich durch einen Sprung vom zinnenartig ausgezackten Dach seines niedrigen zweistöckigen Ladenhauses nicht umbringen konnte. Die beiden gegensätzlichen Bestandteile seines Wesens machten ihn zu einem geizigen, aber besessenen Glücksspieler, einem tyrannischen Philanthropen, einem gequälten Bösewicht, fast zu meinem Freund. Er hatte einen Hund. Er stopfte ihn mit gutem Futter voll und versetzte ihm Tritte ohne jeden Grund – vielleicht trat er ihn, weil er ihn fütterte und die Freundlichkeit ihn grausam machte. Wenn der Hund davonlief, was oft der Fall war, setzte Mr. Hing ein teures Inserat in die *Straits Times*, um das arme Tier wiederzubekommen. Mr. Hing war klein, ungefähr einsfünfzig, und jeden Morgen machte er seine »Rülpser« genannten Übungen hinter verschlossener Bürotür. Er kannte wenige Freuden im Leben. Bis sechs Uhr abends (dann zog er einen gestreiften Pyjama an und schaukelte seinen Enkel auf den Knien) trug er ein normales weißes Hemd, eine teure Uhr, eine einfarbige Hose und billige Gummisandalen, die er sich von den Füßen schlenkerte, wenn er sich mit gekreuzten Beinen auf seinen Stuhl setzte. So saß er auch an dem Morgen da, als ich sein Büro betrat.

Er war ein bißchen aufgeregter als sonst, und der Eindruck der Aufgeregtheit wurde noch verstärkt durch den schwarzen Ventilator auf einem Regal, der seinen summenden Propeller sehr schnell von einer Seite zur anderen drehte und den wirren Stoß Papiere auf dem Schreibtisch durcheinanderbrachte. Blätter zitterten und richteten sich auf, und Mr. Hing klatschte sie wieder flach, wenn der Ventilator sich in die andere Richtung drehte; dann ging das Spiel von neuem los, ein neuer Windstoß, ein neues Klatschen.

Mr. Hings Bruder hockte neben ihm, die Knie angezogen und die Arme in der Mulde seines Schoßes zusammengelegt. Er trug ein T-Shirt mit offenem Kragen, das seine unbehaarte Brust sehen ließ, und große Shorts. Für mich war er Little Hing; er war magerer und jünger, und mit seinem jugendlichen, hungrigen Gesicht machte er auf mich einen höchst unvertrauenswürdigen Eindruck. Wie sie mich über den Schreibtisch hinweg anstarrten, ähnelten sie mit ihren zwanzig Zentimeter voneinander entfernten Gesichtern dem Brüderpaar, das in rautenförmigem Rahmen der breitschultrigen Flasche eine chinesische Patentmedizin – *Tiger Tonic, Three Wheels Brain Fluid* oder *Rhino Water* (Mr. Hings Lieblingsmarke) – aufgeklebt ist. Big Hing war besonders aufgeregt und sagte alles zweimal. »Setzen Sie sich, setzen Sie sich«, und dann: »Wir haben ein Problem, haben ein Problem.«

Es ist unmöglich, die wirkliche chinesische Sprechweise einigermaßen unverzerrt wiederzugeben, und in diesem Bericht möchte ich die üblichen Witzchen vermeiden. Es mit »geblatenem Dolsch« zu versuchen kommt der Wirklichkeit auch nicht näher als die normale Sprache, die ich Big Hing gerade in den Mund gelegt habe. Bei Chinesen geschieht mehr als nur der Austausch von r und l, w und b und s und sch. Sie verschlucken die meisten Konsonanten und lassen einem Wort nur selten eine Endung: ein Knacklaut amputiert jede Endsilbe. Was Big Hing also wirklich sagte, war »setzn sisch« und »wi ham 'n Problö«; es hat keinen Sinn, dieses Gebrabbel originalgetreu wiederzugeben. Ich begnüge mich also mit Andeutungen. Little Hings Englisch war viel besser als das seines Bruders, obwohl er sehr schnell sprach; waren sie jedoch im gleichen Zimmer, dann machte Little die Klappe nicht auf, außer wenn er etwas auf kantonesisch murmelte. An jenem Morgen saß er schweigend da, mit zusammengepreßten Zähnen: die unteren standen vor und zäunten die oberen mit gelben Pfählen ein.

Die Unterhaltung, soviel wußte ich, würde kurz sein, und der einzige Grund, warum Big Hing mich zum Sitzen aufforderte, war daß, daß ich über den Schreibtisch ragte wie ein verschwitzter, ärgerlich schnaubender Bär und meine Tätowierungen präsentierte. Meine Größe beunruhigte sie ganz besonders. Ich war einen Fuß größer als Big Hing und anderthalb Fuß größer als Little – wenn sie standen. Ich setzte mich und versank in seinem Sessel, der mit einem Plastiknetz bespannt war, und während ich sank, begann Big Hing mit seiner Erklärung.

Vor einem Monat hatte man ihm gesagt, aus Hongkong würde ein Mann kommen, um unsere Bücher zu prüfen. Es gab noch einen Hing in Hongkong, einen größeren *Towkay* als Big Hing, und die Revision war jedes Jahr einmal fällig. Sie war auch jedes Jahr wieder eine Demütigung, weil Big Hing es nicht schätzte, wenn seine Buchführung angezweifelt wurde. Dennoch passierte es jedes Jahr wieder; einmal war es ein bleicher kleiner Mann, der immer total kaputt ankam, weil er in der Deckklasse eines Frachters gereist war; dann war es einige Jahre hindurch ein Kerl wie ein Gerippe mit einem freundlichen Lächeln und hervorquellenden Augen, der eine durch langen Gebrauch in Wildleder verwandelte Aktentasche liebevoll an seinen gestärkten Rock mit Tressenverschluß drückte. Die Buchprüfer blieben eine Woche, ließen den Abakus klicken und blätterten das Hauptbuch durch; Big Hing saß direkt daneben, goß Tee ein und sagte nichts. In diesem Jahr war es nun ein Mann namens Lee, und er war das Problem, obwohl Big Hing das nicht erwähnte. Alles, was er sagte, war: »Treffen Sie diesen Mann am Flughafen.«

Das war der Grund für Hings Aufregung. Er hatte angenommen, Lee sei Kantonese oder wenigstens Chinese. Aber er entdeckte, ich habe nie erfahren wie, daß Lee ein *Ang moh* war, ein Rothaariger. Die *Ang mohs* waren meine Abteilung. Deshalb war ich bei Hing angestellt – bei *Chop Hing Kheng Fatt: Schiffslieferant & Provianthändler,* wie das Firmenschild besagte. Es wurmte Hing, daß er sich mit dem Namen geirrt hatte, und er war wütend darüber, daß seine Bücher von einem *Ang moh* durchgesehen werden sollten. Er glänzte vor Zorn und schlug mit der Faust auf die flatternden Papiere und wiederholte Lees Namen und die Instruktionen für mich, ihn am Flughafen zu treffen. Ich zog meine eigenen Schlußfolgerungen und hatte in allen Einzelheiten recht – außer dem Namen, der Leigh geschrieben wurde.

»Mein Wagen ist in der Werkstatt«, sagte ich. Nicht daß ich Schwierigkeiten machen wollte. Aber es war ein lauter, zehn Jahre alter Renault mit 150000 Kilometern auf dem Tacho. Die Radaufhängung, vorn rechts, hatte sich am Fahrgestell gelockert, wodurch das Vorderteil bei jeder Geschwindigkeit ins Schwimmen geriet und das Profil von den Reifen abgerieben wurde. »Ich werde ein Taxi nehmen müssen.«

»Können Sie, können Sie«, sagte Big Hing.

Little Hing flüsterte etwas und starrte mich dabei mit zusammengebissenen Zähnen an – bauchrednerischer Feigling. Für Little Hing war ich der letzte Barbar: Meine Haare waren früher rötlich; ich bin behaart, meine Arme sind überreich tätowiert – ein Wilder, »direkt von den Bäumen«, wie Yardley zu sagen pflegte.

»Bus zu Flughafen, Taxi in Stadt«, sagte Big Hing. Das war Little Hings geflüsterter Vorschlag.

Mit dem Taxi machte es zwei Dollar; der Bus kostete vierzig Cent. Es gab keinen direkten Bus. Ich haßte es, in einer überdachten Bushaltestelle außerhalb der Stadt zu sitzen, in der Hitze, zusammen mit zwanzig Schulkindern. Aber ich sagte okay, weil ich sehen konnte, daß sich Big Hing darauf versteifen würde, mich einssechzig sparen und gleichzeitig wissen zu lassen, wer der Boß war. Ich fing nie Streit an, bei dem ich von vornherein wußte, daß ich den kürzeren ziehen würde. Big Hing war mein *Towkay:* ich konnte nicht gewinnen. Aber meine Geschäfte mit ihm waren gering.

Er zählte zwei Dollar vierzig vom Kleingeld ab und blickte auf seine Uhr.

»Wann landet sein Flugzeug?« fragte ich.

Big Hing meinte, um halb vier; Little murmelte etwas auf kantonesisch, und ich erwartete bereits eine nachträgliche Korrektur, aber Big Hing beharrte auf halb vier und gab mir die Flugnummer. Ich ging hinunter, um meinen Busfahrplan zu konsultieren.

Bis jetzt war es ein unerfreulicher Tag gewesen: ruiniert erstens durch den *Peon*, der mich zur Eile gemahnt hatte, und zweitens durch die Anordnung, für die ganze Strecke bis hinaus zum Flughafen den Bus zu nehmen. Nach einem Blick in den Busfahrplan sah ich, daß verschiedene Dinge für mich sprachen. Ich hatte recht, es gab keinen direkten Bus zum Flughafen, aber die Linie 18 A der Singapore Traction Company führte über Moulmein Green. Ich konnte also zur Abwechslung mal zum Lunch bei mir zu Hause sein und, wenn ich mich beeilte, noch ein kleines Nickerchen machen. Umsteigen müßte man auf der Paya Lebar Road – ein glücklicher Zufall: Ich konnte nachsehen, ob Gladys da war, und dann mit der 93 zum Flughafen weiterfahren. Das alles würde keinen Penny extra kosten; aus zwei Demütigungen hatte ich ein gewisses Maß an Selbstachtung gerettet. Und wenn Gladys frei und Leigh interessiert war, dann würde es mir mit Sicherheit neun Dollar einbringen. Auf jeden Fall war ich begierig, ihn kennenzulernen. Es war angenehm, ein neues Gesicht zu sehen, und das eines *Ang moh* war willkommener als die meisten anderen. Wir waren einsamer, als wir uns eingestanden; wir lebten schon viele Jahre in Singapur und gingen alle zweimal am Tag los, um unsere Post abzuholen, sogar Yardley und Smale, die nie welche bekamen.

Dies ist der Anfang meiner Geschichte, und schon jetzt sehe ich, daß er die Umstände meines Lebens durch die zufällige Erinnerung an einen ungewöhnlichen Morgen wahrheitsgetreuer wiedergibt, als wenn ich ihn so sorgfältig geplant hätte, wie ich das früher beabsichtigte. Damals begann ich mit einer polternden Tatsachenbeschreibung – ich glaubte noch, meine frühen Lebensjahre seien von Bedeutung – über meine Geburt im Jahre 1918 im Norden von Boston als zweites Kind eingewanderter italienischer Eltern; dann kam der Teil über meine frühesten Erinnerungen (das warme Zimmer, mein nasser Daumen und mein Samtkissen, mein Vater, der die Opernmelodien im Radio mitsang). Dafür ist hier kein Platz mehr.

2

Vor vierzehn Jahren, als ich mich an einem Tau vom rostigen Heck der *Allegro* hinunterließ, die in der Straße von Malakka vor Anker lag, hielt ich mich nicht für einen alten Mann – hätte allerdings jemand darauf bestanden, ich sei alt, ich hätte es ihm geglaubt. Die meisten Leute sind bereit, sich lächerlich zu machen, wenn man sie ein bißchen überredet, und nichts ist lächerlicher als die Antworten auf die Frage nach dem Alter. Inzwischen weiß ich, daß alt und jung sich nur wenig voneinander unterscheiden: Der alte Mann spricht ohne Mühe mit dem Kind.

Man sagt, jedes Zeitalter sei barbarischer als das vorhergehende. Das ist möglich. Wenn in dieser Aussage ein Irrtum liegt, dann ist es ohne Belang, denn die Leute, die so etwas sagen, sind entweder sehr jung oder sehr alt; sie stehen gerade erst am Anfang, ohne Erfahrung, oder sie grübeln über dem Dämmerschoppen des Lebens im trügerischen Aufflackern halbvergessener Erinnerungen. Das Zeitalter, wie sie es nennen, ist zu groß, um es zu sehen, aber sie haben ja genügend Zeit: Für die einen ist es zu früh und für die anderen zu spät, sich Sorgen darüber zu machen, daß sie sich vielleicht irren. Eines wissen sie jedoch nicht: So schrecklich das Zeitalter auch sein mag, es ist friedlich und voller Hoffnung, verglichen mit einem gewissen Alter eines Mannes.

Fünfzig. Ein gefährliches Alter – für alle Männer und besonders für jemanden wie mich, der dazu neigt, sich an Bord sinkender Schiffe zu begeben. Mittleres Alter hat all die Schrecken, die man beim Überqueren einer befahrenen Straße spürt, wenn man in der Mitte im Verkehr steckenbleibt und nicht vor noch zurück kann oder wenn man in einem dunklen Hotelzimmer herumstolpert und nicht wagt, das Licht anzumachen, weil man die Schaben sehen würde, die man riecht. Mit fünfzig hat ein Mann am meisten zu sagen, aber niemand hört ihm zu. Seine Ängste klingen unglaubhaft, weil sie so neu sind – er könnte sie erfunden haben. Sein Körper beunruhigt ihn; er beginnt, ihm Streiche zu spielen, die Zähne warnen ihn, der Magen wird rebellisch, es fallen ihm die Haare aus; eine Warze könnte Krebs sein, eine Verdauungsstörung eine Herzattacke. Er verspürt eine schleichende Müdigkeit; er will jung sein, aber er weiß, daß er eigentlich alt sein sollte. Er ist keins von beiden und ist entsetzt. Alle seine Freunde ähneln ihm, also kann ihn niemand retten. In diesem Alter zu sein und weit entfernt von dem Ort, an dem man begann, ungetröstet von der Möglichkeit eines Wunders – das ist schlimm; nach vorn zu schauen und mit dem Zählen der noch verbleibenden leeren Jahre zu beginnen ist ausreichend Grund, eine zu Recht wie ein Verbrechen genannte Tat zu begehen oder aber zu beten. Erfolg ist schmutzig und verdirbt den Charakter, sagen die Erfolgreichen, und nur Versager hören ihnen zu, die den Schmutz ohne die Tröstung des Geldes kennen. Denn eins ist klar: Das Schiff ist bis ans Schandeck vollgelaufen, und der Fünfzigjährige schwimmt an Land und findet sich auf einer kleinen Insel wieder, auf der es keine Rettung gibt, nur verschiedene Arten der Niederlage.

Das war es, woran ich Mr. Leigh erkannte, den Mann, den sie aus Hongkong schickten, um unsere Bücher zu prüfen.

Ich kannte seinen Namen und seine Flugnummer, sonst nichts. Ich wartete an Ausgang drei und sah zu, wie die Passagiere nacheinander durch die Gesundheits- und Einreisekontrollen kamen. Zuerst die ganz Schnellen, die mit ihren Diplomatenkoffern eilig aus dem Flugzeug stürzen, Journalisten und untere Führungskräfte mit chinesischen Freundinnen, smart angezogen, mit großen Sonnenbrillen; dann die beiden chinesischen Schwestern in gleicher Aufmachung; eine Dame mit einem kleinen Jungen und weiter hinten ihr Mann mit dem Baby auf dem Arm, der mit seinem Paß jongliert; eine Popgruppe mit leeren Gesichtern und krausen Haarperücken, die aussah wie eine Delegation aus Neuguinea, begierig, abgeholt zu werden; der Missionspriester mit Spitzbart und Stumpen, der die Gepäckträger in ihrer eigenen Sprache anredet; einige übertrieben Elegante mit Mänteln aus Zürich über dem Arm. Weiter zurück eine Dame im Rollstuhl, so eine, von der die Leute sagen: »Ich weiß nicht, wie sie das schafft«; ein Mann mit einer großen Schachtel, ein zurückkehrender Student mit einer neuen Brille – und Mr. Leigh. Ich wußte, daß er es war, sobald ich ihn zu Gesicht bekam: Er war der einzige, der entfernt so aussah wie ich.

Sein Gesicht war rot, und er war außer Atem und wischte sich, da er an die Hitze nicht gewöhnt war, das Gesicht mit einem Taschentuch ab. Er war etwas schwerer, als er hätte sein sollen – mit seiner Gewichtsverteilung stimmte etwas nicht, und was er anhatte, war ihm zu klein. Ich winkte ihm durch die Glastür zu. Er nickte und wandte sich ab, um sich seinen Koffer zu holen. Ich ging auf die Herrentoilette, nur um in den Spiegel zu sehen. Mein Haar beruhigte mich, es war nicht weiß wie bei Leigh und noch ziemlich dicht. Aber es hätte mehr sein können. In meinem Gesicht waren Falten: mein Nickerchen hatte mich älter gemacht. Ich war zerzaust von der Busfahrt und sah zerknitterter aus als sonst, weil ich die Ärmel heruntergerollt und die Manschetten zugeknöpft hatte. Es lag an meinen Tätowierungen. Ich versteckte sie vor Fremden. Die Augen eines Fremden bleiben an Tätowierungen hängen wie an Narben, die sich an ungewöhnlichen Stellen befinden. Jemand entdeckt eine Tätowierung, und schon hat er Sie festgenagelt: Sie sind ein Seemann, oder Sie verrichten irgendeine schlechtbezahlte körperliche Arbeit; Sie haben sich eines Tages mit Ihren Freunden vollaufen lassen, und die ließen sich tätowieren, und um mit zur Clique zu gehören, taten Sie es auch. Bei mir war es nicht auf diese Weise passiert, aber das ist die einzige Version, die Fremde vom Tätowieren kennen.

Mr. Leigh schob sich gerade durch die Glastüren, als ich von der Toilette zurückkam und mir die Ärmel glattstrich. Ich sagte hallo! und versuchte, ihm den Koffer abzunehmen. Er wollte ihn nicht loslassen; er schien beleidigt zu sein, weil ich versuchte, ihm zu helfen. Ich kannte das Gefühl. Er war abrupt und keuchte, und seine Bewegungen waren zu schnell. Das ist ganz normal bei Leuten, die gerade ein Flugzeug verlassen haben: Sie sind übererregt an einem fremden Ort, ihr Rhythmus ist anders, sie versuchen es mit einem neuen Rhythmus, und sie sind nicht sicher, was als nächstes passieren wird. Daß der Satz, den sie im Flugzeug geübt haben, eine Begrüßung, eine witzige Bemerkung, unpassend ist, wissen sie bereits, wenn sie ihn aussprechen. Leigh sagte: »Also haben sie nicht den Bürgermeister geschickt«, und dann: »Sie erscheinen mir nicht besonders chinesisch.«

Ich schlug ein Bier in der Lounge vor.

»Wann erwarten die mich denn?« fragte er. Er war gerade angekommen und machte sich bereits Sorgen um Hing. Ich kannte diese Art Mann: Er wollte weder seinen Job noch seine Würde verlieren; aber es ist unmöglich, beides zu behalten.

»Sie wußten nicht so genau, wann Ihr Flugzeug ankommen würde«, sagte ich. Wir wußten beide, wer »sie« waren. Er setzte seinen Koffer ab.

Ein Grund, warum ich mich an die erste Unterhaltung erinnere, die ich mit Mr. Leigh hatte (oder mit William – er bestand darauf, daß ich ihn so nannte, obwohl ich das als förmlicher empfand als Mister; auf »Bill« reagierte er nicht), ist der, daß ich die gleiche Unterhaltung mit jedem *Ang moh* hatte, den ich in Singapur traf. Wir waren in der Lounge und tranken ein Bier, jeder von uns ein großes Anchor; alle paar Minuten setzten die Lautsprecher geräuschvoll ein mit dem

Polypennäseln ihrer Ankunft- und Abflugdurchsagen in drei Sprachen. Leigh war immer noch aufgedreht, saß vornübergebeugt auf seinem Stuhl, trank sein Bier in hastigen Schlucken und starrte dann ins Glas.

Ich erkundigte mich nach dem Flug und dem Wetter in – da William Engländer war, versuchte ich ein wenig Slang – »Honkers«. Daraufhin blickte er von seinem Glas hoch und sah mich direkt und argwöhnisch an, also gab ich es auf. Und war es ein Direktflug? Nein, sagte er, Zwischenlandung mit Auftanken in Bangkok.

Ich fragte ihn, ob er im Flugzeug gegessen habe.

»Ja«, sagte er, »absolut scheußlich.«

»Na ja, die Sorte Essen ist immer verdammt scheußlich«, sagte ich und versuchte, noch angewiderter als er zu klingen. Das Wort blieb mir an der Zunge kleben. Ich sagte nicht die Wahrheit. Ich fand das Essen im Flugzeug sehr gut, immer in der richtigen Farbe, jeder Gang in seiner eigenen kleinen Schale mit Deckel auf dem Tablett, Messer und Gabeln eingewickelt und all die sonstigen Utensilien in sauberen Hüllen und in passenden Vertiefungen und Fächern. Aber ich mußte ihm beipflichten, daß das Essen scheußlich war. Er war der Gast, und ich hatte Pläne mit ihm.

Was ich ihm als nächstes sagte, war etwas, das ich jedem sagte, der hier durchkam. Ich sagte es langsam, mit suggestiver Betonung der richtigen Silben. »Wenn es irgend etwas gibt, das Sie in Singapur haben wollen, überhaupt ir-gend etwas« – hier lächelte ich –, »dann lassen Sie es mich wissen, und ich werde sehen, was ich tun kann.«

Er antwortete wie die meisten Besucher, aber er lächelte nicht dabei. »Sie meinen doch sicher nicht *alles*.«

»Alles.« Ich nahm einen Schluck von meinem Bier, um ihm zu zeigen, daß ich das Versprechen nicht einschränken würde.

Er wischte sich das Gesicht ab. »Ich habe gerade überlegt…«

Und ich wußte, was er gerade überlegt hatte. Die Auswahl war nicht groß, aber den Leuten war das nicht klar. Ein Schlepper konnte einem Touristen auf dem Bürgersteig folgen und ihm innerhalb einer Minute alles anbieten, was dieser

Tourist sich irgend vorstellen konnte. Die Schlepper, die kein Englisch konnten, reichten dem Mann mit dem neugierigen Gesicht des Müßiggängers eine primitiv gedruckte Karte im Format 8 × 13. Auf der Karte stand ein halbes Dutzend Möglichkeiten zur Auswahl: Sexfilme; Mädchen; Jungen; Live-Shows; Massage; *Ganja* – eine Speisekarte, die den gesamten Appetit des Verlangens erfaßte. Neue Begierden waren wenig wahrscheinlich, und wenn der Schlepper flüsterte: »Wollen Sie was Spezielles?«, dann dachte er an eine Kombination, die auf diesen sechs Möglichkeiten basierte.

Leigh schwitzte stark. Das Laster, dachte ich: es klang so, wie es war, ein Druck, der die Trauben der Phantasie auspreßte. Gladys war frei. Es war möglich, auf dem Rückweg vom Flugplatz bei ihr vorbeizufahren – Leigh würde die Bequemlichkeit zu schätzen wissen, und ich wollte es ihm gerade vorschlagen. Aber es ist ein Fehler, detaillierte Vorschläge zu machen, ich hatte das sehr früh herausgefunden. Wenn ich ein Mädchen vorschlug, und der Typ wollte einen Jungen, dann würde er sich schämen, es zuzugeben, und mit dem Geschäft war es aus. Eine Live-Show anzubieten ist immer falsch – so als würde man sagen: »Sie schaffen's ja nicht mehr ganz, aber wie wär's mit Zusehen?« – und wenn jemand wirklich etwas vorhatte, dann würde er ablehnen, wenn ich ihm einen solchen Vorschlag machte. Die meisten Leute dachten, ihre Begierden seien originell, aber sie waren es nicht: Es konnte nur eine von sechs sein oder bestenfalls eine Kombination. Abwechslungsreich waren sie als Phantasiegebilde, aber die Phantasie berücksichtigte nicht, daß der Stolz der Männlichkeit in unvorhergesehener Weise reagieren konnte. Ich kannte die Unvernunft der Erwartung und wußte auch, wie man einen Typ vorsichtig davor warnen mußte, an seinem armen Ding zu verzweifeln und sich womöglich mit dem Hammer auf den Pimmel zu hauen.

Ich taxierte Leigh, während er sich die Wangen abtupfte und an seinem Kragen nestelte und dabei die schwirrenden Ventilatoren in der Wartehalle zählte. Ich hielt ihn für den Typ, der sich Live-Shows ansieht mit anschließender Massage – keine gewöhnliche Massage, irgend etwas Spezielles, Lillian, die ihm nackt auf die Wirbelsäule herumsprang. Intimitäten, wie die Mädchen das nannten – oder *Boochakong*, um den üblichen chinesischen Ausdruck zu gebrauchen, der mir lieber war als das englische Verb –, wären dann immer noch durchaus möglich, überlegte ich mir. So etwas wie Impotenz gab es nicht: Der Erfolg war da, sobald Geld den Besitzer wechselte. Es war nicht das Geld, es war das Ritual.

»Was meinen Sie?« fragte ich so heiter wie nur möglich. Meistens war es nicht so schwer, und wenn, dann hieß das, der Typ hatte Angst, nach etwas zu fragen, das ich vielleicht nicht besorgen könnte.

»Ach, ich weiß nicht«, meinte er und holte tief Luft. Also lag ich falsch mit der Live-Show. Auch gut so, dachte ich; ich haßte diesen Quatsch. Ich vermutete, Leigh war ein bißchen angeschwult, und sein spezielles Problem war eine Schwäche für Transvestiten, von denen es, was allgemein bekannt ist, in Singapur eine ganze Schwesternschaft gibt. Nur sehr wenige Typen geben diesen Trip zu; mit ihnen war am schwersten klarzukommen, aber im Laufe der Jahre hatte ich gesehen, wie sie auf die chinesischen Jungen reagierten, die in Röcken reizender waren als Mädchen. Vielleicht ist auch das eine Wirkung der mittleren Jahre, die Lust, zusammen mit einem hübschen Jungen zu schauspielern, eine plausible Gelegenheit zum Fröhlichsein, der Überraschungseffekt des Sichverkleidens und der lustigen Gewänder. Wenn ich diesen Wunsch entdeckte, dann nahm ich die Typen mit zur Bugis Street und dirigierte sie zu Tiny oder Gina hinüber, auf die man sich verlassen konnte. Lucy hatte die Operation, was die Typen mitunter enttäuschte. Und der verschämte Freier tat dann so, als unterhielte er sich mit einem Mädchen, aber damit klar war, was ablief, sagte ich: »Nehmen Sie Gina – er ist ein netter Kerl.« Der Kunde blickte überrascht und sagte: »Wie, Sie meinen...?«, und dann: »Eigentlich kann ich genausogut den mit zu mir nehmen, ich bin sowieso zu besoffen, um den Unterschied zu bemerken«, und beim Hinausgehen steckte er mir dann zehn Dollar zu.

»Was hatten Sie denn im Sinn?« fragte Leigh.

Eine sehr ungewöhnliche Frage. Ich wollte erst gar nichts sagen, einfach nur auf entgegenkommende Art weiterlächeln. Aber er sah aus, als meinte er es ernst, und dann würde er mein Entgegenkommen nicht begreifen.

»Ich sagte: »Ich dachte nur... wenn Sie an etwas, ha, ha, Illegalem interessiert wären, dann könnte ich vielleicht...«

»Illegal?« fragte Leigh und legte sein Taschentuch hin. Er beugte sich vor und fragte verwirrt und interessiert: »Sie meinen eine Prostituierte?«

Wieder versuchte ich zu lachen, doch der Ausdruck auf seinem Gesicht, der sich von Verwirrung in Ablehnung verwandelte, brachte mich ganz durcheinander. Es war ein Fehler gewesen, überhaupt etwas zu sagen.

»Nein«, sagte ich, »natürlich nicht.« Aber es kam zu spät; mein nachträgliches Dementi bestätigte nur die Wahrheit, und Leigh war so entrüstet – er hatte sich aufgerichtet und zu trinken aufgehört –, daß die Scham, mir sonst ebenso fremd wie Reue, an meinen Nackenhaaren zog. Durch die gläserne Tischplatte vor mir konnte ich sehen, wie ich die Zehen krümmte und sie in meine Sandalen krallte.

»Wollen wir los?« sagte ich, »ich werde ein Taxi rufen.« Ich begann aufzustehen. Mir war heiß; ich wollte mir die Ärmel aufkrempeln, die jetzt feucht auf meinen Tätowierungen klebten und sie enthüllten.

»Flowers«, sagte er und sah mich aus zusammengekniffenen Augen an, »sind Sie ein Zuhälter?«

»Ich? Ha! Wie kommen Sie darauf!« Es war ein lauter, hohler Protest mit falschem Echo. Prostituierte hatte er gesagt, Zuhälter, Hure, Schwuler, Louis – was für Worte die Leute verwenden für die Dinge, die sie hassen (wenn sie sie mögen, dann haben sie keine Namen dafür; so bestätigt die menschliche Sprache den Verdacht, Leidenschaft sei unaussprechlich). »Ich bin so eine Art Pornokrat«, wollte ich schon sagen, um mich über ihn lustig zu machen. Ich beschloß, es nicht zu tun. Seine Ungläubigkeit verführte mich zum Lügen.

Die Kellnerin kam vorbei.

Leigh begrüßte sie mit *»Wan arn!«* in Mandarin mit schauderhaftem Akzent.

»Wie bitte?« sagte sie, nahm einen Block aus der Tasche ihres Kleides und einen Bleistift aus ihrem Haar. »Noch ein Anchor?«

»Nee hao ma«, sagte Leigh. Er hatte sich von mir abgewandt und sah das Mädchen an. Aber das Mädchen sah mich an. *»Nee hway bu hway...«*

»Misteh«, fragte mich das Mädchen, »von welchem Schiff Ihl Fleund?«

Leigh räusperte sich und sagte, wir sollten uns besser auf den Weg machen. Im Taxi sagte er mutlos: »Ich habe mir überlegt, ob ich eventuell ein bißchen Squash spielen könnte.«

»Na klar«, griff ich sofort zu. »Das kann ich im Handumdrehen für Sie arrangieren.« *Squash?* Er keuchte noch immer und war rot wie eine Rübe. Als er seinen Koffer zum Taxistand trug, nahm er ihn immer wieder von einer Hand in die andere und stöhnte, dann hielt er sein Gesicht aus dem Taxifenster und ließ sich den Fahrtwind in den Mund wehen, sog ihn in tiefen Zügen in sich hinein, wie Hunde das im Auto machen. Zu seinem Bier hatte er zwei kleine weiße Pillen geschluckt. Von Zeit zu Zeit betrachtete er seine Handflächen sehr genau. Und wollte Squash spielen!

»In welchem Club sind Sie, Flowers?«

Wir hatten vereinbart, ich sollte ihn William nennen, wenn er Jack zu mir sagte. Ich liebte meinen Kinderliedernamen. Jetzt hatte ich das Gefühl, Leigh mogelte.

»Nennen Sie irgendeinen«, sagte ich, und um ihn an unsere Abmachung zu erinnern, fügte ich hinzu: »William.«

Ich hatte mich früher einmal um die Mitgliedschaft im Cricket Club beworben, zumindest behaupteten das »die Eier«, zwei ältliche Kahlköpfe, die zu meinen Kunden gehörten. Lange hatte ich versucht, in Singapur einem Club beizutreten. Dann war es zu spät. Ich konnte keinen Aufnahmeantrag stellen, ohne mich zu verraten, denn ich trank oft in den Clubs, und die meisten Mitglieder – sie kannten mich gut – dachten, ich wäre bereits vor Jahren beigetreten. Es gab nicht einen Club auf der Insel, den ich nicht auf die eine oder andere Weise aufsuchen konnte. Ich hatte Kunden in allen.

»Im Cricket Club gibt's ein paar Squash-Plätze, aber im Tanglin haben sie gerade neue eingerichtet, vielleicht sehen Sie sich die mal an. Im Swimming Club gibt es vorläufig noch keine, obwohl wir da eine wunderbare Sauna haben.« Ich schlug ihm auf das Knie. »Wir werden schon was finden, William.«

»Klingt recht freundlich«, sagte er und zog den Kopf zurück ins Taxi. »Wie schaffen Sie das, drei Clubs? Wie ich höre, sind die Aufnahmegebühren mörderisch.«

»Sie *sind* ganz schön mörderisch«, sagte ich und übernahm dabei schon wieder seine Art zu sprechen, »aber ich schätze, das ist es wert.«

»Sie spielen nicht zufällig selber Squash?«

»Nein«, sagte ich, »ich bin bloß ein alter Rumtreiber – mein Sport ist Trinken, ha, ha!«

Das entlockte ihm ein Glucksen; ich lachte ebenfalls, und als ich mich anders hinsetzte, fühlte ich hinten in meiner Tasche etwas Hartes, das sich in meinen Hintern bohrte: zwei dicke Umschläge mit pornographischen Bildern, die ich für den Fall mitgebracht hatte, daß er nach so was fragen sollte. Ihr mahnendes Drücken ließ mein Lachen verstummen.

Der Taxifahrer drehte den Kopf schief nach hinten und sagte: »Mädchen? Zwei Mädchen bei Nummel zusehen? Sie wollen Boy? Maschage? Was Sie wollen, ich mach. Was mögen?«

»Lediglich ein Match Squash, Fahrer, haben Sie vielen Dank«, sagte ich mit pompöser, schwerer Stimme zu dem armen Kerl, um dem sturen Bock neben mir einen Gefallen zu tun. Dann lächelte ich William an und versuchte, ihm zuzublinzeln, aber er hatte den Kopf aus dem Fenster gesteckt und japste im Fahrtwind und überlegte vermutlich, was er auf dieser langweiligen kleinen Insel überhaupt sollte.

3

Betrat ich eine Bar, in der man mich nicht gut kannte, dann konnte ich hören, wie sie auf chinesisch flüsterten: »Was glaubt dieser Esel eigentlich, wer er ist?« Und dann waren sie still: Mein Gesicht sorgte für Ruhe. Es war nicht die Art von Gesicht, die man bei Ho oder Toby oder in der Honey Bar, im Golden Treasure oder Loon's Tip-Top erwartet. Jahre zuvor hatte mir das nichts ausgemacht, aber später verließ mich der

Mut an den Abenden, an denen alle meine Stammkunden versorgt waren und ich in diese Lokale gehen mußte, um für Nachschub zu sorgen. Junge Leute mit runden Schultern saßen mit fülligen Hostessen zusammen und starrten mich an; und die Mitglieder der Geheimbünde beobachteten mich, bei Ho die Drei Punkte, in der Honey Bar die Fliegenden Drachen. Kein böser Geist konnte mir größeres Entsetzen einflößen als ein Angehöriger einer Geheimgesellschaft, der mich niederstarrte: Zuerst schien es, als habe er keine Augen, dann wurden die Schlitze sichtbar, und ich hatte den Eindruck, als musterte er mich von irgendwo tief hinter den Schlitzen. Die Augen sah ich nie. Die Schlitze sagten einem nichts; und es war unmöglich, in dem Gesicht zu lesen, das zu glatt war, um etwas auszudrücken. Ich wandte mich ab und schob dem Geschäftsführer ein paar Dollar zu als Auslösung für das Mädchen, und wenn ich dann schnell hinausging, hörte ich ein Knurren und Grunzen, das ich nicht verstand, dann Gekicher. Auf dem Bürgersteig hörte ich die ganze Bar förmlich knistern und schließlich in gellendes Gelächter ausbrechen. Jetzt hatten sie Augen; aber ich war draußen.

Eines Abends sprach mich einer ihrer Schläger an. Er saß vorn an der Bar und aß kalte Schweinefleischpastete mit den Fingern. Er trug die Uniform der Geheimgesellschaften, ein Hemd mit kurzen Ärmeln, die vier oberen Knöpfe offen, eine Sonnenbrille – obwohl es dunkel war – und ziemlich langes Haar mit strähnigen Büscheln, die ihm seitlich über die Ohren ragten. Ich dachte, er hätte nicht gesehen, wie ich mit dem Geschäftsführer sprach, aber als ich das Geld hinübergereicht hatte und mich zum Gehen umwandte, legte mir der Schläger seine Hand auf die Schulter und wischte sich dort die Fleischkrümel ab und fragte mit heiserer Stimme: »Wo du abbeiten?«

Ich antwortete nicht. Ich verzog mich schleunigst durch den einzigen düsteren Gang der Bar, vorbei an unheimlich beleuchteten chinesischen Gesichtern. Der Schläger schrie hinter mir her: *»Wo du abbeiten?«* Das war im Tai-Hwa in der Cecil Street, und ich ging nie wieder dorthin.

»Wer ist das?« murmelten sie im Belvedere, im Hilton, im Goodwood, wenn ich in der Lobby saß, eine Zeitschrift durchblätterte und darauf wartete, daß eins meiner Mädchen oben fertig wurde. Ich hätte als Golfprofi durchgehen können, wenn ich meine rote Strickjacke mit dem Monogramm – die mit den langen Ärmeln – und meine senffarbenen Hosen und weiße durchbrochene Schuhe trug. Niemand wußte, daß ich nur deshalb gut gebräunt war, weil ich für Hing arbeitete, der sich weigerte, Taxifahrten in der Stadt zu bezahlen und mich überall mit Paketen hinschickte, aber immer nur zu »Rothaarigen«. In meinem kurzärmeligen, geblümten Batikhemd und mit meinen weithin sichtbaren Tätowierungen hielten sie mich für einen Beachcomber mit Privateinkommen oder mit einem einträglichen Nebenerwerb, vielleicht für einen »interessanten Typ«. In der Pebble Bar des Hotels Singapur meinte einmal eine amerikanische Lady, die schon sternhagelvoll war, ich sähe aus wie ein Filmschauspieler, den sie kenne, auf dessen Namen sie jedoch nicht komme.

»Wie heißen Sie?« fragte sie.

Ich lächelte, um ihr den Eindruck zu vermitteln, ich wäre jener Schauspieler, und sagte: »Rat mal, Schätzchen«, und ging, begleitet von einigen höhnischen Zurufen von der Bande der Erdölmonteure, die dort immer soff.

Mein Aussehen, das Äußere eines Millionärs, der in einer Pechsträhne steckt – es ist dasselbe wie das eines Landstreichers, der sich fürstlich zu geben versucht –, paßt nie so richtig zu den meisten Lokalen, die ich aufsuchen mußte. Für das Tai-Hwa und all die anderen chinesischen Kneipen hatte ich die falsche Hautfarbe, das war klar: Im streng kantonesischen Starlight setzten sie mich neben ältliche Hostessen und knöpften mir zuviel Geld ab. Für die Stammkneipen der kleinen Siedler war ich zu gut angezogen, und für mehr als einen Drink im Hilton oder Raffles hatte ich nie genug Geld, obwohl ich so aussah, als könnte ich in diese Hotels gehören. Ganz sicher sah ich aus wie ein Mitglied des Tanglin Clubs, des Swiss Clubs, des Cricket Clubs und all der anderen, in denen meine Verzehrbons von Leuten für mich unterschrieben wurden, die meine Diskretion schätzten. Und im Bandung lachten sie nicht: Dort kannte man mich.

Im Taxi schlug ich Leigh das Bandung vor; er sagte zwar nicht nein, meinte aber, wir sollten erst mal zu Hing fahren. »Lassen Sie uns mal den *Towkay* ansehen«, sagte er. Es war Hauptverkehrszeit, und wir blieben in einer dichten Autoschlange stecken, die sich nicht von der Stelle rührte. Vor uns hatte es einen Unfall gegeben, und die Autofahrer zogen im Schneckentempo an der schrottreifen Limousine vorbei, damit sie die Autonummer notieren und sie in der Lotterie spielen konnten. Direkt vor uns fuhr ein Bus mit der verblüffenden Aufschrift: *Ich weiß nicht warum, aber ich bevorzuge Sanyo*. Der ortsübliche Ausdruck für Hupen war »Horning«, und das taten sie dann auch aus Leibeskräften. Wir saßen da und schwitzten und erstickten fast an den Auspuffgasen; es war nach fünf, als wir schließlich bei Hing ankamen.

Little Hing saß oben am Geschäftseingang und las die Rennzeitung. Er saß da wie ein Huhn auf der Stange, die Füße auf dem Sitz, die Knie hochgezogen bis unters Kinn. Als er uns sah, wandte er sein knochiges Gesicht um und schrie etwas nach oben, dann verriegelte er seine Zähne und schnüffelte und paddelte mit der freien Hand in der Luft herum, was bedeutete, wir sollten warten.

»Da haben Sie die orientalische Höflichkeit«, sagte ich. »Gleich spuckt er und rotzt Ihnen wahrscheinlich auf die Schuhe, also nehmen Sie sich in acht.«

Wir hatten Big Hing warten lassen; also ließ er, um das Gesicht zu wahren, jetzt uns warten. Hing verbrachte den größten Teil des Tages damit, sein Gesicht zu wahren, und Yardley hatte einmal gesagt: »Wenn man sein Gesicht sieht, dann fragt man sich, warum er sich überhaupt die Mühe macht.«

Gopi, der *Peon*, brachte einen hölzernen Schemel für Leigh, aber Leigh zuckte bei dessen Anblick nur kurz zusammen und studierte Hings Firmenschild: *Chop Hing Kheng Fatt: Schiffslieferanten & Proviantḧändler*, und darunter in kleinerer, selbstsicherer Schrift: *Lebensmittel & Verproviantierung, Seefahrtseisenwaren, Import, Großhandel: Textil- & Nahrungsmittel, Autorisierte Vertreter, Gefrierfleisch*, und das Motto: *»Alle Arten von Deck- & Maschinenbedarf am Lager & zollfreier Verkauf & Verschiedenes.«* »Verschiedenes« war meine Abteilung. Die Schilder an den Geschäften rechts und links von Hing und allen anderen Geschäften –

zwiebackfarbene Häuser, von denen der Putz abblätterte, voller Risse und kurz vor dem Einsturz, eine staubige Terrasse von Ladenhäusern, die Schulter an Schulter an der Beach Road zusammensanken – waren genau dieselben bis auf den Namen des Inhabers; sogar die Flecke und Risse wiederholten sich entlang der Straße, soweit das Auge reichte. Aber in dem Zerfall lag etwas Endgültiges, eine Atmosphäre baufälliger Beständigkeit, wie sie in Häfen des Ostens häufig anzutreffen ist, als könnten sie jetzt, nachdem sie so weit zusammengefallen waren, nicht noch weiter zusammenfallen.

»In welchem Club sind Sie in Hongkong?« fragte ich Leigh.

»Leider nur in einem«, sagte er. Er machte eine Pause und lächelte.

»Im Royal Hong-Kong.«

»Jockey oder Jacht?«

»Jacht«, sagte er schnell, und sein Lächeln verschwand.

Little Hing spuckte aus und widmete sich wieder seiner Rennzeitung, ohne sich darum zu kümmern, wo der Qualster landete.

»Wieder vorbei!« sagte ich und zwinkerte Leigh zu. »Ich habe gehört, der Jacht-Club ist ein edles Ding«, sagte ich, und er sah mich so an, wie er es getan hatte, als ich »Honkers« sagte.« Da haben Sie ja wirklich Glück. Sie haben gegenseitige Mitgliedschaft mit dem Tanglin hier und wahrscheinlich auch noch mit ein paar anderen.«

»Nein«, sagte er, »danach habe ich mich erkundigt, bevor ich hier runterkam. Bißchen unangenehm, wirklich. Aber so ist es nun mal.«

Er log. Ich wußte, daß der Royal Hong-Kong Jacht Club und der Tanglin Club untereinander die Anerkennung von Mitgliedschaft und Rechten vereinbart hatten; wer in einem Club Mitglied war, konnte Bar-Rechnungen im anderen unterzeichnen und alle Clubeinrichtungen benutzen. Er war also kein Mitglied, und da standen wir nun auf dem Bürgersteig der Beach Road über der übelriechenden Öffnung des Monsunabflusses, auf den Wink eines mürrischen kleinen *Towkay* wartend, der beschlossen hatte, oben zu schmollen, und logen uns über Clubs etwas vor, denen wir nicht angehörten. Es machte mich traurig wie die Bilder in meiner Gesäßtasche, deren Besitz ich nie zugeben würde: Zwei erwachsene Männer, die sich Lügen erzählten, und wozu das alles?

Big Hing kam im Pyjama heraus und starrte Leigh mit dem Blick der Geheimgesellschaften an. Hing war kein Mitglied; er war voll zahlendes Opfer der Roten Elf, die die Beach Road kontrollierte und »Kaffeegeld« für den von ihnen gewährten Schutz kassierte. Daß er zahlte, verschaffte Hing ein gewisses Ansehen, da die Rote Elf, nachdem sie ihn zu ihrem Opfer gemacht hatte, auch zu ihm halten und sich mit jedem anlegen würde, der versuchen sollte, Druck auf ihn auszuüben. Leigh reichte ihm einen Brief, und wir warteten, während Hing den Siegellack von der Umschlagklappe kratzte. Er setzte seine alte Stahlbrille auf und las die Kolumne der Schriftzeichen, dann zeigte er sein zornerfülltes augenloses Lächeln und nickte Leigh zu.

»Ich hoffe doch, es ist alles in Ordnung«, sagte Leigh zu Hing. Das war eine überflüssige Bemerkung; Hing murmelte Little Hing etwas zu, und Little Hing antwortete, indem er etwas in seine Rennzeitung murmelte, die er sich vor das Gesicht hielt.

»Wo wird unser Freund denn absteigen?« fragte ich.

»Gebucht im Strand«, sagte Big Hing. »Kann kommen morgen.« Er nahm seinen Enkel hoch und ließ den unbehosten kleinen Kerl rauf und runter hopsen, um zu zeigen, daß das Interview beendet war.

Das Strand Hotel lag an der Scotts Road, schräg gegenüber vom Tanglin Club. Als wir die Einfahrt zum Strand erreichten und unter dem Bogen mit der Aufschrift *Europäische Küche – Hochzeiten – Parties – Vernünftige Preise* hindurchfuhren, sah Leigh das Clubschild des Tanglin und sagte: »Warum gucken wir nicht mal eben rein auf einen Drink?«

Ich ließ meine Uhr mir einen Schrecken einjagen und sagte: »Großer Gott, es ist gleich halb sieben. Um die Zeit ist der Laden ein Irrenhaus. Alles Leute, die nach der Arbeit einen trinken. Hören Sie, William, ich kenne da ein ruhiges, kleines...«

»Ich würde gern mal einen Blick auf eure neuen Squash-Courts werfen«, sagte er. Er versetzte mir einen harten Schlag auf den Arm und meinte herzlich: »Na los, Flowers, ich gebe Ihnen einen aus.« Im Strand gab er seinen Koffer dem Zimmerboy, trug sich ins Register ein und schlug sich dann mit beiden Händen auf den Bauch. »Fertig?«

»Ich gebe Ihnen einen aus«, hatte er gesagt, aber das war unmöglich, weil Bargeld nicht angenommen wurde und nur ein Mitglied die Getränkebons unterschreiben konnte. Die Messingplakette am Clubeingang – *Nur für Mitglieder* – machte sich über uns beide lustig. Ich hielt nach jemandem Ausschau, den ich kannte, aber alles, was ich sehen konnte, waren sonnengebräunte, langbeinige Mütter, gepflegte Frauen in Frotteekitteln. Sie hielten Strandtaschen und Kinderhände fest und warteten nach einem Tag am Swimmingpool des Clubs auf ihre von Chinesen gefahrenen Wagen. Sie tuschelten eifrig miteinander und lachten; beim Anblick der Fröhlichkeit wurde mir leichter ums Herz – ich stellte mir vor, daß sie gerade irgendeinen trivialen Seitensprung ausheckten.

»Die neuen Squashplätze sind dort drüben«, sagte ich, als ich behende am Pförtner vorbeiging und die Treppe hinaufeilte.

»Erst den Drink«, sagte Leigh. »Ich bin absolut ausgedörrt.« Er genoß die Umgebung und schien sich wie zu Hause zu fühlen. Er ging voraus ins Churchill-Zimmer und sagte »Sehr annehmbar«, zweimal, während er sich nach einer Lücke an der Bar umsah.

Das Churchill-Zimmer war gerade renoviert worden: dicke Teppiche von Wand zu Wand, ein neues Foto von Winston, eine erhöhte Bar und eine sehr gut funktionierende Klimaanlage. Trotz der kühlen Luft schwitzte ich, ein feuchter Hemdstreifen klebte an meinem Rücken fest; ich suchte nach einem vertrauten Gesicht, nach irgendeinem Bekannten, der vielleicht den Zettel für einen Drink abzeichnen würde. Die Bar war gerammelt voll: Männer mit weißen Oberhemden und Krawatten, einige in steifen Pflanzershorts, standen dicht vor der Theke in Gruppen zu dritt oder viert und grölten ihre Kumpane an oder kletterten irgendwie aneinander hoch und winkten den Barkeepern mit Verzehrblöcken zu. Leigh drängte sich vor mir durch, und ich hatte schon den

Arm ausgestreckt, um ihm auf die Schulter zu tippen und ihm zu sagen, mir sei etwas Wichtiges eingefallen – meine Nerven hatten mich dermaßen im Stich gelassen, daß ich nicht wußte, was, und ich betete, daß mich die Notlage inspirieren würde –, als ich den alten Gunstone hinten in der Ecke an einem der kleinen Tische entdeckte, wo er allein saß und trank.

Gunstone war einer meiner ersten Kunden; er war in den Siebzigern und nach Singapur gekommen, als es eine Kautschukpflanzung war und nur aus einigen Ladenstraßen bestand. Während des Krieges geriet er in japanische Gefangenschaft und mußte an der Siamesischen Todesbahn arbeiten. Er hatte mir mal erzählt, wie er seinen Freund an der burmesischen Grenze begraben hatte – eine Aussage, die wie ein Motto hoffnungsloser Treue klang: *Ich begrub meinen Freund.* Er war der einzige Kunde, der mich zum Essen einlud, wenn er ein Mädchen haben wollte; aber er war auch der vorsichtigste, denn ich mußte alles für ihn arrangieren und sogar meinen Namen ins Hotelregister eintragen. Was er mit den Mädchen machte, erfuhr ich nicht – ich fragte nie danach: Mit dem Vertrauen eines Mannes trieb ich kein Schindluder – aber ich lebte in der ständigen Furcht, Gunstones Pumpe könnte eines Tages in einem von mir reservierten Hotelzimmer aussetzen und ich müßte dann meinen Namen in der Gästeliste erklären. Gunstones Frau sah ich nie; er nahm sie nur abends mit in den Club, und der größte Teil meiner Clubarbeit fand am Tage statt.

»Jack«, sagte er zur Begrüßung und wies auf einen freien Stuhl. Guter alter Gunstone.

»'n Abend, Mr. Gunstone«, sagte ich. Es war eine servile Begrüßung, das war mir klar, aber ich konnte Leigh nicht sehen und war beunruhigt.

Gunstone schien erfreut, mich zu sehen; das war eine Erleichterung. Ich fürchtete Fragen von der Art: »Wer sind Sie und was tun Sie hier?«

»Was möchten Sie trinken?« fragte Gunstone.

»Kleines Anchor«, sagte ich, und als Gunstone sich umwandte, um einen Kellner zu finden, erschien Leigh mit einem Drink in der Hand.

»Der Kleine hier will Ihre Unterschrift haben, Flowers«, sagte Leigh.

Ich nahm dem Kellner den Verzehrblock weg und legte ihn auf Gunstones Tisch, sagte »Alles zu seiner Zeit« und stellte dann Leigh vor. Gunstone sagte: »Ist Ihnen in Hongkong der alte Soundso mal über den Weg gelaufen?«, und Leigh meinte liebenswürdig: »Ich hatte nie das Vergnügen.« Gunstone begann, den Kerl zu beschreiben: »Er hat die abscheulichsten Angewohnheiten, und er ist unglaublich gemein und ekelhaft und« – Gunstone lächelte – »absolut faszinierend. Könnte sein, daß er gerade in England ist, auf Urlaub.«

»Fahren Sie ab und zu nach England?« fragte Leigh.

»Früher schon«, sagte Gunstone. »Aber beim letztenmal verabschiedeten sie gerade ein Gesetz zur Legalisierung der Homosexualität. Da habe ich zu meiner Frau gesagt: ›Laß uns hier abhauen, bevor sie die verdammte Sache zur Pflicht machen!«

Leigh lachte. »Was ich Sie noch fragen wollte, Flowers«, sagte er. »Sind sie verheiratet?«

»Nee«, sagte ich. Leigh unterhielt sich weiter mit Gunstone. Ich hatte mal eine Zeitlang im Tanglin Club einen Typ mit Mädchen versorgt. Der Typ war verheiratet, und ich freundete mich schließlich mit der Frau an und sagte ihm: »Sie ist doch so nett.« An den Nachmittagen, an denen er eins meiner Mädchen bei sich hatte, besuchte ich seine Frau in dem Haus der beiden auf Bukit Timah und brauchte nicht zu befürchten, daß er auftauchte. Aber es waren Kinder da; sie schrie mit ihnen herum und schickte sie mit der *Amah* nach draußen. Sie war sehr lieb zu mir, auch unmittelbar nachdem sie die Kinder geschlagen hatte. Eines Nachmittags war ich im Bandung. Ich hatte eine Rendezvous mit ihr, und ich stellte fest, daß ich zu spät kommen würde, weil ich mir mit meinem Gin Zeit ließ. Sie wartete; ich wartete; ich hatte keine Lust hinzugehen. Es war wie in einer Ehe. Ich trank weiter und verlor sie.

»Ich muß jetzt los«, sagte Gunstone. Er griff sich die Verzehrblöcke, unterschrieb und sagte: »Eine Hand wäscht die andere.«

»Morgen dann«, sagte ich und zwinkerte ihm zu.

»Lunch«, sagte Gunstone. »Übliche Zeit, wie?«

»Klingt ja schwer nach Heimlichkeiten«, sagte Leigh.

Zu Gunstone sagte ich: »Wir wollten auch gerade gehen«,

was es Leigh unmöglich machte, etwas dagegen einzuwenden. Das war unfair, aber ich war sauer: Leighs zwei Gin-Slings würden mich einen ganzen Nachmittag kosten; ich würde in der Empfangshalle eines Hotels warten, mir die Beine in den Bauch stehen und mir Sorgen wegen Gunstones Pumpe machen.

Yardley erzählte gerade einen Witz von dem Iren und dem liebeshungrigen Gorillaweibchen, als wir ins Bandung kamen. Wir gingen zur Bar hinüber, und Yardley sagte die Pointe – sinnloserweise, fand ich – Leigh direkt ins Gesicht: »›Und noch etwas, Sair‹, sagt O'Flanagan zum Zoowärter, ›sollte sich Nachwuchs einstellen – irgendeine Art von Nachwuchs –, dann soll er römisch-katholisch erzogen werden.‹«

Sie begannen zu lachen – Yates, Smale, Frogget und am lautesten von allen, die Augen vor Fröhlichkeit geschlossen, Yardley selbst. Ich lächelte, obwohl ich den Witz schon kannte. Leigh fand ihn nicht komisch; er sagte nur: »So, na ja.« Es war sein erster Fehler, nicht über Yardleys Witz zu lachen. Yardley, ein Oldtimer, trank seit Jahren im Bandung, und eines Tages, als Yardley den Raum verlassen hatte, sagte Frogget: »Yardley *ist* das Bandung.« Jede Bar hatte ihren Rangältesten; bei uns war das Yardley. Frogget, ein großer schüchterner Kerl, kahl, aber noch nicht alt, war Yardleys Hofclown. Frogget – Desmond Frogget – fraß wie ein Pferd, aber er war empfindlich, wenn es um sein Gewicht ging; es galt als unhöflich, Bemerkungen über die Essensmengen zu machen, die Frogget konsumierte, die Platten mit Nudeln, die er in sich hineinschlang. Frogget konnte nicht viel älter sein als fünfunddreißig, aber dieser lächerliche Mensch hatte den englischen Tick, sich ältliche Vorurteile anzueignen, und besaß eine verwirrende Verdrießlichkeit, die ihn doppelt so alt erscheinen ließ. Er bedauerte, daß es keine großen Segelschiffe mehr gab, er erinnerte sich an Dinge, die vor seiner Geburt passiert waren, und wie andere ebenso lästige junge Leute, die zum Trinken ins Bandung kamen, begann er Sätze mit dem Hinweis, er tue dieses immer und jenes nie.

»Glaub' nicht, daß wir uns schon mal gesehen haben«, sagte Yardley und streckte Leigh die Hand entgegen.

Leigh deutete durch Stirnrunzeln Abneigung an, als er ihm die Hand reichte; der schlimmste Verstoß gegen die gängigen Sitten war jedoch, daß er, nachdem er seinen Namen genannt hatte, ihn auch noch buchstabierte.

»Schon lange in Singapur?« fragte Smale. Smale war ein kleiner Mann mit gerötetem Gesicht, dessen fast quadratische Figur den Eindruck von etwas Zusammengezimmertem vermittelte. Er hatte ständig eine Blechdose mit Mentholzigaretten bei sich, wohin er auch ging. Er brachte mit seiner Frage das Faß zum Überlaufen.

»Nein«, sagte ich, »er ist gerade...«

»Um präzise zu sein«, sagte Leigh mit pedantischer Stimme und sah auf seine Uhr, »vier Stunden und fünfundvierzig Minuten.«

»Wir haben es hier in der Gegend gern, wenn man präzise ist«, sagte Yardley und stieß Frogget an. »Nicht wahr, Froggy? Ich meine, wenn man sieht, wie wir hier alle auf der Abraumhalde des Lebens gelandet sind, dann ist es verdammt gut, zu wissen, was die Stunde geschlagen hat, was, Froggy?«

»Ich gehe immer mit der Uhr ins Bett«, sagte Frogget.

»Sie kommen von Kuala Lumpur runter?« fragte Yates, als er sah, daß Leigh allmählich der Kragen platzte.

»Hongkong«, sagte Leigh und betonte dabei das *Hong*, wie die Einheimischen das tun. Er sah sich im Raum um, als suchte er nach dem Ausgang.

Das Bandung war ein riesiges Gebäude – in seiner Glanzzeit ein privates Haus mit elegantem Garten, Vogelbecken und Sonnenuhr und geschwungenen Kieswegen. Der Garten war jedoch allmählich verfallen, und die Pergolen waren unter dem Gewicht dick gewordener Kletterpflanzen zusammengebrochen, die sich auf die zerbrechlichen Holzgitter stützten und sie zerdrückten. Mir gefiel der Garten in diesem verwilderten Zustand: die elastischen Feigenbäume, die die Palmen strangulierten, der weißblühende Jasmin, dessen Wurzeln die Steinbänke bersten ließen und die zwischen den Pflastersteinen ihre Knöchel zeigten. Und die Kletterpflanzen, die jetzt mächtiger waren als die Pergolen, von denen sie einst gehalten wurden, brauchten keine Stützen mehr; sie bildeten eine kühle Blätterhöhle von dem durch Mauern flankierten Vordereingang bis zur Veranda, wo Orchideentöpfe an Drähten hingen mit glotzenden Blüten und feuchten, baumelnden Wurzeln.

Die Bar selbst war dort, wo sich früher ein geräumiger Salon befunden hatte, mit farbigen Fußbodenkacheln und einer Decke, die so hoch war, daß oft ein paar verwirrte Schwalben dicht unter ihr ihre Kreise zogen. Auch die Fenster waren hoch, und Yardley erzählte, eines Tages sei ein Bienenschwarm hereingekommen, über die Köpfe der trinkenden Bargäste hinweggestrichen und auf der anderen Seite wieder hinausgeflogen, ohne eine Menschenseele zu stören. Den angrenzenden Raum nannten wir »die Lounge«, und es gab dort ein heilloses Durcheinander von Rattanmöbeln, ein Sofa, das Klavier, auf dem Ogham immer spielte, und kleine Tische und Palmen in Kübeln. Niemand saß dort außer dem Barkeeper Wallace Thumboo, wenn er um Mitternacht die Verzehrbons des Tages zusammenzählte und sie, nach Unterschriften sortiert, zu kleinen Stapeln aufschichtete. Ich sah das Bandung jetzt mit Leighs Augen und konnte sein Unbehagen verstehen, obwohl ich es nicht teilte.

»Könnte einen neuen Anstrich vertragen«, sagte Leigh. »Riecht es hier nach Katzen?« Er zog die Nase kraus.

»Ich war vor ein paar Jahren in Hongkong«, sagte Yardley. »Mein *Towkay* schickte mich rauf, um ein paar Kostenvoranschläge für Eisenblechverkleidungen einzuholen. Eigentlich sollte ich einen Monat dableiben bis zur Aktion, aber nach zwei Tagen bin ich zurückgekommen. Konnte den Ort nicht ausstehen. Die haben mich da wie Dreck behandelt. Hab dem *Towkay* gesagt, das Geschäft sei im Eimer. Schon mal in Hongkong gewesen, Froggy?«

Frogget sagte ja, es sei schrecklich.

»Wie ist das Bier denn da?« wollte Smale von Leigh wissen.

»Mein lieber Freund«, sagte Leigh, »ich habe nicht die geringste Ahnung.«

Das ärgerte nun jeden, und Yardley sagte: »Hier ist es jedenfalls in Ordnung.« In diesem Augenblick war ich mir nicht sicher, wen ich weniger ausstehen konnte – Yardley wegen seines rüden Verhaltens gegenüber Leigh oder Leigh, weil er seinen Namen buchstabierte und mit »Ich habe nicht die geringste Ahnung« etwas beantwortete, das als freundliche Frage gemeint war. Die nächsten Worte Leighs ließen mich für Yardley Partei ergreifen.

»Flowers«, sagte Leigh scharf und ignorierte die anderen, »hatten Sie nicht gesagt, wir könnten hier einen Drink kriegen?«

Dieses herrische »Flowers« vor meinen Freunden! Frogget grinste, Smale zwinkerte mir zu und hob sein Glas in meiner Richtung, Yates runzelte die Stirn, und Yardley lächelte affektiert, als wollte er sagen: »Was mußt du armes Schwein alles über dich ergehen lassen« – und das alles hinter Leighs steifem Rücken.

Ich klopfte auf die Theke und ließ Wally zwei Gin bringen. Leigh wickelte sein Taschentuch um das Glas und trank angewidert. Es lag vielleicht an seiner Verärgerung oder an der Hitze, aber Leigh lief rot an, und Schweißperlen begannen, ihm über das Gesicht zu rollen. Unter normalen Umständen hätte sich Yardley ebenso verhalten wie Gunstone und gefragt: »Ist Ihnen in Kaulun der alte Soundso mal über den Weg gelaufen?« – was Leigh wohl wieder zu sich gebracht hätte. Oder er hätte seine Geschichte von dem Tag erzählt, als der Bienenschwarm zum Fenster hereingeflogen kam, und wenn er gut aufgelegt gewesen wäre, dann hätte er sie noch ausgeschmückt und die Bienen imitiert und wäre von einer Seite des Raumes zur anderen gerannt, hätte mit den Armen gerudert und gesummt, bis ihm die Luft ausgegangen wäre.

»Bißchen muffig hier drinnen«, sagte Smale.

Yardley blickte Leigh an. Leigh schien nicht zu bemerken, daß er Yardley gereizt hatte. Yates sagte, er müsse nach Hause, und Yardley meine: »Kann ich dir nicht verdenken.«

»Sag Flowers gute Nacht«, sagte Frogget.

»*Mister* Flowers für dich, Froggy«, sagte ich. Yates brach auf und wünschte jedem von uns gute Nacht, mit Namen. Leigh überging er. Leigh sagte: »Zeit für einen Schlummertrunk, oder wie nennt ihr das hier?« Er bestellte einen Gin, aber keinen für mich.

»Hast du's Saufen aufgegeben, Jack?« fragte Smale, der es bemerkt hatte.

»Einen Doppelten, Wally«, sagte ich.

Yardley kicherte: »Ich brauch jetzt meinen Schlummertrunk.«

»Schlummertrunk, heh, heh«, sagte Frogget.

»Paß auf dich auf, Jack«, sagte Yardley und ging, Frogget watschelte hinter ihm her.

»Ich glaub, ich geh noch auf 'n Sprung zu 'ner Nutte«, meinte Smale nachdenklich. Er drückte den Deckel auf seine Zigarettendose und sagte: »Sag mal, Jack, wie hieß diese Magere, die du mir besorgt hast? Gladys? Gloria?«

Ich tat so, als hätte ich es nicht gehört.

»Gib mir mal ihre Nummer. Mein Gott, die war schon ein lebhaftes Aas.« Er starrte Leigh an und sagte: »Die macht phantastische Sachen mit Ihnen.«

»Frag Wally«, sagte ich.

»Es war, als wär' man tot«, sagte Smale, immer noch zu Leigh.

»Verstehen Sie, im Paradies.«

Wally trocknete Gläser am anderen Ende der Bar und lächelte die Gläser an, genauso wie er die Theke anlächelte, wenn er sie abwischte, und die Ginflasche, wenn er einschenkte. Wally sagte: »Was Sie wollen, Mister Smale? Sie wollen Maschage?« Er nickte. »Kann.«

»Ach, zum Teufel«, sagte Smale. »Vielleicht sollte ich es vergessen. Ich könnte eigentlich noch einen doppelten Whisky trinken, mir auf dem Lokus einen runterholen und zum Vergnügungspark runtergehen und Flipper spielen. Was meint ihr?« Er schielte mich lüstern von der Seite her an, schnaubte dann verächtlich und schob ab.

Leigh sagte zunächst gar nichts. Er kletterte auf einen Barhocker und tupfte den Schweiß auf seiner Oberlippe mit dem Finger ab. Er besah sich den Finger und sagte dann mitfühlend: »Wie halten Sie das aus?«

Ich krümmte mich unter der Frage. Dieser Augenblick der Angst – er kam immer dann, wenn ich beim Hören einer Frage, die mir noch nie eingefallen war, plötzlich entdeckte, daß ich die Antwort längst wußte – wie damals im Tai-Hwa in der Cecil Street, als ein Fremder mit einer Sonnenbrille gefragt hatte: »Wo du abbeiten?« Und ich erinnerte mich und hatte Angst.

4

In meiner Nische, von wo aus ich gereizt schon das dritte Hotel anrief, hörte ich Gopi kommen. Damals bestimmte in Singapur eine Körperversehrtheit den Beruf; Gopi, ein Krüppel, war *Peon* von Geburt an. Sein Näherkommen konnte man an dem Seufzen-Schlurfen-Plumpsen seines merkwürdigen Ganges hören, der an Radfahren erinnerte. Ein Bein war kürzer als das andere, und das Knie dieses rachitischen Körperteils war nach innen gebogen, stieß an das gesunde Bein und veranlaßte Gopi, sich in einem gefährlichen Winkel schrägzulegen, wenn er sein Gewicht darauf verlagerte. Ein langer Schritt mit seinem gesunden Bein verhinderte, daß er hinfiel, und so ging er dann, schleppend, vorwärts tanzend, von einer Seite auf die andere schwankend und auf der Stelle tretend wie jemand, der mit dem Fahrrad einen steilen Berg hinaufkeucht. Vor einigen Jahren siegte ein Pferd mit dem Namen *Gopis Traum* mit acht Längen in einem Rennen des Singapore Turf Club. Ich war kein Mitglied dieses Clubs, aber zwei Dollar brachten mich auf die Haupttribüne in die brüllende Menge; und dort verbrachte ich zumindest den Nachmittag eines jeden Renntages. Ich war gerade angekommen und dabei, mich zurechtzufinden, als ich sah, daß man das Pferd zurückgezogen hatte, auf das ich im ersten Rennen setzen wollte. Die Wetten standen schlecht für alle anderen außer *Gopis Traum*, und für mich war es logisch, dieses Pferd auszuwählen. Ich setzte zehn Dollar auf Sieg, obwohl ich normalerweise bei einem Außenseiter nur einen Zweier auf Platz setzte und mir zur Unterstützung ein Gebet in die Hände schrie, wenn die Rennpferde die Zielgerade hinunterschossen. Ich sagte mir, die Hälfte des Wetteinsatzes sei für Gopis Deepavali-Geschenk. *Gopis Traum* ging als Sieger durchs Ziel – wie alle Pferde, wenn die Logik unwiderlegbar ist, und brachte zweihundert Dollar; die Hälfte legte ich für Gopi zurück, den Rest verlor ich im Laufe des Nachmittags.

Am folgenden Tag nahm ich Gopi mit in einen Laden auf der Armenian Street und ließ ihm eine Schiene und einen Stiefel mit einer dreizehn Zentimeter dicken Sohle anpassen. Erst war er damit etwas wackelig auf den Beinen, bald jedoch hatte er den Bogen raus und lernte anstelle seines Radfahrerschwankens ein ruckartiges Hinken, bei dem er den gewaltigen Stiefel nachzog, ihn schwerfällig nach vorn wuchtete und dann mit dem anderen Bein die Verfolgung aufnahm. Die Schiene klirrte, und der Stiefel gab lange, gewundene Quietschlaute von sich. Das Komische daran war, daß er zwar einigermaßen gerade ging, aber viel langsamer, schwitzend und zerrend und den Stiefel schwenkend.

Er hörte bald auf, den Apparat zu tragen. Auf malaiisch erzählte er mir, er »beiße« ihm ins Bein und sei beim Flickschuster, um in Ordnung gebracht zu werden. Eine Woche später fragte ich ihn danach; er begann, ihn wieder zu tragen – zwei Tage lang Klirren und Quietschen, dann ließ er es wieder sein. Ich fragte ihn, warum. Er biß. Die Schiene war ein größeres Übel als das Hinken, die Behandlung schmerzhafter als das Leiden; der Vorfall kurierte mich von gewissen Formen des Mitleids.

»Wir sind voll belegt«, sagte mir die Stimme am Telefon gerade. Gopi kam zu mir herübergestrampelt, und ich warf den Hörer auf die Gabel.

»Hoben«, sagte Gopi und zeigte mit seinem dünnen Finger hinauf, um mir zu verstehen zu geben, Leigh sei in Hings Büro. Er klemmte sich die Zunge seitlich in den Mund und kritzelte in einem unsichtbaren Hauptbuch, womit er andeutete, er habe Leigh schreiben sehen. Dann stellte er mir Fragen über Leigh. Wer war er? Woher kam er? Hatte er Kinder? War er ein Eurasier?

Ich erzählte Gopi, was ich wußte, und fragte, wann Leigh eingetroffen sei.

»Kurz nach sieben.«

Das waren Neuigkeiten. Als eifriger neuer Angestellter in Hings Geschäft und mit der vagen Vermutung, bei guter Arbeit hätte ich die Chance einer Beförderung, war auch ich immer kurz nach sieben erschienen. Wenn Hing dann eintraf, war ich bereits ins Schwitzen geraten und sagte: »Völlig richtig, Mr. Hing« und: »Überlassen Sie das nur mir.« Es gab keine Beförderung. Ich wollte mir zu Weihnachten freinehmen; Hing sagte: »Ich bin Buddhist, aber abbeite Besak, Buddhas Geburtstag, nich' wahr'?« Ich begann, um kurz nach acht zu erscheinen, und sagte nie mehr: »Überlassen Sie das mir«, und als ich mit meinen Unternehmungen Erfolg hatte, wurde es zehn, bevor ich mein Gesicht sehen ließ. Ich würde nicht befördert werden, aber ich würde auch nicht rausfliegen: Für das, was er mir zahlte, hätte er nie einen anderen *Ang moh* bekommen. In dieser schwächlichen Bescheidenheit, in der Aufgabe jeden Ehrgeizes lag Sicherheit und die jährliche Erneuerung der Arbeitserlaubnis. Das war ein Gesichtspunkt, aber er kostete mich meinen Stolz. Sagte irgend jemand in der Bar eines Clubs oder in der Empfangshalle eines Hotels: »Na los, Jack, trinken Sie noch einen«, dann war ich glücklich. Ich hatte die Genugtuung, mir eine Belohnung verdient zu haben. Der Gedanke, daß man mir den Drink nie angeboten hätte, wäre nicht das Mädchen in meinem Schlepptau gewesen, war etwas, das mir kein Kopfzerbrechen bereitete – außer wenn ein Typ wie Leigh mit den Worten »Wie halten Sie das aus?« daherkam. Ein Typ, der in Singapur lebte und mich kannte, hätte so etwas nie gefragt. In Wirklichkeit ging es nicht um das Wie, sondern um das Warum; meine Antwort hätte ihn nervös gemacht.

Leigh war eifrig bemüht, Hing zu gefallen, soviel war klar. Er hatte noch nicht herausgefunden, daß das keinen Zweck hatte. Und wer war er, dieser Buchprüfer aus Hongkong? Ein Angestellter auf der Flucht, auf Tauchstation nach einer unvorsichtigen Unterschlagung in London? Von einer britischen Bank gefeuert, weil er mit einer Frau in der Depositenabteilung aneinandergeraten war oder wegen Unfähigkeit, und der jetzt wie viele *Ang mohs* im Osten Dekkung in einem chinesischen Unternehmen suchte und sich mit Clubphantasien und der Tatsache tröstete, daß er zu weit vom Schuß war, um von Bedeutung zu sein, ein Zugvogel, der von Zeit zu Zeit, wenn die Situation ungemütlich wurde, die Bemerkung einfließen ließ, es gebe ja immer noch Australien? Über seine Clubs hatte er gelogen – das erstemal, daß jemand das bei mir versuchte –, aber das hatte ich auch, dreimal hintereinander. Man konnte ihm daraus keinen Vorwurf machen.

Das Gefühl, das ich für ihn empfand, war eine Art Selbstmitleid. Es gab so vieles, was ich ihm hätte erzählen können, wenn er nur freundlich gewesen wäre und aufgehört hätte, mich Flowers zu nennen. »Gehen Sie fort und bringen Sie sich in Sicherheit«, wollte ich sagen; ich hätte ihm dabei zusehen und mir beim Zusehen selber wieder Hoffnung machen können. Ich hatte meine Mädchen; ich kannte die Grenzen der Arbeit; ich glaubte an außergewöhnliche Möglichkeiten der Rettung, an Wunderheilungen; ich wußte ein wenig von der Liebe. Wie sah seine Alternative aus? Ich beschloß, ihn genau zu beobachten, diese Variante meiner selbst. Seine dreiste Frage nagte noch immer an mir, und nur Mitleid hinderte mich daran, ihn dasselbe zu fragen. Es war ihm offenbar nicht klar, wieviel ich wußte.

Gopi sah, daß ich voll in Anspruch genommen war, und ging wieder unter Heben und Senken seiner Schultern. Er schlenkerte nicht mit den Armen, und sie hielten ihn auch nicht in Bewegung. Sie baumelten unnütz herunter bei seinem Fahrradgang. Er war ein kleiner Mann, aber manchmal glaubte ich, ohne ihn wäre ich ins Schwimmen geraten.

Ich rief für Gunstone ein weiteres Hotel an und erhielt eine weitere Absage. Das war das letzte von den Hotels an der Victoria Street, die er besonders schätzte. Da es schon fast Zeit zum Lunch war, rief ich im Belvedere an. Ich sei am Flughafen, erzählte ich der Dame am Empfang, und ob sie ein Doppelzimmer mit Klimaanlage für eine Nacht hätten.

»Alle unsere Zimmer – wir haben über achthundert – haben Klimaanlagen«, sagte sie.

»Das ist ja sehr schön«, sagte ich und ließ das Zimmer reservieren. »Wenn Hing fragt«, sagte ich zu Gopi und schob damit wie üblich ihm den Schwarzen Peter zu – aber wer außer dem Sanftmütigsten würde ihn annehmen? –, »sag ihm, ich liege mit Grippe im Bett.«

Da wir im Tanglin essen würden und dann rüber ins Belvedere, schien mir, ich sollte die Klamotten wechseln.

»Wozu der schwarze Anzug?« fragte Gunstone.

»Die anderen sind in der Reinigung«, sagte ich, und der Satz »Ich komme gerade von einer Beerdigung« lag mir auf der Zunge. Aber dann würde er fragen, wer gestorben sei, oder die Mitteilung würde ihm einen Schrecken einjagen. Ich verfügte über den Sinn des geübten Lügners für Mäßigung und Voraussicht. Gunstone war beruhigt.

Zum Lunch gab es dann die Freitagsspezialität, Buffet mit Meeresfrüchten, mein Lieblingsessen. Ich folgte Gunstone und holte mir dasselbe wie er und in derselben Menge und stellte bald fest, daß ich mir den Teller mit Austern und Garnelen vollpackte, die ich nicht so gern aß wie die Krabben und Hummer, von denen Gunstone nur zwei kleine Portionen nahm. Ich legte einige Austern zurück, was mir ein Stirnrunzeln des malaiischen Chefs eintrug.

Am Tisch sagte ich: »Hoffentlich habe ich keinen Mist gebaut, Mr. Gunstone, aber ich habe Sie für heute nachmittag ins Belvedere einquartiert.«

Er spießte eine Garnele auf, pellte die Schale ab und tunkte den nackten Finger rosafarbenen Fleisches in eine Untertasse mit Chili. »Glaube nicht, daß wir schon jemals im Belvedere waren, oder doch, Jack?«

»Die anderen Hotels waren voll«, sagte ich.

»Schon in Ordnung«, sagte er. »Aber ich habe letzte Woche im Belvedere gegessen. War nicht viel damit los, wissen Sie.«

»Oh, ich weiß, was Sie meinen, Mr. Gunstone«, sagte ich. »Das Essen ist da absolut scheußlich.«

»Genau«, sagte Gunstone. »Wie ist Ihr Lachs?«

Ich hatte noch nicht mit dem Essen begonnen: Ich nahm eine Gabel Lachs, schmierte damit in der Mayonnaise herum und aß ihn. »Köstlich«, sagte ich.

»Meiner ist entsetzlich«, sagte er und er schob seinen Lachs an den Rand seines Tellers.

»Jetzt, wo Sie es erwähnen«, sagte ich, »er schmeckt ein bißchen ...«

»Ausgetrocknet«, sagte Gunstone.

»Genau«, sagte ich. Ich schob meinen Lachs an die Seite und bedeckte ihn mit einem Salatblatt. Es tat mir leid; ich mochte den Lachs so, wie er aus der Dose schmeckte.

»Der Hummer ist auch nicht doll«, sagte Gunstone kurz darauf. Ich räumte gerade eine große Schere aus. Sie war hervorragend, und ich aß die ganze Schere, bevor ich sagte: »Sie haben schon wieder recht, Mr. Gunstone. Schmeckt, als hätten sie ihn aus dem Muar River geholt.«

»Wir werden das mal wegtun, nicht wahr?« sagte Gunstone. Er legte einen Hummerschwanz neben den ausrangierten Lachs. Ich tat dasselbe und aß dann, so schnell ich konnte, meinen ganzen Krabbensalat auf, bevor er sagen konnte, er sei schlecht. Ich nagte an einem harten Brötchen und machte mich an die Austern.

»Die Garnelen sind gar nicht schlecht«, sagte er.

»Die Austern sind...« Ich wollte den Satz nicht beenden, aber Gunstone kam mir nicht zu Hilfe. »...irgendwie schlaff.«

»Das sind in Wirklichkeit Herzmuscheln«, sagte Gunstone. »Und sie sind eine verdammte Beleidigung. Steward!« Ein malaiischer Kellner kam herüber. »Nehmen Sie das weg.«

Zu verlangen, daß Essen zurück in die Küche geschickt wird, ist eine besondere Kunst. Es wird mit Aplomb erledigt, von Leuten, die dieses Wort gebrauchen. Ich bewunderte Leute, die das taten, konnte es ihnen jedoch nie nachmachen.

»Ihres, *Tuan*?« fragte der Kellner.

»Ja, nehmen Sie es weg«, sagte ich traurig.

»Möchten Sie noch etwas, *Tuan*?« fragte der Kellner Gunstone.

»Wenn ich noch etwas möchte, würde ich Sie dann bitten, diesen Teller abzuräumen?« sagte Gunstone.

Der Kellner ließ meinen Lunch verschwinden. Ich strich Butter auf ein hartes Brötchen und aß es, wobei ein Krümelschauer auf meinen Anzug niederging.

»Dieser Ober«, sagte Gunstone und schüttelte den Kopf. »Das Intelligenteste, das ich ihn jemals haben sagen hören, war: ›Wenn Sie Ihre Eiscreme ein bißchen nach rechts schieben, *Tuan*, dann werden Sie eine Erdbeere finden.‹ Gott steh uns bei.«

Ich lachte und wischte meine Jacke ab. »Trotzdem«, sagte ich, »ich hätte nichts dagegen, Mitglied in diesem Club zu werden.«

»Sie wollen doch nicht wirklich in diesen Club eintreten!« sagte Gunstone.

»Doch«, sagte ich und sah mich in der Sonne liegen, am

Swimmingpool, und eine dieser sonnengebräunten langbeinigen Frauen flüsterte mir eindringlich zu: »Jack, wo bist du gewesen? Ich habe überall nach dir gesucht. *Alles ist soweit.*«

»Warum denn, um alles in der Welt?«

»Irgendwas, wo man hingehen kann, vermutlich«, sagte ich. Die einzige Werbung des Bandung waren die Streichholzschachteln, die Wallace Thumboo mit dem Slogan bedrucken ließ: *Es ist immer jemand, den Sie kennen, im Bandung!*

Gunstone lachte in sich hinein: »Wenn die nur Ihren Namen aussprechen können, dann können Sie auch schon Mitglied werden.«

»Flowers ist ziemlich einfach.«

»Sollte man meinen.«

Aber Fiori ist es nicht, dachte ich. Und mein Name war Fiori, Flowers war nur ein Näherungswert und eine Maske.

»Also dann«, sagte Gunstone und sah auf die Uhr. »Wie wär's mit dem Dessert?«

Einer von Gunstones Scherzen: Es war Zeit, Djamila zu holen. Die Oldtimer, fand ich, hatten die Tendenz, Malaiinnen zu bevorzugen, während die Neuankömmlinge hinter den Chinesinnen her waren, und die Malaien bevorzugten ihresgleichen. Die chinesischen Kunden, von denen ich mehrere hatte, schätzten die grobknochigen australischen Mädchen; Deutsche hatten gern Tamilinnen, und die englischen Männer liebten alles, was jung war, hatten jedoch ihre Mädchen lieber vom jungenhaften und ihre Frauen vom männlichen Typ. Britischen Seeleuten von der H. M. S. *Terror* machte es Spaß, sich in der Gegenwart von Transvestiten zu prügeln. Amerikaner mochten die sauberen Sportlichen, denen sie immer Spitznamen wie »Skeezix« und »Pussycat« gaben (die Engländer bemühten sich, den wirklichen Namen des Mädchens zu erfahren), und verbrachten oft einen ganzen Nachmittag damit, einem meiner Mädchen im Swimmingpool eines Hotels das Schwimmen beizubringen, obwohl sie das fünfzehn Dollar pro Stunde kostete. Amerikaner waren auch für viel Schmusen im Taxi, für Knutschen und Rumalbern, und dann stolperten sie so den Bürgersteig entlang, grapschten hart nach dem Mädchen und sagten: »Ach, Honey, ich mag dich wirklich!« Später schrieben sie ihnen Briefe, und die Mädchen gingen mir auf die Nerven, weil ich ihnen beim Antworten helfen sollte.

Djamila – einer von den Amerikanern nannte sie immer »Marmeladentopf«, und das paßte zu ihr – war sehr zuverlässig und leicht erreichbar. Sie wartete mit meinem vertrauenerweckenden Koffer an der Hong Kong and Shanghai Bank, als wir im Taxi vorfuhren. Ich sprang hinaus und öffnete die Tür für sie, dann setzte ich mich nach vorn und klemmte den Koffer zwischen die Knie. Djamila kletterte auf den Sitz neben Gunstone, saß dann lächelnd da und schaukelte ihre Handtasche auf dem Schoß.

Lächeln ist etwas, woran Mädchen mit vorstehenden Zähnen selten Gefallen finden; Djamila zeigte ihre jedoch ganz fröhlich, bezaubernde Dinger, sehr weiß in ihrem breiten Mund. Sie hatte kleine Ohren, ein schmales mondfarbenes Gesicht, große flinke Augen und schwere Augenbrauen. Ein schmächtiges Mädchen, geradezu mager, aber dieser Beschreibung mußte man gleich hinzufügen, daß ihre Brüste groß und voll waren, ihr Hintern hoch angesetzt und hübsch wie ein Kürbis. Ihre Brüste waren ihr Vorzug, ein Vorzug der meisten meiner Malaienmädchen; im Gegensatz zu den Blumenzwiebeln der Chinesinnen, die in einer Kleiderfalte verschwanden, waren diese hier ein Paar beträchtlicher Glocken, etwas Außergewöhnliches, das sich bewegte und ihrem Gang etwas Rollendes, Schwankendes verlieh. Dieses Auf und Ab war das Maß für die richtige Größe; eine immer eine Sekunde später als die andere, und jedesmal war es die Antwort auf einen Schritt von Djamilas kleinen Füßen. Ihr Hintern setzte sich auf den gleichen Einsatz hin in Bewegung, aber in einem anderen Rhythmus – ein wundervoller Bewegungsablauf in diesem gertenschlanken Körper, ein herrliches Heben und Senken, wenn die Brüste unter dem schwarzen Spitzenstoff ihrer engtaillierten Bluse wippten und der gutverpackte Hintern sich hochschob und seine Backen sich pumpend aneinander rieben und in ihrem Sarong herumwanderten, während sie dahinschlenderte und ihre großen Zähne zeigte.

»Jack, du siehst aus sehr smart«, sagte Djamila. »Neuer Anzug und was nicht alles.«

»Ich habe ihn für dich angezogen, mein Schatz«, sagte ich. »Das hier ist Mr. Gunstone, ein alter Kumpel von mir.«

Djamila schüttelte ihm die Hand und sagte: »Jack hat nette Freunde.«

»Wo ist denn Ihr kleines Auto, Jack?« fragte Gunstone.

»Kaputt«, sagte ich. »Wird gerade repariert.«

»Was war denn diesmal los?«

»Radaufhängung, glaube ich. Vorderteil flattert irgendwie, so ähnlich wie bei Djamila, nur nicht so hübsch.«

»So ist das immer bei diesen kleinen französischen Autos. Probleme. Es ist die Verarbeitung.«

Das Taxi hielt vor dem Belvedere. Der Türsteher in Frack und Zylinder riß die Wagentür auf und ließ Gunstone aussteigen. Ich übergab ihm den Koffer; es war ein guter, solider Antler in nüchternem Kieselgrau, vollgepackt mit Exemplaren der *Straits Times* und einem Verbandskasten der Royal Air Force, einem nützlichen Gegenstand – die Aderpresse hatten wir einmal einem russischen Seemann anlegen müssen, und die kleinen Pflaster waren bei Kratzern gleich zur Hand.

»Sie sollten sich einen Morris besorgen«, sagte Gunstone am Empfangstisch.

Ich konnte nicht sofort antworten, da ich meinen Namen ins Gästebuch eintrug und der Empfangschef mich mit einem Exemplar von *Was ist los in Singapur?* willkommen hieß. Ich machte mir keine Gedanken darüber, daß man mir wegen Gunstone und Djamila Fragen stellen würde; alles ist möglich in einem großen, teuren Hotel, und der Geschäftsführer wird immer lächeln und sagen, er erinnere sich an Sie. Im Fahrstuhl sagte ich: »Ja, so ein Morris ist ein guter Kauf.«

»Ich mag Chevy«, sagte Djamila.

Der Liftboy und der Hotelpage starrten sie an. Meine Mädchen sahen gut aus, sehr hübsch in Bars und auf der Straße, aber in hellerleuchteten Hotels sahen sie anders aus, zwar nicht deplaciert, aber auffällig und identifizierbar.

»Ich hasse diese amerikanischen Wagen«, sagte Gunstone.

»Ich auch«, sagte ich. »Geldverschwendung.«

»Schön groß«, sagte Djamila. Sie ließ ein heiseres Lachen hören. Die meisten meiner Mädchen waren heiser; es lag an ihrer Tätigkeit mit all diesen Bazillen.

»Hier bitte, Sah. Sieben-null-fünf«, sagte der Page. Er folgte uns in das Zimmer und warf den Koffer schwungvoll auf einen niedrigen Tisch; ich konnte hören, wie die Zeitungen in ihm verrutschten. Dann zog er die Schau mit den Lichtschaltern ab, aber ich unterbrach ihn, drückte ihm fünfzig Cent in die Hand, und er zog ab.

»Hier ist das Licht«, sagte ich, als ich den Schalter entdeckte, und knipste alle Lampen an. Ich ging im Zimmer umher, wies auf Geräte hin und öffnete Türen, genau wie der Page, wenn ich ihm eine Chance gegeben hätte. »Das Fernsehgerät, das Badezimmer, Jalousien, Radio« – als ich es einschaltete, erwischte ich die Melodie aus *Doktor Schiwago*. »Ich glaube, es ist alles in Ordnung.«

»Es gibt nichts Besseres für Sie als einen Morris«, sagte Gunstone, kam zu mir herüber und flüsterte: »Wie ist sie denn?«

»Es lohnt sich«, sagte ich. »Lohnt sich wirklich sehr.«

Djamila saß auf dem Rand des großen Doppelbettes und legte ihre silbernen Armreifen ab; sie tat es mit sanfter Grazie, bewunderte ihren Arm und führte sich ihre Fingernägel vor, als sie einen Armreif nach dem anderen an ihnen vorbeigleiten ließ.

Gunstone saß auf einem gepolsterten Stuhl, seufzte und streifte sich einen seiner Schuhe ab. Er hatte einen Socken ausgezogen und war intensiv damit beschäftigt, das schlaffe Ding mit zitterndem Finger in den leeren Schuh zu stopfen, als ich sagte: »Ich lasse euch beide jetzt allein, damit ihr vorankommt. Bye, bis gleich.«

Der Liftboy, der denselben Typ, den er eben erst in diesem Stock abgesetzt hatte, wiedersah, wandte sich ab und konzentrierte sich auf den Knopf, den er gerade drückte, und ich bemerkte an der Art, wie sich seine Ohren bewegten, und an einem eigentümlichen Zusammenziehen eines Teils seiner hinteren Kopfhaut, daß er sich die Situation zusammengereimt hatte und blöde grinste. Ich hätte ihm am liebsten eine runtergehauen.

»Wie heißt du?«

»Tony-*lah*«, sagte er. Man kommt schnell wieder zu sich, wenn man einem Fremden seinen Namen sagen muß.

»Hier, Tony.« Ich gab ihm einen Dollar. »Red nicht drüber«, sagte ich. »Niemand mag einen Schwätzer.«

Dieser Dollar wäre mir sehr gelegen gekommen, und ich hätte ihn mir sparen können, wenn ich die Feuertreppe hinuntergegangen wäre, was ich normalerweise auch tat. Aber sieben Treppenfluchten in staubig riechendem, ungestrichenem Zement waren mehr, als ein Mann meines Alters sich gefallen lassen sollte. Ein bißchen Arithmetik überzeugte mich davon, daß ich mir einen Drink leisten konnte; in der Lounge-Bar des Belvedere kosteten die *Hors d'œuvres* nichts.

Ich mied die Empfangshalle, schlüpfte in die Lounge, fand einen kühlen Ledersessel und war für einige Minuten sehr glücklich, las im *Was ist los* und blickte gelegentlich auf, um das Dekor zu bewundern. Yardley und die anderen hielten nicht viel von den neuen Hotels in Singapur – zu poliert und affig, sagten sie, kein bißchen Charakter. Charakter, das waren Rüsselkäfer im Essen, metallene Klappstühle und ein mürrischer Barkeeper, der einen beleidigte und einem zuviel berechnete; das waren ein Monsunabfluß, den man seit Monaten nicht mehr gereinigt hatte, und eine Toilette, die sich – wie die im Bandung – mitten in der Küche befand. Eines Tages, dachte ich, werde ich ein Zimmer im Belvedere bestellen und mich in den Decken eines breiten Bettes verkriechen – die Klimaanlage voll aufgedreht – und eine Woche lang schlafen. Das Erdgeschoß des Belvedere war in italienischem Marmor gehalten, und in der Empfangshalle hing ein Kronleuchter, dessen Fertigstellung Jahre gedauert haben mußte. Es gefiel mir in diesem soliden Komfort, ich nippte an meinem Gin und besah mir das aus Meerestieren angefertigte Mosaik an der Wand der Lounge: Uferschnecken, die sich aus Muschelschalen ergossen, vergoldete Seeigel und Korallenfinger. Dann wurde ich unruhig.

Es war nicht meine gewohnte Sorge um Gunstones Pumpe. Es war der unangenehme Verdacht, daß die sieben oder acht Touristen, die sich in der Lounge aufhielten, in meine Richtung starrten. Sie hatten mich mit Gunstone und Djamila hereinkommen sehen, und wie Tony hatten sie erraten, was ich im Schilde führte. Diejenigen, die nicht über mich lachten, verachteten mich. Wäre ich jünger gewesen, dann hätten sie gesagt: »Ein gerissener Junge, gut organisiert, das muß man ihm lassen.« Aber ein Mann mittleren Alters, der dasselbe tat, war nur ein Kuppler. Ich versuchte, gelassen auszusehen, schlug die Beine übereinander und blätterte die kleine Broschüre durch. Als ich meine Beine das nächste Mal übereinanderschlug, spürte ich an den Knöcheln einen ungewohnten Luftzug: Ich trug keine Socken.

Wie konnte ich nur so dumm sein! Da saß ich nun in der Lounge eines teuren Hotels, trug meinen schwarzen Ah-Chum-Kammgarnanzug, dunkle Krawatte und weißes Hemd und Schuhe, die meine *Amah* auf Hochglanz poliert hatte – und keine Socken! Daran also hatten sie mein Gewerbe erkannt, an meinen nackten Knöcheln. Ich wollte verschwinden, aber das ging nicht, ohne die Aufmerksamkeit auf mich zu lenken. Also blieb ich in dem Sessel in einer Weise sitzen, die es mir ermöglichte, die Knie meiner Hose nach vorn zu schieben und mit den Aufschlägen meine Knöchel zu bedecken. Ich versuchte, mir einzureden, diese starrenden Touristen seien nicht wichtig – morgen früh würden sie alle im Flugzeug nach Bangkok sitzen.

Ich hob mein Glas und fing den Blick einer Dame auf. Sie blickte weg. Als ich mich wieder meiner Lektüre widmete, fühlte ich, wie ihre Blicke mich erneut streiften. Bei diesen Damen aus Amerika wußte man nie, woran man war. Die anderen starrten mich immer noch an, machten mich verlegen und verdarben mir den einzigen Drink, den ich mir leisten konnte. An der ganzen Verwirrung war Leigh schuld; er, der Fremde, hatte meinen Beruf »Zuhälterei« genannt.

»Telefon für Bischof Bradley... Bischof Bradley...« Die langsame, bestimmte Durchsage kam über den Lautsprecher in der Lounge, eine mit Stoff bespannte Box an der Wand über einer schlanken Palme in einem kupfernen Kübel.

Zwei Damen blickten zum Lautsprecher.

Sie brach ab, die Stimme mit dem Brummen im Hintergrund; in der Lounge entstand eine erwartungsvolle Pause, jeder hielt den Atem an und wußte, im nächsten Moment würde die Durchsage von neuem beginnen, und sie tat es auch, ganz monoton.

»Bischof Bradley... Telefon für Bischof Bradley...«

Jetzt blickte niemand mehr zum Lautsprecher.

Ich hatte alle Knöpfe am Jackett meines schwarzen Anzugs geschlossen. Ich stand auf und wandte der wiederholten Aufforderung aus der stoffbespannten Box ein ungeduldiges Gesicht zu. Ich kippte den Rest meines Gins hinunter, und während die Blicke all dieser Leute auf mich gerichtet waren, ging ich in meiner klerikal wirkenden Aufmachung gemessenen Schrittes in die Richtung des Informationsschalters. Ich wußte, es tat ihnen nun leid, daß sie auf meine sockenlosen Füße gestarrt und sich über mein Auftreten am Empfang lustig gemacht hatten. »Das ist der Bischof«, sagten sie jetzt.

Draußen ging ich die Orchard Road auf und ab, bis Gunstone und Djamila auftauchten, und die ganze Zeit schimpfte ich im stillen auf Leigh, dessen Urteil mich in diese Verwirrung und in ein täppisches Schamgefühl gestürzt hatte. Sein Schatten fiel dunkel auf meinen Weg; ich wollte, daß er wegging.

5

Es war früh am Abend und noch hell, jene angenehme Tageszeit ohne grelle Farben kurz vor Sonnenuntergang; der Mond war am blauen Himmel erschienen, eine auf dem Rücken liegende bleiche goldene Sichel, und man konnte durch die milde Luft schlendern, ohne mit abgewandtem Gesicht und zusammengekniffenen Augen den Blick in die Sonne vermeiden zu müssen. Es war die einzige Stunde, in der das Laubwerk nicht von kränklichen Gelbtönen durchsetzt war; die Bäume waren dichter, grün und kühl. In den zweistöckigen chinesischen Häusern, die sich, um Innenhöfe gruppiert, die Cuppage Road entlangzogen, waren die Türen und grünen Fensterläden geöffnet, um die Brise hereinzulassen, und ich hatte das Gefühl verlangsamter Bewegung, fast von Schlaffheit, das der Anblick von Männern in Pyjamas – der Uniform der Friedfertigen – in der Dämmerung immer in mir auslöst.

Schwalben in Sturzflugformation kamen in Sicht, drehten scharf ab wie Fledermäuse und jagten dann, hierhin und dorthin schwenkend, auf den hellsten Teil des Himmels zu, wo ein sich rötender Mühlgraben aus Wolken dieses Leuchten in ein ruhiges, rosigseichtes Gewässer strömen ließ. Die Palmen, die das Bandung überragten, neigten sich nicht im Wind – das taten sie nie in Singapur –, aber ich konnte das papierene Rascheln ihrer zitternden Wedel hören, eine Kühle, die nicht zu fühlen war. Für mich, den im Norden geborenen Amerikaner, war die Palme, als ich heranwuchs, ein anmutiges Symbol des Reichtums gewesen: Sie erinnerte an das üppige Florida, an sonnige Winterferien, gewisse Filmstars und Tage, an denen ich lange spielen durfte, an Hotels mit weißem Stuck und Kasinos an breiten Stränden; die Leute vergnügten sich unter dem Sonnenschirm der Natur. Ich schaute zu den Palmen des Bandung empor – Bäumen, mit denen ich kein Vergnügen mehr in Verbindung bringe –, um nicht auf die Krone der Mauer blicken zu müssen, die den Garten umschloß; oben auf der Mauer waren Glasscherben eingesetzt, um Eindringlinge abzuschrecken, und immer, wenn ich sah, wie sie sich drohend emporreckten, tat mir unwillkürlich der Schwanz weh.

Ich ging knirschend den Kiesweg hinunter, durch den Tunnel der Kletterpflanzen, in der angenehmen Feuchtigkeit des frisch besprengten Gartens; die Sonne war hinter dem Dach des Bandung verschwunden und schien jetzt blendend durch den hinteren Eingang und schloß leuchtende Goldstreifen durch zwei Räume im Erdgeschoß auf die schimmernden Kacheln. Mein Jackett saß gut, zum erstenmal an diesem Tag, und mit Gunstones Bargeldkuvert in der Brusttasche fühlte ich mich überlegen und glücklich.

Aber ich wußte, was mir bevorstand. Ich zuckte zusammen, als ich Yardleys verärgerte, scharfe Stimme durch den großen Raum hallen hörte. Bei den Korbstühlen auf der Veranda hielt ich inne und wünschte einen verzweifelten flüchtigen Augenblick lang, ich könnte woanders hingehen. Es war nicht möglich. Ein Mann in meinem Alter, für den eine Bar Gewohnheit und Trost bedeutete, Beruhigung durch eine Gemeinschaft, die fast zärtlich sein konnte – ein Mann in meinem Alter ging zum Trinken nicht in fremde Bars; es hätte die Routine durcheinandergebracht; meine Freunde legten Abwesenheit als Fahnenflucht aus, und sie verziehen nicht leicht. Es hätte besonders verdächtig ausgesehen, wenn ich das Bandung gemieden hätte, nachdem ich für Leighs Anwesenheit dort am vergangenen Abend verantwortlich war. Leigh war dort eingedrungen und hatte Yardley gestört, Yardleys letzter Witz war der Beweis dafür. Die Schuld lag bei mir, und von mir wurde eine Erklärung erwartet. Ich war gekommen und bereit, Leigh zu verurteilen.

Yardley sah mich und hörte auf zu schimpfen. Frogget stand neben ihm; Smale, Yates und Coony waren an der Bar, und in einem Sessel auf der anderen Seite saß der alte Mr. Tan Lim Hock, trank Sojabohnenmilch und hatte sich in den *Reader's Digest* vertieft. Mr. Tan, ein pensionierter Beamter, half den Stammgästen des Bandung bei der Einkommensteuer. »Er kann einer Made das Fell über die Ohren ziehen«, sagte Yardley. Er war ein ziemlich nervöser Mann, den ich nur zweimal hatte lächeln sehen: einmal, als er sah, was Hing mir zahlte (»Ist das pro Monat oder pro Jahr?« hatte er gefragt), und einmal an jenem Tag des Jahres 1968, als China seine Wasserstoffbombe zündete.

Ich ging zur Bar hinüber und bestellte einen Gin. Yardleys trotziges Schweigen und die einfältigen Gesichter der anderen bestätigten meine Erwartung: Leigh war der Gegenstand des Mißmuts gewesen.

»Was treibt ihr?«, sagte ich.

»Bist du allein?« fragte Yardley. Yates und Coony sahen ihn an, als erwarteten sie, er würde weiterreden, aber als ich ihm sagte, ich sei allein, war alles, was er von sich gab: »Wally haben sie heute nachmittag beinahe plattgefahren. Nicht wahr, Wally? Hat einen verdammt großen Bluterguß am Arm. Zeig uns noch mal den Bluterguß, na los, Wally.«

Wally, im Mittelpunkt der Aufmerksamkeit, fühlte sich nicht wohl in seiner Haut. »Nicht so schlimm«, sagte er und lächelte den Verband an seinem Ellbogen an.

»Das hast du mir aber anders erzählt!« sagte Yardley. Er wandte sich an mich. »Wäre beinahe umgebracht worden, das arme Schwein!« Normalerweise hätte ihn Wallys Verletzung nicht weiter gekümmert, er hätte sich vielleicht sogar darüber lustig gemacht, aber er hatte schlechte Laune, und seine Wut auf Leigh, von der ich ihn durch mein Auftauchen abgelenkt hatte, wurde zu einem umfassenden Zorn auf diese Welt. In solchen Situationen nannte er Frogget Desmond statt Froggy (Frogget hatte nichts dagegen: er hatte sich an Yardley gehängt und machte sich die Loyalität leicht, indem er Beschimpfungen hinnahm wie Lob); und nur wenn er in Wut geriet, erinnerte sich Yardley daran, daß ich Amerikaner war.

»Es sind diese verfluchten Taxis«, sagte Yates – das »verflucht« benutzte er Yardley zu Gefallen. Yates war eine ruhige Seele, der einzige von uns, der nicht für einen *Towkay* arbeitete. Er arbeitete für den Staat, bekam »Sondervergütungen«, Heimaturlaub alle zwei Jahre, Schulgeld- und Familienzuschüsse und konnte erwartungsvoll einer dicken Abfindung und drei Kubikmetern Seefracht entgegensehen.

»Nein«, sagte Yardley, »es sind diese hochgekommenen Scheißer, die hier auftauchen und so tun, als hätten sie die Straße gepachtet.« Er starrte mich an. »Du kennst die Sorte, nicht wahr, Jack?«

»Ab und zu seh ich mal einen«, sagte ich.

»Wer war's, Wally? War es ein Chink, der dich überfahren hat?«

Mr. Tan Lim Hock saß nur drei Meter entfernt; er beschloß, nichts zu hören.

»Europäer«, sagte Wally, selbst erstaunt über seine Tollkühnheit.

»Hat mich nicht angefahren, bin hingefallen, Unfall.«

»Er *hat* dich angefahren, du Idiot«, sagte Yardley. »Ich weiß, daß es ein Europäer war, und ich wette, er lebt auch nicht in Singapur. Nein Sir, *der* nicht. Würde sich nicht trauen. Zum Beispiel so einer wie dieser Freund von dir, Jack...«

Yardley begann, Leigh für Wallys Bluterguß verantwortlich zu machen. So was war ihm zuzutrauen: Einen Monat zuvor hatte ihm der Singapore Water Board unter der Rubrik »Kanalisationsgebühren« zuviel in Rechnung gestellt, und nach einer ähnlichen Kette von Assoziationen hatte er die zerknüllte Rechnung Wally ins Gesicht geschleudert und gesagt: »Diese Unfähigkeit von euch Wichsern ist endlos.« Yardley steigerte sich in eine solche Wut hinein, daß er nun Wally und den Bluterguß einfach beiseite ließ und den folgenden Kurzschluß anbot: »Dieser Kumpel von dir, dieser windige kleine Scheißer würde uns allesamt über den Haufen fahren, wenn wir ihm auch nur die geringste Chance geben. Wenn Jack ihn weiterhin hierher mitbringt, dann bleibe ich zu Hause; nichts gegen dich, Jack, aber wie kannst du den Mann hierherschleppen? Wally, verdammt noch mal, 'n Doppelten, aber 'n bißchen lebhaft!«

»Hör doch mal zu«, sagte ich. Sie wußten überhaupt nichts; ich konnte ihnen Leighs Lüge über seine Clubs erzählen oder die Geschichte am Flughafen (»Von welchem Schiff Ihl Fleund?«) und wie er vorgeschlagen hatte, wir sollten zu Hing fahren, ohne vorher einen Drink zu nehmen (»Arschkriecher!« hätte Yardley geschrien). Aber ich verpatzte es, bevor ich begonnen hatte, als ich sagte: »William ist gestern angekommen, und wo sonst...«

»William?« Yardley sah mich an. »Du nennst diese kleine Made *William*? Also, ich will verdammt sein!« Er schüttelte den Kopf. »Jack, laß dich doch nicht verarschen. Selbst der verdammte Desmond hier sieht doch, daß der Scheißkerl 'n Hochstapler ist, und er weiß, daß du ein Ami bist, und deshalb kann er es sich leisten, dir zu erzählen, er sei der Generalgouverneur – *du* würdest das sowieso nicht merken. Hör zu. Ich sag dir, der ist windig bis zur Unsichtbarkeit.«

»Ich höre, er ist ein Kotzbrocken«, sagte Coony.

»Nur Fürze und kein Arsch«, meinte Smale und äffte Leigh nach:

»Ich habe nicht die geringste Ahnung.«

»Er würde die Geduld eines verdammten Heiligen strapazieren«, sagte Yardley.

»Hört doch auf, laßt ihn in Ruhe!« sagte ich und war selbst von meinem Protest überrascht.

»Jack mag ihn«, sagte Yardley. »Merkst du's, Desmond?«

»Jaha«, sagte Frogget, wandte sich von mir ab und rieb sich die Nase, die im Profil ein Schweinerüssel war. »Ich glaub, das tut er.«

»Das nicht gerade«, sagte ich, und obwohl ich einen Moment zuvor noch geplant hatte, Leigh preiszugeben, haßte ich mich, als ich es ausgesprochen hatte. Als ich Leigh zum erstenmal am Flughafen sah, hatte ich eine Ahnung – einen winzigen Zweifel, der in mir den Wunsch aufkommen ließ, in einen Spiegel zu blicken – davon, wie die anderen mich sahen. Jetzt verstand ich diese leise Ahnung, und was auch immer ich über Leigh sagen mochte, es war ohne Belang: Ich konnte diesen Typen, die neben mir an der Bar saßen, meine Abneigung gegen ihn demonstrieren, aber es gab keine Möglichkeit, sie mir selbst glaubhaft zu machen. Die mittleren Jahre – das ist ein Gefühl des Abgleitens und des Verfalls, und ich vermute, meinen ersten flüchtigen Eindruck von dieser Gebrechlichkeit bekam ich bei Leigh, das Gefühl, daß der Körper unzuverlässig wird und auf eine traurig-persönliche Weise außer Kontrolle gerät, die nur der Besitzer dieses Körpers kennen kann. »Nur Fürze und kein Arsch« – das hätte *ich* früher sagen können, es jedoch von Smale zu hören verstärkte meine Angst. Der Spott schloß mich indirekt ein – es war Angst, und jetzt verteidigte ich einen Fremden, weil ich mich in ihm angegriffen sah. Die Verteidigung war ein Akt der Barmherzigkeit, aber sie war nicht ganz selbstlos.

Es war so einfach. Aber wenn man über fünfzig ist, gibt es zwei Gefahren: Man wird zu schnell wütend, und man klammert sich an durchsichtige Illusionen. Andere bestätigen, was wir schon wissen, und wir werden dennoch wütend, weil sie es sagen; was wie eine bloße Information aussieht, ist die Entlarvung eines verzweifelten Bluffs. Der jugendliche Klugscheißer, der seine Geschichte mit den Worten beginnt: »Der Typ war wirklich alt, so fünfzig oder sechzig...«, treibt jeden Zuhörer über fünfzig die Wände hoch. Dabei wissen wir es längst. Was die Sache schlimm macht, ist nicht, daß der Klugscheißer Bescheid weiß, sondern daß er meint, es sei wichtig, und daß er es gegen uns hält wie einen Vorwurf. Unsere einzige Verteidigung liegt darin, nicht über seine verdammten Witze zu lachen.

Also sagte ich: »Er ist nicht hier, und es ist nicht fair, hinter seinem Rücken über ihn zu reden.«

»Sieh mal an, wer hier plötzlich von Fairneß redet!« sagte Yardley. Er hatte seinen kolikartigen Zorn überwunden und lachte über mich. »Wer imitiert denn immer den Madenhäuter, sobald der den Rücken wendet?«

Das war leider wahr. Wenn Mr. Tan die Bar verließ, ahmte

ich ihn manchmal nach mit seinem *Reader's Digest* und seiner Flasche Vimto-Sojabohnenmilch. Ich sah hinüber und war froh, daß Mr. Tan nach Hause gegangen war; Yardleys »Chink« hatte es geschafft. Meine anderen Routinenummern waren Wally beim Gläsertrocknen, Froggets Watschelgang und Yardley, wie er im Suff die Pointe eines Witzes aus den Augen verlor. Meine Imitationen waren nicht sehr treffend, aber meine Größe und meine keuchende Entschlossenheit machten den Versuch komisch. Spott ist die Beruhigung der Schwachen, aber es gibt zwei Arten: Der neidische Narr verspottet die Menschen, der Visionär aber nur den Irrtum, dem der Mensch verfällt. Mein Spott war von der ersten Sorte, und ich wollte nicht gern daran erinnert sein.

»Ich mach das jetzt nicht mehr«, sagte ich.

»Trägst du deshalb den Anzug?« fragte Smale.

Natürlich: Ich hatte vergessen, daß ich einen Anzug trug. Das störte sie am allermeisten. Sie reagierten empfindlich auf Leute, die sich in Schale warfen und den Erfolg vortäuschten, von dem sie meinten, er werde jedem vorenthalten, weil er ihnen vorenthalten wurde.

»Ich mußte zu einer Beerdigung«, sagte ich. Ich zog die Jacke aus und krempelte die Ärmel auf. Ich wußte schon, was Yardley als nächstes sagen würde.

»Jetzt sag bloß, dein Freund ist abgekratzt?«

»Das wär verdammt schade«, sagte Smale.

»Hört auf, ja?« sagte ich. Nach aller empörten Sympathie war das die einzige Rebellion, zu der ich noch fähig war.

Dann kam Leigh herein.

Ich hörte Gopis typisches Trampeln auf dem Kiesweg im Garten, sein Flüstern und Leighs »Ah ja, hier ist es«, und mein Herz begann, schneller zu schlagen.

»Lange nicht gesehen«, sagte Yardley.

Leighs Gesicht hellte sich auf; aber Yardley nickte Gopi zu und bestellte Gopi einen Drink. »Wie geht's denn?« sagte Yardley und legte den Arm um den *Peon*.

»*Hier* sind Sie also«, sagte Leigh. Ich zuckte zusammen angesichts dieser Demonstration vorgetäuschter Erleichterung. Leigh sah die anderen an und sagte »'n Abend« und »hm, hallo«.

»Na los«, sagte Yardley, »trink aus! So ist's brav.«

Gopi hatte einen Whisky in der Hand. Er trank ihn ganz aus, und sofort wurden seine Augen glasig, und sein Gesicht färbte sich aschgrau, passend zu seinem Kastenzeichen.

»Laß ihn in Ruhe«, sagte ich. »Gopi, laß das Trinken sein, wenn dir nicht danach zumute ist.«

»Gleich wird ihm schlecht«, sagte Coony.

»Ich bin gern mit dem kleinen Kerl hier zusammen«, sagte Yardley. Das war seine Rache an Leigh. »Noch einen?«

Gopi nickte, aber er sagte nicht ja. Er bedeckte sein Gesicht mit einem Taschentuch und wackelte zur Tür. Draußen im Garten wurde er laut, würgte und spuckte.

»Der Ruf des Ostens«, sagte Smale.

Gopi stöhnte und schleppte sich fort.

»Das war aber nett von dir«, sagte ich zu Yardley.

»Der kommt schon wieder in die Reihe«, murmelte Yardley, wandte sich um und sagte zu Frogget und Smale: »Also, wo war ich stehengeblieben?«

»Was gibt's bei Ihnen denn so?« fragte Leigh.

»Alles«, sagte ich.

»Dieser Angestellte aus Ihrem Büro war so freundlich, mir den Weg hierher zu zeigen. Der arme Kerl hat irgendwie ein lahmes Bein, nicht wahr, und es tat mir schon ein bißchen leid, daß er…« Leigh redete noch immer über Gopis Hinken, aber er sah mir dabei nicht in die Augen. Er starrte auf meine Tätowierungen, auf die an meinem linken Arm und besonders auf das lange, blaue Kruzifix mit der Dornenkrone, von der herab umgekehrte Kommas aus Blut bis auf mein Handgelenk tropften. Ich preßte den rechten Arm an mich, sobald ich merkte, daß er seine Aufmerksamkeit auf den linken richtete.

»Er ist ein guter Kerl«, sagte ich. »Kümmert sich nur um seinen eigenen Kram.« Ich nahm ein Glas, und als ich es hob, hob auch er den starren Blick, bis sich unsere Augen trafen. Er sah müde aus. Er hatte den ganzen Tag hart gearbeitet, wahrscheinlich auf diesem niedrigen Sessel in Hings Büro gesessen, außer Reichweite der Ventilatorbrise, und Hing hatte zugesehen und die Papiere auf seinem Schreibtisch niedergeklatscht. Seine Augen tränten, und die Haare lagen ihm schweißverklebt am Kopf; seine rosige Gesichtsfarbe, die einen Tag zuvor nach blühender Gesundheit ausgesehen hatte, war nicht mehr gleichmäßig verteilt, sondern bestand eher aus vielen kleinen Adern und Flecken. Ich sah ihn mir an wie ein Bild in der Zeitung, das bei näherer Betrachtung unwirklich wird, ein Gesicht, das sich auflöst in ein Schneegestöber von Punkten.

»Und wie sieht's mit der Buchführung aus?« fragte ich und reichte ihm ein Glas Gin hinüber.

»Bißchen verkleistert. Von dem rosa Zeug was da?«

Wally schüttelte einige Tropfen Angostura in den Gin..

»Das wird Sie auffrischen«, sagte ich.

»Das beste ist, man tut es vor dem Gin ins Glas und schwenkt es im Glas aus«, sagte Leigh. Er wickelte sein Taschentuch um das Glas, sagte »Cheers« und trank.

»Der kann mich mal. Macht mir nichts aus, ihm das zu sagen«, meinte Yardley gerade.

»Ziemlich verkleistert«, wiederholte Leigh und leckte sich die Lippen. »Wir kriegen das schon hin, aber wenn Sie mich fragen, Ihrem *Towkay* fehlen ein paar Kugeln auf dem Abakus.«

»Er kann einen zum Wahnsinn treiben«, sagte ich.

»Komischer kleiner Kerl, nicht wahr? Ich kann kein Wort verstehen von dem, was er sagt.«

»Und Ihr *Towkay* in Hongkong?« fragte ich.

»Der?« Leigh legte sein Gesicht in feierliche Falten und sagte:

»Wenn man's genau nimmt – er ist 'ne Möse.«

Yardley hörte es und lächelte, und einen Moment lang fragte ich mich, ob die Obszönität Leigh retten würde. Sie tat es nicht. Yardley redete auch weiterhin mit den Leuten zu meiner Rechten und gelegentlich mit mir; Leigh redete nur mit mir. Ich befand mich unangenehmerweise in der Mitte, eine Zone angestrengter guter Laune. Aus dieser Lage gab es keinen Ausweg; mit Leigh abzuhauen würde das Ende meines Barlebens im Bandung bedeuten; die Fahnenflucht würde mir die Rückkehr unmöglich machen. Schon jetzt sagte Yardley immer weniger zu mir, und Leigh wurde nach seinem dritten Glas allmählich recht gesprächig.

»Mein Gott, manchmal hasse ich es«, sagte Leigh. »Man denkt, man geht in die Tropen, und dann findet man sich in der chinesischen Version von Welwyn Garden City wieder. Der Ruf des Ostens, bei Gott – Ihr Freund da drüben hatte schon recht. Dieser verdammte Streß verdirbt mir den Appetit, wirklich. Na ja, viel länger wird's nicht mehr dauern.«

»Wie lange wollen Sie noch in Hongkong bleiben?«

»Mein lieber Freund«, sagte Leigh, »keinen Augenblick länger als absolut notwendig.«

Vierzehn Jahre lang hatte ich mir mit anderen Worten dasselbe gesagt; es war ein vieldeutiges Versprechen, und bei mir klang es nach niemals. Aber bei Leigh klang es nach bald.

»Margaret – meine Frau –, Margaret hat ein großartiges kleines Landhaus ausgesucht. In Wiltshire – kennen Sie's? Phantastische Gegend. Wenn mir die Chinesen zu sehr auf den Magen schlagen, dann sieht Margaret mich an und sagt: ›Wir sind schon halb in Elmview‹ – so heißt das Haus. Das muntert mich wieder auf. Und dann kommt es mir auch nicht mehr so schlimm vor, wenn ich...«

Der Name deprimierte mich; er hörte sich an wie der Name eines Altenheims, und ich stellte mir eine überheizte gute Stube vor, ein Radio, das zu laut spielte, einen ältlichen Insassen, der in einem Sessel schnarchte, einen anderen in einer mit Krausen besetzten Schürze, der sich mit Kehrblech und Handfeger beschäftigte, und eine junge massige Pflegerin, wie sie geduldig eine protestierende Alte fütterte, die ein blaues Plastiklätzchen trug und den Löffel mit der Hand beiseite schubste. Nur den Namen auszusprechen hob bereits Leighs Stimmung; er erzählte noch immer von seinem Landhaus.

»...daran gedacht, ein kleines Buch über meine Erfahrungen zu schreiben. Werde es *Hongkong-Notizen* nennen und es vollpacken mit Sampans und mit Plaudereien aus dem Club, so in der Art etwa. Ich sehe mich schon in Elmview an einem Frühlingsmorgen im Vorderzimmer, die Sonne scheint durchs Fenster, und ich arbeite an diesem Buch. Mit dem Federhalter natürlich. Draußen kann ich eine Unmenge von blauen Hyazinthen sehen und eine grüne Wiese.« Er seufzte. »Wie ein altes Pferd auf der Weide.«

»Das klingt« – mir fiel nichts anderes ein – »sehr annehmbar.«

»Wissen Sie«, sagte er, »ich habe dieses Haus nie betreten. Ich sah es vom Auto aus, Margaret hat es mir von der Straße aus gezeigt. Wir aßen ein Bauernfrühstück im Dorf – schönes altes Pub – und fuhren am gleichen Nachmittag zurück nach London. Aber es ist, als hätte ich dort mein ganzes Leben verbracht. Ich kann Ihnen sagen, wo jedes einzelne Möbelstück steht, jeder Teller, wie das Sonnenlicht auf den Teppich fällt. Ich sehe vor mir, wie das Teegeschirr auf dem Tisch arrangiert ist, und dann ist da dieser« – er schnupperte – »merkwürdige abgestandene Geruch nach kalter Asche im Kamin.«

Yardley sagte immer: »Jeder in den Tropen hat seine Fluchtträume«, und Leigh hatte mir seinen preisgegeben; seine Beschreibung hatte den Fluch von dem Namen genommen – es war ein glückliches Haus, eine glaubwürdige Zufluchtsstätte. Ich hatte meine eigenen Pläne. Ich hatte bisher keiner Menschenseele etwas davon erzählt; ich hatte die Geburten meiner Phantasie für mich behalten und dann und wann im Laufe der Jahre kleine Details hinzugefügt. Womöglich hatte ich einen Gin zuviel getrunken, oder vielleicht war es auch mein Triumphgefühl wegen des Coups mit Bischof Bradley. Was auch immer es war – es mag ebensogut Leighs Offenheit gewesen sein, die magnetisch die meinige nach sich zog –, ich rückte sehr nahe an ihn heran und flüsterte: »Es ist schon merkwürdig, nicht wahr? Jeder träumt von einer anderen Zuflucht. Nehmen Sie meine zum Beispiel. Wissen Sie, was ich mir wünsche?«

»Erzählen Sie«, sagte Leigh mit Sympathie in der Stimme.

»Als erstes einen Haufen Geld – die Leute lachen nicht über einen Mann mit Kohle. Dann will ich eine Jacht haben, auf der man schlafen kann, und eine riesige Villa mit einem Zaun oder einer Mauer drum herum und vielleicht einen Pfau im Garten. Ich würde gern den ganzen Tag im seidenen Pyjama herumlaufen und Golf lernen, diese stinkenden Stumpen wegschmeißen, richtige Havannazigarren rauchen. Und das ist noch nicht alles ...«

Leigh warf mir einen tief schockierten Blick zu; das brachte mich dermaßen aus der Fassung, daß ich stotternd innehielt und den Rest meines Drinks in einem Schluck hinunterstürzte. Er glaubte, ich wollte mich über ihn lustig machen. Mein Traum, der flüchtige Blick der Phantasie, der sich ausgeweitet hatte zu dem vollständigen, realisierbaren Bild, das ich jeden Tag, den ich hier auf dieser Insel verbrachte, vor mir sah, das mich bei Verstand hielt, wenn ich Hing gehorchte oder meine Mädchen anbot oder auf dem Küchentisch meines Hauses am Moulmein Green pornographische Bilder sortierte, dieses Bild war für mich Versprechen und Trost – aber er glaubte, ich wollte mich über ihn lustig machen.

Er sagte: »Wollen Sie mich auf den Arm nehmen?«

Ich konnte ihm einfach nicht erklären, daß es mir völlig ernst damit war. Ich stellte mir oft vor, wie mir das alles ganz schnell zufiel wie ein Jackpot. »Kleinen Moment mal«, sagte ich dann zu den Typen an der Bar, und während alle zusahen, steckte ich eine Münze, sagen wir meine letzte, in einen einarmigen Banditen, riß den Hebel durch und beobachtete, wie sich das Surren in eine Reihe Sterne verwandelte und der Automat explodierte und dröhnend einen Schauer silberner Dollars ausspuckte.

»Wie ein altes Pferd auf der Weide«, hatte er gesagt; und ich hatte weder darüber noch über die Hyazinthen gekichert. Ich hatte geglaubt, weil er glaubte. Aber meine Version von Elmview, mein Traum (Hochseeangeln im seidenen Morgenmantel, mit weichem Samthut und einer Zigarre zwischen den Zähnen) machte ihn wütend. Und am meisten störte mich, daß ich nicht sagen konnte, ob er sich verspottet fühlte, weil meine Phantasiegebilde großartiger waren als seine oder weil sie absurd klangen und er sie anzweifelte. Sein Neid wäre mir egal gewesen, aber seine Zweifel hätten mir meinen ganzen Plan unerreichbar erscheinen lassen, weil sie meine eigenen Zweifel bestärkt hätten.

Sein grimmiger Gesichtausdruck ließ mich etwas sagen, das ich sofort bedauerte: »Ich schätze, das klingt ziemlich verrückt.«

Er hörte mich nicht. Hinter mir trieb Yardley seine derben Späße und erzählte gerade grölend einen Witz: »›*Orgeln?*‹ sagte die Frau. ›Das war keine Orgel, heh-heh! Das war ein Flötenkonzert!‹«

»Ich nehme an, Singapur ist nicht so teuer«, sagte Leigh.

»Das ist ein Witz«, sagte ich. »Es ist hier wahrscheinlich teurer als in Hongkong!«

»Das überrascht mich etwas«, sagte er und hob die Augenbrauen.

»Dann sind die Gehälter hier aber nicht sehr, hm, realistisch.«

»Sie sind nicht übel«, sagte ich. Ich lachte sogar ein bißchen. Aber ich hörte auf zu lachen, als ich merkte, worauf er hinauswollte. »Sie meinen Hing?«

Er nickte und sah mich mit dem gespannten und dankbaren Lächeln eines Mannes an, der gerade von etwas gekostet hat, das ihm gefällt. Er sagte: »Sie bekommen das Gehalt einer *Amah*.«

»Das sehen Sie vom falschen Ende aus«, sagte ich. »Wenn Sie glauben, ich wäre darauf angewiesen...« Aber dann schwieg ich verwirrt – und verärgert, weil er noch immer dieses Lächeln zur Schau trug. Er hatte den ganzen Tag in der Nische oben verbracht und mein Gehalt überprüft. Was sollte ich dazu sagen? Daß Gunstone sich bei mir vor ein paar Stunden mit einem Briefumschlag voll Bargeld bedankt hatte? Daß ich in jedem Club in Singapur willkommen und in einem sogar Snooker-Champion war (ungeschlagen am Billardtisch des Island Club) und einen Sultan kannte, der Jack zu mir sagte und mich Edmund de Rothschild auf einer Party als seinen Freund vorgestellt hatte? Daß ich auf der Kampong Java Road, wo sich früher mein eigenes Bordell befand, ein paar tausend Dollar Gewinn gemacht hatte nach Abzug der Kosten für Klau- und Bruchschäden? Daß Edwin Shuck von der amerikanischen Botschaft mir gesagt hatte, Singapur sei überhaupt nur meinetwegen zur Basis für den Urlaub der GIs gemacht worden und daß es Paradise Gardens sonst nie gegeben hätte? Daß ich *Pläne* hatte?

Am meisten haßte ich ihn, als er mich mit einer Anteilnahme, die nichts anderes war als geringschätzige Gönnerhaftigkeit, fragte: »Wie kommen Sie nur zurecht?«

Ich stützte die Ellbogen auf die Bar und den Kopf in die Hände. Weit weg auf einem grünen Ozean sah ich eine Jacht auf mich zugleiten, und ihre Stander knallten in der Brise. Ein

Mann in einem Drehstuhl auf dem Achterdeck hatte die Füße ans Schandeck gestemmt und kämpfte mit einer weit heruntergezogenen Angelrute. Hinter ihm stand ein Mädchen im Badeanzug mit einem Tablett voller Getränke und – ich wußte es – Club Sandwiches, frischen Oliven und gelben Crackers, die mit Kaviar bestrichen waren. Der Fisch schnellte aus dem Wasser, groß, silbrig, drehte sich im Sonnenschein und riß die Leine aus dem Wasser. Die Jacht war dicht herangekommen, und ich konnte den Mann jetzt sehen. Ich war es nicht; es war niemand, den ich kannte. Ich nahm die Finger wieder von den Augen.

»Flowers«, sagte Leigh. Warum lächelte er? »Wie wär's mit einem Drink im Club?«

Meine Mädchen waren im Bandung ziemlich gut bekannt – Yardley nannte sie »Jacks Fruchtfliegen« –, aber niemand hier wußte etwas von meiner Clubarbeit und davon, daß ich immer direkt vom Churchill Room oder aus dem Raffles Grill ins Bandung zurückkehrte wie ein untreuer Ehemann, der aus den Armen seiner betörenden Mätresse wieder nach Hause kommt. Ich versuchte zu flüstern: »Vielleicht später.«

Leigh sah an mir vorbei zu den anderen hinüber. »Hat dieses Etablissement«, sagte er, »eine Toilette?«

»In der Küche«, sagte Coony, erfreut über die Gelegenheit, es anzubringen.

Wally zeigte ihm den Weg.

»Hat dieses Etablissement eine Toilette?« sagte Smale und brach in schallendes Gelächter aus. Ich fragte mich, ob Leigh es hören konnte.

»Sagt Toilette dazu«, meinte Yardley. »Er weiß, es ist ein Scheißhaus, aber er sagt Toilette dazu. Das ist gute Kinderstube, versteht ihr?«

Frogget röhrte.

»Was ist das für ein Club, von dem er redet?« fragte Yardley argwöhnisch.

Ich sagte, ich hätte nicht die geringste Ahnung.

»Du hörst dich von Tag zu Tag mehr an wie er«, sagte Yardley.

»Hör bloß auf«, sagte ich.

»Reg dich nicht auf«, sagte Smale. »Er ist doch dein Kumpel, oder nicht?«

»Er hat noch immer niemandem einen Drink spendiert«, sagte Coony. »Ich wußte gleich, daß er ein geiziger Sack ist.«

»Habt ihr gehört, was er verzapft hat?« fragte Smale.

»Mir hat der Teil gefallen, wo er auf der Weide sitzt und Tee trinkt«, sagte Frogget. »Das zeigt doch, daß er jenseits von Gut und Böse ist.«

Sie hatten es gehört. Sie hatten die ganze Zeit geredet, aber sie hatten mitgekriegt, was Leigh über Elmview gesagt hatte, eine etwas verzerrte Version davon. Ich hatte geflüstert, als ich ihm meine Hoffnungen anvertraute; sie konnten mich nicht gehört haben. Aber warum war ich überhaupt schwach geworden und hatte Leigh etwas davon erzählt? Und wem würde *er* es erzählen? Er hatte den Raum verlassen; ich wünschte, er würde draußen bleiben, nie zurückkommen, seine Pumpe sollte versagen und ihm endgültig den Mund stopfen.

»Er geht einem auf den Zeiger«, sagte ich schließlich.

»Schon ziemlich lange auf dem Lokus«, sagte Smale. »Was meint ihr, was er da drinnen macht?«

»Holt sich wahrscheinlich einen runter«, sagte Frogget.

»Du bist ein feinfühliges Kerlchen«, sagte ich.

Eine Weile sagte niemand etwas, aber was ich zu Frogget gesagt hatte, war nicht der Grund der Stille. Wir warteten auf die Wasserspülung, die man in der Bar hören konnte. Die einzigen Geräusche waren die Ventilatoren an der Decke und das Murmeln von Wallys Transistorradio. Wir tranken wortlos und blickten umher wie Leute, die gerade in eine Bar gekommen sind; es hätte ja sein können, daß Leigh zurückgeschlichen war, ohne die Kette zu ziehen.

»Er prüft also bei deinem *Towkay* die Bücher«, sagte Yardley. Es war eine bedeutungslose Bemerkung, aber in einer für Yardley ungewohnten Stimmlage: Er flüsterte sie.

»Eine ziemliche Fummelarbeit«, sagte Yates dann. »Da muß man wirklich Ahnung haben.«

»Dauert eine Ewigkeit, die ganze Rechnerei«, sagte Smale. »Unser Buchhalter hat mir erzählt, an manchen Tagen sitzt er vor all den Zahlen und möchte sich am liebsten die Kehle durchschneiden.«

»Man muß ein Examen machen«, sagte Coony und starrte zur Küche hinüber, »um Buchprüfer zu werden. Ist verflucht schwer. Ich kenn einen, der ist schon fünfmal durchgefallen. Kluger Kerl auch noch.«

Yardley rief nach Wally, der sein Radio ans Ohr hielt wie ein Kind eine Rauschmuschel. Er bestellte Drinks, und als Wally sie uns brachte, reichte mir Yardley zwei Gin und eine Flasche Tonic herüber. »Einer für deinen Kumpel«, sagte er und blickte zur Küche hinüber.

»Ich hätte nichts dagegen, in Wiltshire zu leben«, sagte Smale. Er sagte es mit ehrfürchtiger Hoffnung in der Stimme, und so redeten wir noch eine ganze Weile weiter, im Flüsterton. Mir wurde klar, wie lange Leigh schon draußen war, als ich sah, daß das Eis in seinem Pink Gin geschmolzen und mein eigenes Glas leer war.

Ich kletterte vom Barhocker und lief in die Küche. Die Tür der Toilette stand halb offen, aber Leigh war nicht drin. Er saß auf einem weißen Küchenstuhl in der Nähe des Hinterausgangs, den Kopf auf den Knien.

»William«, sagte ich, »sind Sie okay?«

Er schüttelte den Kopf, ohne ihn zu heben.

»Stehen Sie auf und gehen Sie ein bißchen rum. Draußen ist es kühl. Die frische Luft – können Sie mich hören? –, die frische Luft wird Ihnen ungeheuer guttun. Können Sie aufstehen?«

Er stöhnte. Sein Nacken war feucht, der Schweiß des Kranken hatte aus seinen Haaren Stacheln gemacht; seine Ohren waren weiß geworden. Ich wußte, es war seine Pumpe.

»Ihm schlecht-*lah*«, sagte Wally, der mit dem plärrenden Radio in der Hand neben mir auftauchte.

»Mach endlich das beschissene Ding aus!« schrie ich. »Hol einen Arzt, und mach schnell!«

Wally sprang zum Telefon.

Yardley und die anderen kamen in die Küche, während ich Leigh beim Aufstehen halt. Auf Leighs Gesicht lag ein weißer, entsetzter Ausdruck – weite, reglose Nasenlöcher –, der Gesichtsausdruck eines Mannes, der langsam viele Faden tief im Wasser versinkt. Ich hatte gesehen, wie man diese armen Teufel aus dem Großen Teich zog: Ihre Münder standen weit offen, und sie starrten an einem vorbei mit angsterfüllten, hervorquellenden Augen, als hätten sie ein phänomenales Sehvermögen erlangt, die Fähigkeit, unendlich weit zu sehen, und als sähen sie in dieser großen Entfernung etwas Ungeheures, Gestalten des Schreckens. Leigh sah genauso aus; statt zu schreien schien er etwas flüstern zu wollen. Er atmete: Ich sah ein Flattern in seiner Kehle und eine Bewegung wie von einer flachen Luftblase, die sich in der Mulde zwischen seinen Schultern hob und senkte.

Wir trugen ihn in die Lounge, streckten ihn auf dem Sofa aus und legten ihm Kissen unter den Kopf. Ich nahm ihm die Uhr ab, das Armband hatte auf seinem Handgelenkt weiße Flecken hinterlassen, Druckstellen, die nicht weggingen. Er sah bleicher aus als je zuvor, noch erschreckender in der Körperhaltung einer Leiche. Das Schlimmste jedoch kam, als seine Beine lebendig wurden – nur die Beine wie bei einem Mann mit einem Tobsuchtsanfall – und seine zuckenden Absätze auf der Bambusarmlehne des Sofas einen teuflischen Tanz aufführten.

»Jesus!« sagte Coony und trat zurück. Smale und Frogget umklammerten seine Fußgelenke und drückten sie herunter. Das Klappern hörte auf, aber die Stille nach diesem grausigen Geräusch war noch viel schlimmer.

Ich war mir bewußt, daß ich dabeistand, die tätowierten Arme hängen ließ und absolut nichts tat, und ich hörte, wie eine Stimme, die von Yardley, sagte: »Sehen Sie das schäbige Sofa da drüben in der Lounge beim Klavier? Auf dem ist Jacks Kumpel aus Hongkong abgekratzt. Es war die verdammteste Sache...«

Ich drehte mich um und wollte ihm den Mund stopfen. Aber er hatte gar nichts gesagt; er stand da mit ausdruckslosem Gesicht und hielt Leighs Drink, den blassen Pink Gin, in dem alles Eis geschmolzen war. Er schien ihn Leigh anzubieten, und das Glas zitterte, obwohl er es mit beiden Händen festhielt.

Leigh starrte an uns vorbei, hin zu jenem in weiter Ferne auftauchenden Etwas, das wir nicht sehen konnte. Ich prägte mir sein Erstaunen ein. Es ließ uns und das Bandung und alles auf dieser Erde klein und unwichtig werden, nicht erwähnenswert, und wir waren – solange Leigh auf dem Sofa lag – ebenso neugierig und verdutzt wie Leute auf dem Bürgersteig in einer Stadt, wenn sie an einem Mann vorbeigehen, der zum Himmel schaut, und die dann selbst hinaufblicken, sich jedoch unbehaglich fühlen, weil sie das Ding nicht sehen können, von dem sie wissen, daß es da sein muß.

6

Auf die Weise hatte Leigh durch den Akt des Sterbens sozusagen das letzte Wort; obwohl wir gegen Ende versuchten, die Dinge wieder zurückzunehmen, die wir gesagt hatten. Ich erinnere mich daran, daß wir sechs – bevor der Arzt kam und ihn mitnahm – um jenes grüne Sofa in der schlechtbeleuchteten Lounge herumtanzten und verzweifelt versuchten, ihn wiederzubeleben, ihn durch gutes Zureden wieder zum Leben zu erwecken, damit wir noch einmal die Chance hätten, freundlich zu ihm zu sein – oder vielleicht auch, damit er seine letzten Worte »Hat dieses Etablissement eine Toilette?« ergänzen könnte durch irgend etwas, das weniger einprägsam, aber würdevoller wäre.

Unsere Methoden der Wiederbelebungsversuche waren von der unwirksamen Sorte, die wir aus dem Kino kannten: Wir rollten ihm das Kissen dicker zusammen, knöpften sein Hemd auf, gossen Wasser aus dem Johnnie-Walker-Pitcher über sein Gesicht, setzten ihm einen Eisbeutel auf den Kopf wie eine Schottenmütze, schlugen ihm leicht auf die Wangen und stellten dabei hartnäckige Fragen – »Wo tut es weh?« und »Können Sie mich hören?« – auf die wir keine Antwort erhielten. Vernünftigerweise machte der Arzt alldem ein Ende. »Wieso ist er denn so naß?« fragte er, während er sich hinkniete, flüchtig an Leighs Brustkorb herumfummelte und ihm mit einer Lampe in die Augen leuchtete. Er faßte Leighs Handgelenk auf verschiedene Weise an und sagte: »Es ist zu spät.« Es klang für mich wie ein Vorwurf, weil ich Leigh zugeflüstert hatte: »Vielleicht später.«

»Das ist *ihm* doch nun wirklich egal«, sagte Smale hinter vorgehaltener Hand und wandte sich ab.

»Darf man rauchen?« fragte Coony. Aber er hatte sich schon eine angezündet, die halbversteckt in seiner hohlen Hand schwelte.

»Einer von Ihnen wird mich begleiten müssen«, sagte der Arzt und ignorierte Coonys Frage. Der Arzt war ein Chinese, und ich glaube, was Smale gegen ihn hatte, war sein unklinisches Auftreten; er trug ein helles Sporthemd und italienische Sandalen.

Yardley und die anderen wandten sich mir zu und wurden sehr aufmerksam und höflich; als wäre ich ein Verwandter des Toten, sprachen sie mir taktvoll ihre Anteilnahme aus, mit der sie William (sie hatten begonnen, ihn so zu nennen, als er auf dem Sofa lag und höchstwahrscheinlich schon tot war) nicht gerade verwöhnt hatten. Wir machten lange Gesichter – wir waren nicht traurig, wir trauerten nur. Coony legte mir die Hand auf die Schulter und sagte:

»Bist du okay, Jack?«

»Wird gleich besser«, sagte ich und verwandelte mich in den trauervollen Menschen, zu dem sie mich machen wollten.

»Wenn wir irgend etwas tun können«, sagte Yates.

Ich zog meine Anzugjacke an und rückte die Krawatte zurecht. Ich war für den Tod gekleidet und knöpfte die schwarze Jacke über meinem Bauch zu.

»Was wirst du seiner Frau sagen?« frage Yardley.

Ich erstarrte. »Wird das Krankenhaus sie nicht benachrichtigen?« Es war mir nicht in den Sinn gekommen, bevor Yardley es erwähnte, daß ich Leighs Frau die Nachricht überbringen müßte.

»Die werden das alles falsch machen«, sagte Smale. »Bei denen klingt es immer scheußlich.«

»Erzähl ihr nicht, daß es hier passiert ist«, sagte Coony schnell. »Sag, es ist irgendwo anders passiert.«

»Tagsüber«, sagte Smale. »An einem sonnigen Tag.«

»Aber im Schatten«, sagte Coony, »im Schatten eines großen *Angsana*-Baums. Im Botanischen Garten. Während er...« Coony schlug sich mit der Faust an den Kopf.

»Während er sich mit uns zusammen einen schönen Tag machte«, sagte Yardley. Er blickte von einem Gesicht zum anderen.

Danach war es lange still. Der Arzt war an der Bar und telefonierte mit dem Krankenhaus.

»Beim Musikpavillon«, sagte Frogget. »Vielleicht hat er versucht, auf den Hügel dort zu steigen. Und es war zu heiß. Und sein Ticker hat versagt.«

»Wir haben ihm gesagt, er sollte es lassen«, sagte Yardley und klang überzeugend. »Aber er wollte nicht auf uns hören. ›Wenn Sie unbedingt wollen‹, sagten wir. Da ist er dann losgegangen...«

»Ich werde mir was überlegen«, sagte ich und schnitt Yardley das Wort ab. Das Ganze gefiel mir nicht.

Auf mich war alles zugekommen. Er gehörte jetzt mir, obwohl ich verschiedene Male versucht hatte, nichts mit ihm zu tun zu haben. Ich hatte ihn nicht haben wollen; ich hatte ihn von dem Augenblick an nicht leiden können, als er fragte: »Flowers, sind Sie ein Zuhälter?« Und seine triumphierende Verachtung: »Wie halten Sie das aus?« Und: »Wie kommen Sie überhaupt zurecht?« Es war, als hätte er den weiten Weg zurückgelegt, um mir diese Fragen zu stellen und zu sterben, bevor ich sie beantworten konnte.

Der Arzt schloß Leigh die Augen, indem er die Lider mit den Daumen nach unten schob; aber die Lider wollten nicht an Ort und Stelle bleiben, und blinde weiße Halbmonde erschienen unter den Wimpern. Wir trugen ihn zum Volvo des Arztes und packten ihn ungeschickt auf den Rücksitz. Ich saß neben ihm und legte meinen Arm um ihn, damit er nicht das Gleichgewicht verlor. Er nickte an jeder roten Ampel, und in der Kurve der River Valley Road rollte mir sein Kopf auf die Schulter.

»Wie lange sind Sie schon in Singapur?« frage der Arzt. Es klang wie die Frage eines Alteingesessenen. Ich sagte ihm, wie lange. Er antwortete nicht sofort; ich nahm an, ich war schon länger hier als er. Er fuhr eine Weile und fragte dann, wann ich wieder fortginge.

»Möglicherweise«, sagte ich, »ziemlich bald.«

»Habe ich Sie nicht im Island Golf Club gesehen?«

»Ja«, sagte ich. »Ich gehe gelegentlich mal hin und hacke da so 'n bißchen rum.«

»Was ist Ihr Handicap?«

»Mein Handicap«, sagte ich. »Darüber darf ich in der Öffentlichkeit gar nicht sprechen.«

Der Arzt lachte und fuhr weiter. Leigh sackte zu mir herüber.

Hinter der verschlossenen Tür meines Schlafzimmers am Moulmein Green, spätnachts – ich hatte eines meiner Mädchen von einem Hotel aus nach Hause gefahren und war danach so hundemüde gewesen, daß ich ins Bett gefallen war, ohne mir die Hose auszuziehen oder mein Gebet zu sprechen –, da hatte ich mir den Tod anders vorgestellt, nicht als Entsetzen, das dem Ertrinkenden in der Ferne erscheint; sondern als Ahnung von etwas sehr Nahem; der Tod verfolgte mich in der Dunkelheit: etwas, das sich in einem Zimmer bewegt, von dem man dachte, es sei leer. Das Gefühl, das ich in einer jener Nächte hatte, war in meiner Vorstellung eng verbunden mit dem Augenblick vor dem Tode, mit dem bedrückenden Geräusch eines Insekts. Ein glänzendes Insekt, bewegungslos, vom hellen Licht an die Wand geklebt, rührt sich erst, wenn das Licht ausgeschaltet wird. Es ist das Weibchen, das umherfliegt, und sein Geräusch ist das eines chinesischen Papierfächers, der sich schnell öffnet und wieder schließt. Dieser flatternde Falter in dem schwarzen Zimmer zieht seine Kreise und hat es auf dich abgesehen. Du horchst in die Dunkelheit und hörst den Schlag der steifen Flügel in der Nähe deiner Augen. Gleich wird er auf deinem Gesicht landen, und du kannst nichts dagegen tun.

Ich verband mit dem Moment vor dem Tode keine Visionen, eher das Gegenteil, Blindheit und jenes verhängnisvolle Flattern der Flügel. Leighs Augen waren nicht völlig geschlossen, die Lider standen halb offen, und die schwefligen Straßenlaternen der Outram Road warfen ihr Licht auf das schimmernde Weiße in den Augen. Im General Hospital spähte Leigh an dem diensthabenden Pfleger vorbei, der ihm einen Aufnahmeschein an das Hemd heftete – Nummer sechsundachtzig, eine Lotterienummer für Mr. Khoo – und ihm die Taschen ausräumte: ein paar zusammengeknüllte Dollar, ein zerknitterter Verzehrbon, etwas loses Kleingeld, eine Brieftasche mit Visitenkarten, ein Bild von Margaret, ein Zwanzig-Hongkongdollar-Schein und eine zusammengefaltete Quittung aus dem Chinese Emporium an der Orchard Road. Alles wanderte in einen braunen Umschlag.

»Wir brauchen dann eine Anzahlung«, sagte die Schwester.

Ich holte Gunstones Umschlag heraus, *Singapore Belvedere*, und gab ihr fünfzehn Dollar. *Wie kommen Sie überhaupt zurecht?*

»Bitte füllen Sie dieses Formular aus«, sagte sie.

Das Formular war lang und erforderte Informationen, die ich ohne Leighs Paß nicht liefern konnte. Also fuhr ich mit Erlaubnis der Oberschwester im Taxi zurück ins Strand, sagte dem Hotelportier, Leigh sei tot, und holte den Paß ab. »Kommt mir so vor, als sei er gestern erst gekommen«, sagte der Portier und versicherte, er werde sich um alles kümmern. Als ich wieder im Krankenhaus war und Leighs vollständigen Namen, Heimatanschrift, Verwandte, Rassenzugehörigkeit und Alter abschrieb – er war ein Jahr jünger als ich, und meine Hand mit dem Federhalter zitterte –, starrte Leigh mittlerweile schon aus dem frostigen Schubfach des Leichschauhauses; nach der Autopsie sah er ziemlich genauso aus wie vorher, obwohl er jetzt, mit offenem Reißverschluß, jenes weit entfernte Ding nur noch mit einem Auge fixierte.

Ich hatte Leighs Koffer vergessen. Nachdem der Totenschein ausgestellt war, holte ich den Koffer im Strand ab, und da ich darauf bestand, machte der Taxifahrer einen Umweg am Bandung vorbei. Im Vorbeifahren sah ich Lichter brennen und Yardley, Frogget, Smale und die anderen an der Bar sitzen wie verlorene alte Männer, wie Vagabunden spät in der Nacht um ein Feuer, die eine Flasche herumgehen ließen und Angst vor dem Zubettgehen hatten.

Es war nach Mitternacht. Ich brachte es nicht über mich, Leighs Frau aufzuwecken, sie aus dem Bett zu holen und ihr mitzuteilen, sie sei Witwe. Ich schloß meine Tür ab, hielt ein Streichholz an die Moskitospirale und kniete daneben nieder. Die Moskitospirale – sie wurde angezündet, um die Mücken zu ersticken und die Schaben zu vertreiben – qualmte wie ein Räucherstab. Ich blinzelte in die Schwaden und versuchte zu beten; die ersten Worte, die mir in den Sinn kamen, waren: *Ist das alles?*

Am nächsten Tag wachte ich auf wie nach einer Sauferei,

mit diesem Gefühl körperlicher und geistiger Zerbrechlichkeit, Hilflosigkeit und Verwirrung – dem Wissen, etwas Unanständiges getan zu haben, das sich der Erinnerung widersetzt: ein innerstes Geheimnis preisgegeben zu haben, das jetzt jeder kannte außer mir! Und dann fiel mir Leigh wieder ein, nicht als Leiche; es war ein erbarmungsloser, aufdringlicher Gedanke und hatte etwas zu tun mit dem Lächeln, das er aufgesetzt hatte, als er mich fragte: »Wie halten Sie das aus?« Ein Bild seines toten Gesichts schloß sich an.

So war es mehr ein Akt der Buße als irgendwelche Neugier, daß ich seinen Koffer öffnete und den Inhalt durchging. Jedes Stück, das ich fand, machte mich traurig; es blieb nichts verborgen. Es waren Anhänger und Etiketten am Koffer, die Ordensspangen des Reisenden, »Khao Yai Motor Lodge«, »Hotel Bel Vista – Macau« und der Gepäckanhänger der Fluggesellschaft mit den Buchstaben des Zielflughafens: *Sin*. Hier lag eine Socke mit einem Loch an der Spitze, ein rührendes kleines Etui mit Nähzeug, ein paar Salztabletten, eine Packung Daraprim, ein recht zerknitterter Pyjama mit weißen Paspeln, an dem noch immer der Geruch seines Körpers haftete. In einer Papiertüte des Chinese Emporium fanden sich ein Satz Schraubenzieher, ein neuer Rasierpinsel, einige Rasierklingen der Marke Lucky Brand. Dann war da ein in Papier eingeschlagenes Stück Batikstoff aus einem anderen Laden, wahrscheinlich ein Geschenk für seine Frau, und an das Päckchen waren zwei Quittungen über den Stoff gesteckt, die jedoch verschiedene Preise angaben: den niedrigeren, frisierten, um den Zollbeamten in Hongkong hinters Licht zu führen und ein paar Dollar Einfuhrzoll zu sparen. Unten im Koffer lag ein Kriminalroman, dessen schauriger Titel Leighs eigenen Tod verkündete, ein unheimliches Zusammentreffen, das die hohle Unwirklichkeit des einen und die Erbärmlichkeit des anderen unterstrich. Er lag im Schubfach des Leichenschauhauses, und hier lag das armselige Bündel seiner Habseligkeiten – das war alles.

Ich zog mich an und übte dabei die Version ein, die ich seiner Frau mitteilen würde. Mein Blick fiel auf den Koffer; ich öffnete ihn noch einmal und sah schnell den Inhalt durch, nahm alles ein zweites Mal heraus und schüttelte die Kleidungsstücke aus. Es war kein Geld darin! Dem Portier im Strand hatte ich erzählt, Leigh sei tot, den Koffer hatte ich jedoch erst später abgeholt. Als ich mit dem Paß das Hotel verlassen hatte, waren sie in sein Zimmer hinaufgegangen und hatten ihn ausgeraubt.

Das Telefon war leicht gestört; Hing beklagte sich neben mir; Gopi beobachtete. Ich sagte: »Hören Sie genau zu. Gestern war ich mit Ihrem Mann im Botanischen Garten. Warten Sie einen Moment – hören Sie. Es war ein schöner Tag...«

Es war ein stickiger Tag, der die fiebrigen Symptome einer tödlichen Krankheit in mir auslöste. Ich hatte meinen Wagen von der Garage abgeholt, wir hatten uns alle an der Leichenhalle getroffen und folgten jetzt dem hochpolierten Leichenwagen, der eine geschwungene Karosserie wie ein altes Klavier hatte, und bemühten uns um beerdigungsmäßige Feierlichkeit, indem wir unsere verblichenen ältlichen Wagen hintereinander in einer Reihe fuhren, meinen tuckernden Renault, Yardleys blauen Anglia, Hings Riley (er saß mit Little Hing auf dem Rücksitz; der Fahrer war ein Malaie), Mr. Tan und Wallace Thumboo in einem alten Ford Consul, Yates in seinem kastenförmigen Austin, und die anderen zockelten hinterher und waren in meinem Rückspiegel nicht zu sehen. Wir erwischten jede Ampel bei Rot, bei jedem Halt wurde uns heißer und schlechter, und wir verloren den Leichenwagen (ich konnte sehen, wie Yardley gereizt mit der offenen Hand sein Lenkrad bearbeitete) an einer Kreuzung, als er plötzlich aufdrehte und an den Ampeln einfach vorbeifuhr.

Gladys war bei mir. Ich hatte vorausgesehen, daß nur Männer kommen würden, und das schien mir nicht richtig zu sein. Außerdem mußte ich sie sofort hinterher in einem Hotel absetzen – ein seit langem feststehender Termin, den ich erst heute morgen in meinem Kalender entdeckt hatte. Während ich fuhr, bewegte Gladys geistesabwesend ihren Fächer, an den Verkehrsampeln jedesmal schneller, und dann stieß er gegen ihr Kinn und erzeugte jenes flatternde Geräusch, vor dem ich Angst hatte, das papierene Schnarren schlagender Falterflügel. Ich sagte ihr, sie solle damit aufhören. Das und die Hitze bedrückten mich. Die Sonne schien nicht, aber wir schwitzten unter dem trüben Dunstschleier des morgendlichen Singapur, der ein graues Zelt aus dem zusammensakkenden Himmel macht und auf der Erde nichts fest erscheinen läßt. Es gab nichts Schlimmeres, dachte ich, als eine Einäscherung an einem heißen Tag in den Tropen. Sie war ebenso unangemessen wie ein Mann, der in einem brennenden Haus seine Pfeife pafft. Ich schwor, mir dieses Schicksal zu ersparen.

Das Krematorium an einer Seitenstraße der Upper Aljunied Road war ein gelbes Gebäude mit einem Schornstein statt eines Kirchturms und lag auf einem niedrigen Hügel inmitten eines baumlosen chinesischen Friedhofs, einer steinigen Wiese voller Unkraut und mit eng beieinander liegenden Gräberparzellen mit steinernen Pfosten als Grabmarkierungen, die aussahen wie auf einer Drehbank hergestellte Meilensteine, gelegentlich ein Engel und abgenutzte Zementgrüfte, von deren Türen die rote Farbe abblätterte, in ausgedörrte kleine Bodenerhebungen eingebaut – ein ganzer Vorstadtbezirk von Trollhütten war dort in der chaotischen Fülle des chinesischen Lebens zusammengedrängt, Familien, die in Ladenhäusern auf dem Fußboden schliefen und jetzt Kopf an Fuß unter diesen Pfosten und Steinen lagen. Hier und da gab es eine Gruft mit einem Dach, durch eine Umzäunung von den anderen getrennt, das Friedhofsäquivalent einer *Towkay*-Villa, und sie hätte gut ein Namensschild tragen können, »The Wongs«, »Chee's Tower« oder »Dunroamin«. Das alles lag verschwommen in der diesigen Luft und wurde, während ich zurückblickte, verdunkelt durch die von unserer Autoprozession aufgewirbelte Staubwolke über der gewundenen Straße. Der Schornstein rauchte nicht. In einiger Entfernung, in der Mitte des Friedhofs, stand eine geisterhafte Gesellschaft in weißen Hemden und mit aufgespannten Schirmen leicht gebeugt vor dem Erdwall einer Gruft. Es sah aus, als beteten sie, aber sie taten es nicht. Unter ehrfürchtigen Verneigungen begannen sie, Feuerwerkskörper zu zünden.

»Kann man diese kleinen Scheißer nicht davon abhalten?« sagte Yardley, der auf mich zugestürzt kam, nachdem wir geparkt hatten. Unsere Staubwolke senkte sich und rieselte auf uns herab. Er sah Gladys an und unterdrückte einen weiteren

Fluch. »Wir können nicht zulassen, daß dieser Unsinn auch noch während des Gottesdienstes weitergeht.«

Die chinesischen Trauergäste zündeten gerade Päckchen mit fünfzig Stück an, bei denen die Zündschnüre zusammengebunden waren. Der Lärm kam in stetigen Feuerstößen zu uns herüber; es blitzte und krachte dann verspätet.

»Verfluchte...« Yardley drehte sich um und entfernte sich steifbeinig und grollend.

»Damit die Götter staunen« sagte Gladys. »Sehr glücklich, großen Krach zu haben. Kann auch machen, daß Teufel sich verpissen.«

Die anderen Typen kamen zu uns herüber.

»Du okay, Jack?« fragte Coony.

»Ich hoffe, es regnet nicht«, sagte Smale, lehnte sich zurück und beäugte mißmutig den Himmel.

Wir sahen ihn an.

»Das würde alles kaputtmachen«, sagte er nervös. »Nicht wahr?«

Dachte er jetzt an das Feuer, das gelöscht werden könnte, oder war es die Angst vor der Untergangsstimmung, die manche Leute mit Regen bei Beerdigungen in Verbindung bringen?

»Es regnet erst im Oktober wieder«, sagte Yates.

Die beiden Hings trugen Weiß, ihre schreckerregende Farbe der Trauer, weiße Baumwollanzüge und Strohhüte, sie hatten Schirme bei sich und sahen unglücklich aus. Mr. Tan trug eine schwarze Krawatte. Wegen der Verabredung war Gladys in einem leuchtend grünen Kleid erschienen und hatte eine große Handtasche mitgebracht; ihr Gesicht war eine weiße Maske mit den Augen einer Hexe. Big Hing öffnete krachend seinen Schirm, schüttelte ihn und marschierte in zu großen Schuhen auf das Gebäude los, wobei er den Schirm senkrecht nach oben hielt, ihn jedoch bei jedem Schritt immer wieder hochstieß. Die übrigen Chinesen folgten ihm.

Ich fragte den Fahrer des Leichenwagens, was man von uns erwarte. Er sagte, vier von uns sollten den Sarg in die Kapelle tragen; der Priester würde den Rest erledigen. Ich hatte etwas gegen die Bezeichnung »Priester« für einen verweichlichten anglikanischen Geistlichen von vielleicht dreißig Jahren, der mit hitzegeröteten Wangen händeringend an der Tür des Krematoriums stand; in seinem weißen kittelähnlichen Chorrock musterte er Gladys mißbilligend wie eine altjüngferliche Krankenhausärztin, die sie gerade auf Tripper untersuchen wollte. Ich nickte Yardley und den anderen zu und sagte: »'n bißchen lebhaft!«

Ich kannte die meisten von ihnen seit vierzehn Jahren; ich hatte mit ihnen fast jeden Abend im Bandung getrunken. Sonst nichts. Ich hatte sie noch nie alle beieinander im Tageslicht versammelt und außerhalb des Bandung gesehen. Also sah ich sie im Grunde zum erstenmal. Es waren Fremde, die mich kannten. Die schlechte Beleuchtung im Bandung hatte Yardleys leberkranke Blässe gnädig verdeckt, die Fahlheit der Tropen in einem faltenlosen Gesicht; Frogget sah größer und behaarter aus, und sein Schlips war ausgefranst; Yates hatte, wie ich feststellte, Sommersprossen, und weil er schwitzte, war ihm seine Brille die Nase heruntergerutscht; Smales Haar war rötlich – ich hatte es immer für braun gehalten; Coonys Haar war straff zurückgekämmt, klebte am Kopf, und seine Unterlippe, die immer hervortrat, wenn er den Mund geschlossen hielt, war ausnahmsweise trocken. Keiner von ihnen hielt sich gerade, sie fühlten sich unsicher und verlegen in ihren Anzügen, und Yardleys eine hochgezogene Schulter gab ihm das Aussehen eines Kranken.

Vielleicht lag es an den altmodischen, ramponierten Anzügen, die ich noch nie an ihnen gesehen hatte, dunkelgrau oder schwarz, nach Mottenkugeln riechend und mit Stockflecken, die aussahen wie Suppenreste: Ein alter, schlechtsitzender Anzug verleiht seinem Träger immer etwas Schüchternes. Die Falten befanden sich an den unmöglichsten Stellen, quer auf der Vorderseite des Jacketts, Quetschfalten auf Rückenteil und Ärmel, Schubladenfalten, Knitterfalten vom Verstauen, abstehende Ärmelaufschläge; die Hosen waren verschossener als die Jacken, und dieses Nichtzueinanderpassen erinnerte mich zusammen mit der Schäbigkeit der Anzüge an etwas, das Yates mir früher einmal im Bandung zugeflüstert hatte. »Sag mal, Jack«, hatte er gesagt. »Sehen wir nicht aus wie die Legion der Verdammten?«

Es erschien ungehörig, in der Nähe des Krematoriums zu

rauchen, deshalb waren wir alle gereizter als gewöhnlich. Der Fahrer des Leichenwagens und sein Assistent schoben den Sarg heraus, und Yardley, Frogget, Smale und ich trugen ihn über den staubigen Platz bis zum Eingang, wo die anderen hinter dem Geistlichen standen. Ich glaubte Yardley murmeln zu hören »er ist verdammt schwer«, aber er konnte auch den Sarg gmeint haben. Der war wirklich schwer. Ich fürchtete schon, wir könnten ihn fallen lassen. Die anderen hatten am Abend zuvor noch getrunken, und ich hatte nicht schlafen können. Ich wußte, auch sie quälte der Gedanke, ihn fallen zu lassen, denn sie gingen viel zu schnell.

»Wally«, sagte ich.

Wally blickte nach drinnen, mit dem Rücken zu uns, und versperrte die Tür.

»Wally«, sagte ich noch einmal. Er hörte mich nicht. Er hielt seinen Quadratschädel in die andere Richtung. Meine Hände wurden feucht und begannen, von dem Chrombeschlag abzurutschen, den ich festhielt, und ich schnauzte: »Entweder rein oder raus!«

Er sprang aus dem Weg, und wir gingen weiter hinein, mit unsicheren Schritten keuchend den Mittelgang hinunter, und die sechs Deckenventilatoren in dem Raum voller Klappstühle machten sich mit ihrem geschäftigen Schwirren über unseren erzwungenen Ernst lustig. Wir stellten den Sarg auf ein hohes Gestell mit Rädern, das sich an der Stirnwand des Raumes befand, und setzten uns zu den anderen.

Etwas später beugte sich Yardley herüber und fragte: »Wie läuft das jetzt?«

Ich zuckte die Achseln. Es war meine erste Einäscherung, und in diesem kahlen Raum mit seinen Stühlen aus Stahl und den Fotos des Premierministers und seiner Frau als einzigem Schmuck konnte ich mir nicht vorstellen, was als nächstes passieren würde. Wir saßen da voller Erwartung, und die Stühle quietschten und klirrten. Hing räusperte sich laut, so laut, daß ich am liebsten gespuckt hätte, und da das Husten eines Menschen in einem ruhigen Raum stets einen anderen dazu animiert, fingen bald auch Smale und Coony an und husteten in flachen Knurrtönen. Draußen ging das Krachen der Feuerwerkskörper weiter, und neben mir begann Gladys, mit ihrem Fächer zu wedeln und mit ihm an ihrem Kinn entlang zu schaben. Der Geistliche kam den Gang hinunter, und sein gestärkter Chorrock raschelte. Das Husten hörte auf; jetzt waren da nur noch die Ventilatoren, das Stühlequietschen und in einiger Entfernung die Feuerwerkskörper.

»Meine Brüder«, sagte er und betrachtete uns unsicher und voller Widerwillen; er klammerte sich an seine Bibel, hielt sie in Brusthöhe und nickte jedem einzeln mit seinem rosa angelaufenen Gesicht zu – er machte es spannend. Dann holte er Luft und begann. Seine Predigt war die übliche, aber er war jung genug und hatte sie selten genug gehalten, um sie so klingen zu lassen, als glaube er daran. Das Leben sei kurz und schwierig, eine mit Versuchungen ausgefüllte Probezeit; und er schilderte Gott als den aufgeblasenen Nachbarn, der alles sieht und gereizt auf seiner himmlischen Veranda im Schaukelstuhl sitzt und Urteile fällt. Er sprach über unsere Schwächen und konzentrierte sich dann auf Leighs Seele, die er anredete, als sei sie ihm gut bekannt. Die schlimmsten Religionen, dachte ich, rauben den Leuten ihre Geheimnisse, indem sie sie daran erinnern, daß sich alle auf dem gleichen sinkenden Schiff befinden; sie reiten auf der Gleichheit der Leute herum und verweigern ihnen Ideen und Fleisch und Blut und Hoffnung. Sie degradieren sie zu stöhnenden Galeerensklaven, die, an ein blutiges Ruder gefesselt, blind einem unbekannten Bestimmungsort entgegenrudern, an dem sie vielleicht niemals ankommen. »Glaubt an Gott«, sagte der Geistliche gerade, und ich dachte: Ja, das ist leicht, aber glaubt Gott auch an mich? Meine Religion war eine sehr private Sache, ein Feuer auf einem Stein, ein rauchendes Opfer. Nachts war sie notwendig, der Schein des Feuers verlieh dem Himmel brüderliche Züge, und ich hatte das angenehme Gefühl, nicht allein zu sein. Es schwächte die Macht der Geister; Heiligkeit war in meiner Religion eine freundliche menschliche Tat, Tugend definierte ich als Freude, und Gnade war die Erlaubnis dazu.

»...vor Gottes Gericht«, sagte der Geistliche, und beim Sprechen zuckte er ein paarmal mit dem Kopf und nickte dann Leighs Sarg zu, als könne Leigh zuhören, solange seine Leiche noch ganz war. Nun brauchte er nur noch zu verbrennen, so schien es, um ins Paradies zu gelangen. »Wir sind allzumal Sünder und suhlen uns im Fleische«, sagte der Geistliche. Gladys stellte ihr Fächern ein. Sie zog die Nase hoch und begann zu weinen; und ich hoffte nur, sie würde nicht gerade jetzt der Reue verfallen und sich vor der Verabredung im Palm Grove drücken. Sie war die einzige, die weinte; die Hings waren ungerührt und bleich, Mr. Tan und Wally müde und niedergeschlagen; Yardley und die anderen schwitzten, aber der Schweiß benetzte ihre Gesichter wie mit Tränen, und es sah fast nach Trauer aus.

Auch mein Gesicht troff, aber ich weinte nicht; meine Gedanken waren dafür zu wirr. Als Leigh noch lebte, hatte er mich an mich selbst erinnert, und sein Tod gemahnte mich an meinen eigenen – eine Warnung, die so stark war, daß sie mich seinen Tod zeitweise vergessen ließ. Aber ich dachte auch: Jetzt kann er niemandem mehr etwas von meinen Plänen erzählen, meinen seidenen Pyjama und meinen Zigarren; und ich fühlte kindliche Erleichterung, vermischt mit der Traurigkeit des Erwachsenen darüber, daß er nicht mehr da war. Wenn die Maschinen mitten auf dem Meer stoppen, hört das ganze Schiff auf zu vibrieren, und es entsteht eine Stille, die nach drei Wochen ununterbrochenen Lärms so plötzlich kommt, daß man meint, das Herz sei einem stehengeblieben, und sich einige Sekunden lang fragt, ob man vielleicht tot sei. In jenen Sekunden versteht man, was Sterblichkeit ist, und die Stille, die einen in Schrecken versetzte, verwandelt sich in Erleichterung. Leighs Tod berührte mich auf diese Weise, und bei der Einäscherung überkam mich tiefer Frieden. Es war wohl besser, wenn er wieder zu Asche würde; eine Leiche, die so klein wurde, daß man sie in einen kleinen Topf schütten konnte, war keine Leiche mehr. Sie war so winzig und verändert, daß es keinen vernünftigen Grund mehr gab, sie zu beweinen. Einäscherung täuschte Verschwinden vor; sie war so etwas wie Flucht, eine Sache, die ich gut kannte. Körper, die in der Erde verwesten, brachten die Leute zum Weinen, aber ein Dutzend Gefäße in einem Regal, eine tote Familie, das waren uncharakteristische Überbleibsel von Toten, die man vergessen konnte, die vielleicht nur einfach abgehauen waren und ihre Urnen zurückgelassen hatten, eine pro Person. Verbrennen war, wie der Geistliche andeutete –

und hier stimmte ich zu –, so etwas wie Erlösung; nur an einem heißen Tag war sie schlimm.

Mir kamen keine Gedanken mehr: der Geistliche hatte aufgehört zu sprechen. An der Tür entstand ein polterndes Geräusch; ein Scharren; ein Schlurfen und Plumpsen, schlurfplumps. Der Geistliche machte große Augen. Wir drehten uns alle um. Gopi kam hereingezirkelt, seine Schultern hoben und senkten sich und brachten seine Ärmel zum Flattern. Seine Augen waren von der körperlichen Anstrengung seines Strampelns geweitet, und das Hemd klebte ihm mit einem dunklen Fleck am Körper. Er setzte sich vorne hin, allein, und beobachtete den Sarg, als sei er der Kasten eines Zauberkünstlers.

Der Geistliche, der vielleicht gedacht hatte, Gopi wollte jetzt durch lautes Hindu-Wehklagen stören, fuhr ruhig fort: »Laßt uns beten.« Wir knieten auf dem Steinfußboden nieder. Gopi mußte sich umschauen, um zu sehen, wie es gemacht wurde. Ich fragte mich besorgt, ob er auf diesem wackeligen Knie das Gleichgewicht halten konnte; er schaffte es, indem er sich auf den neben ihm stehenden Stuhl stützte.

Ein gewaltiges Schnaufen erfüllte den Raum, als wir wieder standen, und es kam nicht von uns. Ein Harmonium hatte hinten im Raum begonnen, asthmatisch »Jerusalem« zu keuchen. Yardley und die anderen waren anscheinend froh über die Gelegenheit zum Singen, und sie taten es mit dem heiseren Behagen, das sie bei den obszönen Liedern an den Tag legten, die Frogget Samstag abends im Bandung anstimmte. Frogget hatte eine schöne Stimme, sie war höher, als man sie bei einem Kerl seiner Größe erwarten würde, und (Gopi und Gladys weinten um Leigh – warum nur?) alle Stimmen schallten durch den Raum, hallten von den gelben Wänden wider und übertönten die Ventilatoren, die Feuerwerkskörper und sogar das dumpfe Harmonium mit dem Kirchenlied:

Und schritten jene Füße in alter Zeit
über Englands grüne Berge hin?

Die Verse der letzten Strophe – *Bringt mir meinen Bogen aus flammendem Gold, bringt mir die Pfeile meiner Sehnsucht herbei* – sangen wir mit herrischem Nachdruck und rollten das *r* in diesen Befehlen lange und voller Entschlossenheit.

Der Geistliche schritt zum Sarg hinüber und besprengte ihn und fing an, laut zu beten. Ich begann, an den Mann im hinteren Teil des Gebäudes zu denken, der jetzt das Feuer schürte – in Holzschuhen wie ein Bratkoch, der in einer schwarzen Küche in den Kohlen stocherte – und schlimmer schwitzte als wir und seinen Feuerhaken an die Ofentür schmetterte, um die heiße Asche von der Spitze abzuschlagen. Was für Begräbnissitten!

Es war vorbei. Der Geistliche breitete die Arme aus, schlug das Zeichen des Kreuzes mit dem schwungvollen Ärmelschwenken des Anfängers, segnete uns und sagte: »Amen.« Der Sarg wurde durch eine Hintertür aus dem Raum gerollt, und wir gingen alle hinaus zu unseren Wagen.

»Bist du soweit?« fragte Gladys.

Ihre Tränen waren getrocknet. Sie sah mich an. »Dies kurz oder ganzer Tag?«

Bevor ich antworten konnte, stand Yardley neben mir und fragte: »Kommst du mit? Wir gehen uns einen genehmigen. Den Tag kann man abschreiben – hat keinen Sinn, noch zu arbeiten.«

»Ich komme gleich nach«, sagte ich, und als ich Hing weggehen sah, lächelte ich und winkte ihm nach. Hings Gesicht war verkniffen; er war an die bei christlichen Gottesdiensten üblichen Vorträge nicht gewöhnt und hatte wohl die Blaskapelle, die Busladungen mit Verwandten, die Fahnen und Wimpel und roten Kanonenschläge erwartet, die eine chinesische Leiche zu Grabe geleiten.

»Kurz«, sagte Gladys. »Wo?«

Ich antwortete nicht. Yardley und Frogget blickten an den Himmel hinter mir. Ich drehte mich um und sah ebenfalls hin. Rauch stieg aus dem Schornstein auf, ein schwarzes Wölkchen und Hitze, die sich in Streifen kräuselte, dann schoß eine graue Säule, von keinerlei Luftzug behindert, gerade in die Höhe, dehnte sich aus und wurde zur diesigen Luft, die über der Insel hing. Verzweiflung ist einfach: Angst ohne Stimme, ein Versinken und ein Schrecken ohne Schrei. Wir sahen zu, ohne etwas zu sagen, alle von uns. Coony trat seine Zigarette aus und gähnte; dann wurde uns bewußt, daß wir alle den Rauch beobachteten, und wir sahen weg.

»Wer bezahlt das hier?« fragte Yardley.

»Ich«, sagte ich und fühlte mich elend. Als ich jedoch mit Gladys in das kleine Auto stieg, den zweiten Gang einwarf und abfuhr, verspürte ich nur noch Erleichterung, die federnde Leichtigkeit eines Freispruchs, so etwas wie Jugend. Alle meine Geheimnisse waren mir wieder gestattet, und ich konnte sie für mich behalten, wenn ich aufpaßte. Es war, als sei ich der Dummheit überführt gewesen und dann wie durch ein Wunder weise geworden.

2. Teil

7

So weit ich zurückdenken konnte, wollte ich immer reich sein, womöglich berühmt, und fünfundneunzig Jahre alt werden; ich wollte gewaltige Mahlzeiten essen und aus purer Schlampigkeit lange in einem großen weichen Bett schlafen; mich auf einen teuren, aber nicht anstrengenden Sport verlegen, Golf oder Hochseeangeln mit einem weichen Samthut und einer kräftigen und zuverlässigen Crew; Spielen aus Überzeugung und nicht aus Verbitterung und hastig; zwei Freundinnen haben, die mich meines Geldes wegen wollten – wegen der Sicherheit: Also würden sie mich auch nie verlassen! Das alles und ein Haus in der Stadt, eine Villa auf einer Insel, ein leichtes Flugzeug, einen Luxuswagen, eine Klimakiste voll dicker, duftender Zigarren – was Sie nur wollen. Ich nahm an, ich würde es erst spät so weit bringen: Dreiundfünfzig ist das passende Alter für einen Millionär; ein Mann in den mittleren Jahren, der vorsichtig und berechnend geworden ist, der weiß, was er will, und Erfahrungen gesammelt hat, muß es einfach schaffen. Es kam mir nie in den Sinn, daß es vielleicht nie so weit kommen würde.

Armut versprach Erfolg; das Vorgefühl des Reichtums, ein subtiles, bewußtes Hinauszögern machte die Romantik aus, denn das beste war, wenn alles auf einmal kam, als Überraschung, mit dem großartigen dumpfen Aufprall einer Tasche voller Gold, wenn sie auf den Tisch plumpst, oder mit dem unerwarteten Herausrollen dicker Dublonen aus den Fugen einer alten Wand, die man gerade einreißt, um das Holz zu verkaufen. Eine recht ausgefallene Vorstellung, die ich vom Erfolg hatte, bestand darin, daß man mich durch irgendeine zufällige Verwechslung für jemanden halten würde, der mir ähnlich sah, und daß man mich adeln und mit einem Landgut belohnen würde; praktisch gab ich damit zu, daß ich es nicht verdiente; aber gerade die Tatsache, daß es so weit hergeholt war, brachte mein empfängliches Herz dazu, es erwartungsvoll für möglich zu halten. Es könnte, dachte ich, ein Telefonanruf an einem grauen Morgen sein, und ich würde schon schlechte Nachrichten befürchten, aber dann am anderen Ende eine selbstsichere, kultivierte Stimme sagen hören: »Halten Sie sich fest, Mr. Flowers, ich habe eine wunderbare Nachricht für Sie...«

Wunderbare Nachrichten – in einem anderen Tagtraum kamen sie in einem Brief. Ich entwarf sie in vielen Versionen und sagte sie vor mich hin, wenn ich morgens Moulmein Green verließ und zum Bus der Linie 8-A ging oder in der Lobby eines Hotels die Zeit totschlug, während einer meiner Mädchen oben eine Nummer beendete, oder wenn ich die Pornospielkarten auf dem Tisch verteilte oder wenn ich die Schiffe im Hafen anstarrte.

Einer dieser Briefe begann so: *Lieber Mr. Flowers, ich habe das große Vergnügen, Ihnen heute zu schreiben, und ich bin sicher, meine Nachricht wird Ihnen ebensoviel Freude bereiten...* Ein anderer war direkter: *Lieber Flowers, ich habe Sie seit langem beobachtet und freue mich sehr, daß ich Sie heute von einer Entscheidung in Kenntnis setzen kann, die Ihre Zukunft betrifft...* Oder: *Lieber Jack, ich habe meinen Anwalt beauftragt, Ihnen diesen Brief nach meinem Tode zu übermitteln. Sie waren ein hervorragender und loyaler Freund, der allerbeste, den man sich nur wünschen konnte. Ich habe Sie in meinem Testament mit einem beträchtlichen Teil meines Nachlasses bedacht als Zeichen meines Dankes für Ihre stets gute Laune, Ihre Güte und Ihre Menschlichkeit. Sie werden sich nie mehr Gedanken zu machen brauchen, wie Sie...* Oder: *Dear Sir, jedes Jahr wird von unserer Stiftung eine Person als Empfänger eines hohen Bargeldbetrages ausgewählt. Aus dem beigefügten Formular werden Sie ersehen, daß keinerlei Auflagen damit verbunden...* Oder: *Lieber Mr. Flowers, die Akademie hat mich mit der angenehmen Aufgabe betraut, Sie von Ihrer Wahl zu benachrichtigen. Wie Sie wissen, ist damit ein jährliches Stipendium in Höhe von...* Es gab noch mehr; ich entwarf nicht weniger als dreißig an einem einzigen Nachmittag, obwohl ich mich normalerweise nur auf einen beschränkte und ihn bis zur Perfektion ausformulierte, an ihm feilte und jede Neufassung vor mich hin rezitierte. Der letzte war lang und weitschweifig; er drehte sich nur beiläufig um Geld und begann mit den Worten:

Mein Liebling…

Kein Dreiundfünfzigjähriger möchte sich noch lächerlicher machen, als er es aufgrund seines ungewissen Alters ohnehin tut, und ich bin mir völlig im klaren darüber, daß ich mit der Enthüllung dieses wunderlichen Spiels, das ich mit mir selbst trieb, mit den obigen Sätzen, die bis vor einigen Augenblicken nie irgendwo geschrieben standen außer in meinem Kopf, geschweige denn auf die geprägten Kopfbögen, wie ich sie mir vorstellte, getippt und durch den Briefschlitz meines halben Doppelhauses am Moulmein Green geschoben wurden – ich bin mir völlig im klaren darüber, daß ich, wenn ich diese beflissenen Einleitungssätze (»Halten Sie sich fest«) schwarz auf weiß hinschreibe, Satire oder Selbstverspottung zu betreiben scheine. Die Schwierigkeit liegt darin, daß einem die irrsinnigen Gedanken harmlos und vernünftig vorkommen, solange sie unwidersprochen bleiben und wie überlistete Dämonen in der privaten Gummizelle eines müßigen Verstandes hocken, daß sie sich jedoch, wenn man sie am hellichten Tag einem Fremden gegenüber laut äußert oder sie geschrieben mit den eigenen Augen erblickt, in das extravagante Geschwätz eines Irren verwandeln. »Wissen Sie, was ich mir wünsche?« hatte ich Leigh gefragt und es ihm erzählt, und sein schockierter Blick machte mich zum Narren; ich hätte den Mund halten sollen, aber wie sollte ich denn wissen, daß er nicht der Fremde war, der sagen würde: »Ich habe eine gute Nachricht für Sie, Flowers.«? Vielleicht hatte er mich für verrückt gehalten. Verrückt ist man nicht, wenn man in dem stillen Glauben lebt, man sei Napoleon; man ist es, wenn man es zeigt, die Hand in die Jacke steckt und plötzlich militärische Haltung annimmt. Vielleicht hatte er mich für krude gehalten. Aber ein Anfänger drückt sich immer falsch aus: Ich hatte früher in Hauseingängen Singapurs gestanden und »He, Kumpel!« gezischt, wenn jemand vorbeiging.

Ungehobelt war ich vielleicht, verrückt jedoch nicht; und ich möchte meine Zurechnungsfähigkeit mit der Feststellung unterstreichen, daß ich, auch wenn ich davon träumte, einen jener Briefe zu erhalten *(ich habe das große Vergnügen...)*, nicht sah, wie ich jemals einen von ihnen wirklich bekommen würde, denn ich dachte mir zwar Tausende aus, einen großartigen Absatz nach dem anderen, aber ich unterzeichnete sie in meiner Vorstellung nie, und keiner, nicht einmal der, der mit *Mein Liebling* begann, trug eine Unterschrift. Wer hätte mir diese Briefe auch schreiben sollen? Ich hatte nicht die leiseste Ahnung.

Die Briefe waren Phantasiegebilde, aber der Impuls war real: ein Hunger in den Eingeweiden nach Erfolg, Luxus, Ansehen, nach einem Geschenk, das man anfassen konnte, nach handfester Gnade. Dieser Tagtraum eines Augenblicks, der jedem nachdenklichen Menschen durch den Kopf huscht und ihn dazu veranlaßt, seinen Namen zusammen mit einem Titel auszusprechen, *Sir* oder *Präsident* oder *Hoheit* – jeder tut das gelegentlich: der Büroangestellte möchte König sein, das ist nur natürlich –, diese Titelverleihung war bei mir ein wichtiger Bestandteil jeden wachen Augenblicks. Es war mir ernst; selbst der Vernünftigste erlebt zumindest einen Augenblick wohltuender Befriedigung, wenn er hört, wie ihn eine schwache Stimme mit *Exzellenz* anredet. Ich hatte eine Litanei, die begann mit *Sir Jack, Präsident Flowers, König John* und so weiter. Und warum beim König aufhören? *Saint Jack* – der heilige Jack! Das war meine Sehnsucht, obwohl der Erfolg schmutzig ist und einen verdirbt – sagen die Erfolgreichen, und nur Versager hören ihnen zu, die den Schmutz ohne die Tröstung des Geldes kennen. Wenn die Reichen recht hatten, argumentierte ich, warum blieben sie dann reich? Im Ernst, war Enttäuschung wirklich Tugend und Wohlergehen Laster und Armut Medizin, die gut war, weil sie weh tat? Der Präsident der Vereinigten Staaten, in gewissem Sinne der König der Welt, sagte, er habe den einsamsten Job auf Erden; was sollte da ein Typ wie ich sagen?

Die theatralischen Qualen des Erfolgreichen sind der einzige Trost des Versagers. »Sieh nur, wie ähnlich wir uns sind«, werden beide ausrufen: »jeder von uns ist einsam!« Aber der eine ist reich: er kann sich sein Gift aussuchen. Also gönnte ich mir völlig auf eigene Faust die Qual der Wahl – ich würde die Risiken, Millionär zu sein, auf mich nehmen und auf die des Handlungsreisenden verzichten. Ich sagte, ich wollte reich sein, womöglich berühmt, mich dumm und dämlich trinken und bis mittags im Bett liegen. Ich hätte es vielleicht taktvoller ausdrücken können: Ich wollte reich sein, um mich frei entscheiden zu können. Ich plädierte nicht für Verantwortungslosigkeit; wäre ich reich und dann böse, so würde ich Schuld auf mich laden. Die Armen aber waren immer ohne Schuld; sie konnte nichts dafür, und wenn sie mittleren Alters waren, dann waren sie doppelt arm, denn niemand konnte ihre Schmerzen sehen, und niemand wußte, daß der Mann in den mittleren Jahren da drüben am Ecktisch, der unter Verdauungsstörungen litt, dachte, er habe eine Herzattacke. Dieser Mann wird nicht zurückblicken und nachdenken, es sei denn, man jagt ihm einen entsetzlichen Schreck ein, der ihm den Kopf herumreißt. Normalerweise wird er sich einmal umwenden, nichts sehen und niemals wieder zurückblicken. Aber Leigh und seine hoffnungslosen letzten Worte hatten mir einen so tiefen Schock versetzt, daß ich einen langen Blick auf meine Vergangenheit warf, als ich mit Gladys im Wagen das Krematorium verließ – und nur darüber nachdachte, was mich nach Singapur gebracht hatte, und über die sinkenden Schiffe, auf die ich mich seit jener Zeit begeben hatte.

Es war ein Proviantboot. Ich war von der *Allegro* heruntergesprungen, und da saß ich nun im Heck eines tuckernden Proviantbootes, unterwegs zum Collyer Quay. Vielleicht war es Feigheit; bei mir sah Angst oft wie Mut aus, da sie mich so lange quälte, bis ich aus Panik irgend etwas unternahm. Ich lief davon, und es sah aus, als verfolgte ich etwas; aber das war es nicht – es war Flucht.

Das Proviantboot stieß an den Kai. Der chinesische Lotse legte grüßend einen Finger an das Taschentuch, das er wie einen Teewärmer um seinen Kopf geknotet hatte.

Wenn sie den Trick des Überlebens begriffen und ein reifes Alter erreicht haben, dann können die meisten Leute auf ihr Leben zurückblicken und die Logik erklären, die ihrem Verhalten zugrunde lag, einem das Muster ihres Handelns aufzeigen, wie sie einkreisten, was wie haben wollten, und es dann auch bekamen. Um sich zu rechtfertigen, können sie ohne Bedauern auf die groben Ausrufezeichen ihrer Fußstapfen deuten wie auf gefrorene Spuren im Schnee und sie sinnvoll erscheinen lassen. Sind die Fußspuren verwischt und führen einige nach rückwärts, dann sagt der Betreffende vielleicht noch unter wildem Gegacker, er habe seine Schuhe verkehrt herum angehabt und sei nur scheinbar zurückgegangen, in Wirklichkeit jedoch vorwärts marschiert. Diese Erklärung ist unwiderlegbar, denn das Alter ist selbst eine Art Ankunft, aber ich konnte – mit dreiundfünfzig in Singapur – nicht sagen, daß ich irgendwo angekommen war. Es war ein Stillstand, dachte ich, und für alle meine Handlungen gab es keinen vernünftigen Grund außer der wahrheitsgemäßen Entschuldigung, daß ich zum Zeitpunkt des Handelns keine andere Möglichkeit gesehen hatte. Die Abwesenheit jedes Plans oder Entwurfes inspirierte meinen verzweifelten Traum, ich würde auf magische Weise durch einen Brief zum Millionär werden. Mein Leben stand still; ich lebte in Erwartung eines Engels.

Mein Traumbild war deutlich, und kein Schuldgefühl störte dabei; ich wünschte das Ego meiner Vergangenheit hinweg – meine Geschichte würde mich nicht belasten. Vor einem jedoch hatte ich Angst: daß ich mich vielleicht doch als einer jener Reisenden erweisen würde, die zermürbt sind von der unbewußten Kühnheit, so weit fortgegangen zu sein – einer Flucht, die sie zu weit hinausführte –, und nun meinen, sie seien vom Kurs abgekommen, und alles ansteuern, was nach einem vertrauten Orientierungspunkt aussieht. Nur aus der Nähe entdecken sie dann, daß es sich um vertraute Wahrzeichen in einer fremden Landschaft handelt. Diesen Zeichen jagen sie nach, und ihre Panik verleiht der sinnlosen Jagd etwas Dramatik, aber schon sehr bald sind sie im Nirgendwo, Reisende, die nie ankommen, die nicht sterben, aber sich verirrt haben und nie gefunden werden wie jene unglücklichen Polarforscher oder wie in Wirklichkeit jeder Alleinstehende in mittleren Jahren, der an einem exotischen Ort in den Tropen stirbt, einsam und unter Fremden, die verspotten, was sie nicht begreifen können, der Mann voller Hoffnungen mit einem Traum von magischer Vollkommenheit, an einem heißen Tag zu Asche verbrannt und nachlässig begraben, der schon verloren war, lange bevor er starb.

8

Das Proviantboot stieß an den Kai. Ich schwang mich auf die steinernen Stufen und wurde fast sofort ein ziemlich unbedeutender, aber einfallsreicher Zuhälter. Das Wort Zuhälter ist eigentlich unpassend, aber lassen wir es stehen. Das Ganze war ein Aspekt eines Geschäftszweiges, in dem ich mich gut auskannte, denn in den vergangenen elf Monaten war ich auf der *Allegro* im Indischen Ozean herumgekreuzt, und in jedem Hafen von Mombasa bis Penang war ich vom Kapitän beauftragt worden, gegen Extravergütung einen bestimmten Job zu erledigen, nämlich den Schiffslieferanten aufzusuchen und Proviant an Bord zu nehmen. Mir machte das Spaß; es verschaffte mir Zutritt zu einer freundlichen Familie an Land, Ismailiten in Mombasa, Portugiesen in Beira, einer indofranzösischen in Port Louis, einer persischen in Bombay. Man betrat eine Welt, die für den Seemann ebenso geheimnisvoll ist wie die See für eine Landratte, Familienleben, gedämpftes Drama in trockenen Räumen jenseits der einen Straße mit den Seemannsbars, der Barrikade, die die Häfen von ihren Städten absperrt. In jedem Hafen war der Schiffslieferant unser Lebensmittelhändler, Metzger, *Dhobi*, Fisch- und Eisenwarenhändler; er konnte kurzfristig alles liefern, aber ich glaube, bei Hing in Singapur konnte ich – nachdem ich vom Schiff abgehauen war – es mir als Verdienst anrechnen, in einen der vielseitigsten Berufe der Welt doch noch einen neuen Dreh eingeführt zu haben. Der wurde dann später von anderen Schiffslieferanten übernommen, und Singapur wurde zu einem Hafen, in dem selbst ein großes Schiff nur sechs Stunden Umschlagzeit benötigte und die Mannschaft trotzdem nicht meuterte.

Ich blickte zurück und sehe einen wilden Auguststurm, den man in Singapur einen »Sumatra« nennt: Ein starker

Wind bläst plötzlich aus West, und der Himmel ballt sich zu unberechenbarer Schwärze zusammen – eine tiefhängende, schwere Decke, Nacht zur Mittagszeit, kalter Regen, der in horizontalen Strömen in die Brandung fährt. An jenem Tag stand ich im Ruderhaus einer schwankenden Barkasse. Es war warm und sonnig, als wir den Kai verließen, aber nach fünfzehn Minuten verdunkelte sich draußen der Himmel, die Kabinentür knallte zu, und Regen begann, mit dem Geräusch eines Graupelschauers gegen das Glas zu prasseln. Wir verriegelten die Türen und atmeten die Motorabgase ein. Dunkle steinharte Wogen mit Ölstreifen an den unebenen Rändern und zerfetzten Kappen aus gebrochenem Schaum krachten gegen die Steuerbordseite der Barkasse und ließen sie erdröhnen, als seien wir auf Grund gelaufen. Ich klammerte mich an einen Segeltuchgurt, wischte das beschlagene Rückfenster ab und preßte meine Nase an das ächzende Glas.

Wir hatten einen Vierzigfußleichter im Schlepp, die Sorte, mit der Rohgummiballen transportiert werden; sein Bug war mit chinesischen Verzierungen bemalt, mit bösen Augen in Weiß und Schwarz, grünem Backenbart und einem roten Maul mit den Fängen eines Drachens. Das aufgemalte Gesicht mit seiner schuppigen Haut aus Seepocken hob und senkte sich, soff aus dem Ozean, und die Abdeckplane, ein auf dem Leichter festgezurrtes geräumiges Zweimannzelt, wurde vom Wind gepeitscht; aus unserem Schlepptau – bald lose herunterhängend, wenn der Leichter mit einem Satz zu uns hochschnellte, bald straff, wenn er wieder absackte und zurückfiel – wurde regelmäßig Wasser gequetscht, das in einer Spirale schaumiger Gischt herausschoß, wenn das Tau sich straffte. Eine Öse in der Ecke der Zeltplane riß aus, und der Eingangsschlitz des Zeltes platzte auf und gab den Blick auf unsere Ladung frei: dreiundzwanzig elegant gekleidete chinesische und malaiische Mädchen, deren verängstigte Gesichter im Dunkel ihres flatternden Schutzdaches geradezu aufleuchteten; sie saßen zusammengekauert auf Lattenkisten und kleinen Fässern, die Knie aneinandergepreßt, und hielten sich ihre Plastikhandtaschen über die Köpfe.

Die Sicht war bei dem Nebel und dem Regen und den beschlagenen Fenstern sehr schlecht, und es sah aus, als knüppelten wir auf offener See herum, denn es waren keine Schiffe auszumachen, nicht einmal die Hafenanlage. Der Kai war nicht beleuchtet. Es war schrecklich dunkel und kalt, und ich war benommen von den Schwaden in der Kabine. Wir hätten im Südchinesischen Meer sein können.

»Mehr Backbord«, rief ich Mr. Khoo zu und zeigte ihm einen Kreis, den ich auf meiner Hafenkarte eingezeichnet hatte.

»Nein«, sagte er und warf das Rad nach Steuerbord herum.

»Mach keinen Unsinn!« sagte ich und ging auf ihn los. Die Barkasse bockte und warf mich zu Boden. Ich spürte, wie sie wendete, verlangsamt durch das Gewicht des Leichters, und im Pfeifen des Windes war das Kreischen meiner Mädchen gerade noch zu hören. Mr. Khoo war dabei, uns zurückzubringen.

Während eines Sturms hatte ich auf der *Allegro* gesehen, wie die Matrosen sich unter Deck prügelten; etwas, das in mir den dringenden Wunsch erweckte, eine Rettungsweste anzulegen und mich in der Nähe der Brücke zu verstecken wie ein Kind in den Slums, das vor seinen streitenden Eltern davonrennt. Ich befürchtete, mitansehen zu müssen, daß Leute – mitten in einem größeren Kampf – weggefegt und sterben würden, während ihr Arm auf den Rücken gedreht war. Die Stürme schienen Prügeleien zu ermutigen, und die Prügeleien schienen die Stürme zu verstärken.

»Sei ein guter Junge und laß mich ans Rad«, sagte ich zu Mr. Khoo.

Mr. Khoo reckte mir abwehrend einen spitzen Ellenbogen entgegen und hielt sich am Steuerrad fest. Die Wischer klebten bewegungslos am Fenster; ich beugte mich zur Seite und versuchte, etwas zu sehen.

»Wissen Sie, was mich das kostet?« schrie ich.

»Kann nicht«, sagte Mr. Khoo und sah mich einfach nicht an.

»Dann wirf Anker«, sagte ich. »Ich krieg's schon hin.«

Ich riegelte die Tür auf und trat in den Wind hinaus. Schräg über mir ragte die rostigbraune Wand eines Schiffshecks empor, ein Licht blitzte auf, und ich entzifferte den Namen *Richard Everett, Liverpool.*

»O Mann, da ist sie ja!«

Mr. Khoo ließ das Signalhorn tuten, er stand geduckt am Steuerrad. Er blickte zu dem Frachter empor und verdrehte den Kopf dabei. Ich blieb an Deck und winkte Gesichtern zu, die von gelben Kapuzen eingerahmt waren. Für eine Gangway oder Leiter war es zu stürmisch; ein paar Männer in Ölzeug und Stiefeln schoben seitlich ein Frachtnetz über Bord.

Die Barkasse stampfte noch immer. Mr. Khoo bugsierte den Leichter nahe heran, indem er die Barkasse herumzog und sie leicht an die Seite der *Richard Everett* legte, und in einem Sturm, bei dem andere Leichter sich an der Flußmündung in der Nähe der Cavanagh Bridge versteckten, sah ich voller Genugtuung, wie meine Mädchen in dem mächtigen Frachtnetz hochgehievt wurden, immer drei auf einmal, alle durchnäßt bis auf die Haut, an umgeklappten Schirmen herumfummelnd und kreischend. Dann gab es Beifallsgeschrei, das durch Sturm und Wind deutlich zu hören war, als das Frachtnetz aufsetzte.

Mit der letzten Ladung Mädchen ließ ich mich selbst hinaufziehen, trank mit dem Ersten Steuermann einen Brandy, während auf dem Gang das Geräusch zuknallender Stahltüren zu hören war, und spielte ein Dutzend Runden Gin Rummy; im Bullauge wurde das Licht weicher, und dann kam die Sonne wieder heraus. Er zahlte mir fünfzehn Dollar pro Mädchen. Er hatte sie auf Kommission angefordert, aber ich bestand auf dem Pauschaltarif. Zwei Stunden später, in strahlendem Sonnenschein, waren wir wieder unterwegs. Ich fuhr im Leichter mit, bei den Mädchen. Wir nahmen das Zeltdach ab, und Mary ließ das Transistorradio spielen, das einer der Seeleute ihr geschenkt hatte. Einige der Mädchen spannten ihre Schirme auf, und alle saßen sie so geziert da wie Lehrerinnen auf einem Sonntagsausflug. Junie trug einen Seemannshut. Wir glitten langsam zurück, genossen die Wärme und die leichte Brise und legten bei Pasir Panjang hinter einem Palmenhain an – ich konnte es nicht riskieren, Collyer Quay oder Jardine Steps anzulaufen, nicht mit dieser Fracht.

Das war nicht die erste Expedition dieser Art gewesen. Ich hatte das schon seit ein paar Monaten gemacht, meist mit kleiner Ladung, manchmal waren es nur zwei in einem Sampan, die von Collyer Quay aus zu einem alten Tanker hinausgerudert wurden, die Mädchen in verschossenen *Sam-foos* als Putzfrauen verkleidet, mit Eimern, Bürsten und Bündeln alter Lumpen, um die Hafenpolizei zu täuschen. Ich hatte es mir zur Gewohnheit gemacht – ich war der erste in Singapur und vielleicht auf der ganzen Welt, der das tat –, immer ein Mädchen dabeizuhaben, wenn ich Lebensmittel und Frischfleisch und Rollen mit Tauwerk auslieferte, für alle Fälle. Das Mädchen war immer willkommen und kam meist erschöpft zurück.

Der Sturm war für mich der Durchbruch; es sprach sich herum, daß ich der Irre war, der einen Leichter voller Mädchen mitten im dicksten Sumatra hinausgebracht hatte – einem Sumatra, der am gleichen Tag ein Beiboot mit dänischen Seeleuten vollgeschlagen hatte. Eine Woche später zog mich einer von der *Miranda* beiseite:

»Bist du der Knabe, der die Profis zur *Everett* rausgeschwommen hat?«

Ich sagte ja und streckte ihm die Hand hin. »Jack Flowers«, sagte ich. »Nenn mich Jack. Kann ich was für dich tun?«

»Junge, du bist schon 'n Typ«, sagte er bewundernd und dann über die Schulter: »He, Scrumpy, er isses!«

Ich schaukelte auf den Fußballen, lächelte, holte dann meinen Bleistift heraus, leckte an der Mine, zwinkerte ihnen zu und sagte:

»Na, meine Herren, dann wollen wir mal sehen, was wir für Sie aufscheuchen können...«

Der Sumatra war so plötzlich gekommen wie eine Bombe, hatte den Himmel verfinstert und fiel dann über die See her, Regentropfen wie Schrotkugeln übersäten sie mit Warzen, er verwarf sie in gezackten Furchen. Ich verriet nie, daß er uns erst kurz vor der *Richard Everett* erwischte oder daß ich meinen letzten Dollar in den Vorschuß für diese Mädchen und die Miete für den Leichter gesteckt hatte und daß ein Umkehren – was nicht weniger gefährlich war als die Weiterfahrt – mich unrettbar runiniert hätte. Wären wir gesunken, es wäre das Ende gewesen, denn keins von den dreiundzwanzig Mädchen konnte schwimmen. Das Ausmaß des Risikos war mir nicht klar gewesen, aber ich hatte es auf mich genommen – wahrscheinlich aus Feigheit: Ich fürchtete, mein Geld zu verlieren, und hatte Angst umzukehren – und das Unternehmen hatte bedeutende Folgen. Die Maate auf der *Miranda* waren die ersten von vielen, die mich rühmten und mir Aufträge erteilten.

Und Hings Geschäft florierte.

Ich kannte Hing schon lange, bevor ich mein Schiff »verpaßt« hatte. Die *Allegro* war in Panama registriert, aber ihr Heimathafen war Hongkong. Wir waren oft in Singapur, und wir verließen den Indischen Ozean in elf Monaten nur einmal, um eine Ladung Kautschuk nach Vancouver zu bringen. Ich hatte daran gedacht, dort unterzutauchen, und hätte es beinahe auch getan, nur jenseits von Vancouver und den kalten Einöden des kanadischen Amerika lagen die Vereinigten Staaten, und das war eine Gegend, die ich meiden wollte.

Hing war der erste, an den ich dachte, als ich meinen Plan entwickelte, die *Allegro* zu verlassen. Damals schien er ein freundlicher Mensch zu sein. Ich freute mich schon immer auf unseren Aufenthalt in Singapur, und Hing war froh über unsere Geschäftsbeziehungen. Als einfacher kleiner Lebensmittelhändler, der in den britischen Stützpunkten Hausfrauen mit Cornflakes belieferte und sich über jede unerwartete Bestellung von einem Pfund Wurst zusätzlich freute, arbeitete er von seinem kleinen Laden an der Beach Road aus; Gopi packte die Pappkartons voll, und Little Hing fuhr die Lebensmittel mit einem klapprigen Lieferwagen aus. Wir machten damals mit ihm keine Geschäfte. Unser Schiffslieferant war eine große Firma, ebenfalls an der Beach Road gleich unterhalb des Raffles Hotels. Eines Tages, als ich die Kisten der für uns bestimmten Lieferung überprüfte, entdeckte ich einige in Zeitungspapier eingewickelte gebrauchte Ventile, die man mir offenkundig unterschieben wollte.

»Die haben wir nicht bestellt«, sagte ich.

Der Angestellte nahm sie aus der Kiste heraus. Er ließ sie auf den Fußboden fallen.

»Wo sind die, die wir bestellt haben?«

Der Angestellte sagte nichts. Der chinesische Mund ist von Natur aus grimmig; seiner zog sich an den Winkeln tief nach unten, die Unterlippe stand vor; sein Kopf, der für den Rest seines Körpers zu groß war, hatte Kanten und sah wie ein Totenschädel aus, kein Kopf, dem das Fleisch einen Gesichtsausdruck verlieh, sondern nach Umriß und geringem Gewicht ein Knochen mit einer flachen, skelettartigen Scheitelpartie, mit sichtbaren Nähten und Kiefergelenken. Der Kopf dieses Typs saß lächerlicherweise auf einem dürren Hals und machte mich wütend.

»Wo«, wiederholte ich, »sind die, die wir bestellt haben?«

Er schluckte und setzte seinen Adamsapfel in Bewegung. »Nicht vorrätig.«

»Das hab ich mir schon gedacht. Und da habt ihr mir diese hier gegeben. So macht ihr das immer.« Mir platzte vor Wut fast der Kragen. »Die nächsten zehn Tage sind wir auf See. Was ist, wenn ein Ventil kaputtgeht? Mit denen hier können wir dann nichts anfangen, oder?« Ich wollte, daß er antwortete. »*Oder?*«

Zorn braucht eine ergänzende Form des Widerstands, sonst hält er sich nicht. Der Typ spielte nicht mit; die Chinesen taten das selten. Es gab Leute, die den Chinesen vorwarfen, sie seien einfach böswillig, ganz ohne Motiv, aber so verhielt es sich nicht. Die Ausdruckslosigkeit war nichts als Ausdruckslosigkeit, eine Leere des Gesichts, die eine geistige Leere widerspiegelte: Verwirrung. Wenn ich dieser Miene einen Namen geben müßte, dann würde ich sie als Angst bezeichnen, Angst, die einen Chinesen dazu bringen kann, sich zu ducken oder wild zu werden. Der Angestellte duckte sich und zog sich hinter den Ladentisch zurück.

Ich versetzte der Kiste einen Tritt und stampfte aus dem Laden. Nebenan lächelte Hing im Eingang seines Geschäfts. Ich war ihm sofort wohlgesinnt; er war vertrauenswürdig fett und ruhig, von wohlhabender, zufriedenstellender Leibesfülle und hatte die gewandte Umgänglichkeit eines Kaufmanns mit vielen Angestellten.

»Ja?«

Außer ein paar Stühlen, einem Kalender, einem Abakus, Rechnungen, die auf einem Dorn vor sich hinwelkten, und an der Wand einem roten Altar mit einer Schale voll schwelender Räucherstäbchen befanden sich keinerlei Waren im Laden.

Little Hing holte Lebensmittel aus dem Hinterzimmer, Copi stopfte sie in eine Kiste.

»Ich brauche ein paar Ventile«, sagte ich. Und: »Welche da?«

Er wußte nicht, was Ventile waren, aber wir brachten das in Ordnung, und schließlich sagte er, nachdem ich die Größe beschrieben hatte: »Kann besorgen.«

»Wann?«

»Jetzt«, sagte er und rief Little Hing zu sich. »Sie möchten Tee? Zigarette? Hier...« Er schüttelte eine Zigarette aus einer Blechdose.

»Jede Menge für Sie. Nicht Rede wert. Kommen Sie, gebe Feuer. Danke.«

Er hatte die Ventile tatsächlich in zwanzig Minuten da, und das war der Anfang meiner Geschäfte mit Hing. Als die *Allegro* das nächste Mal Singapur anlief, hatte Hing ein Firmenschild aufgehängt, das ihn als Schiffslieferanten auswies. Es gab nichts, das er nicht besorgen konnte; er hatte die Gabe, die rarsten Artikel zutage zu fördern, und bestätigte damit die Behauptung, die er auf seinen Briefkopf hatte drucken lassen: »Vorräte Aller Art Innerhalb Kürzester Zeit Lieferbar.« Und jedesmal, wenn ich ihn mit meiner Einkaufsliste aufsuchte, lud er mich zum Essen ein und fütterte mich mit Roastbeef und Yorkshire-Pudding im Elisabethan Grill oder mit einer chinesischen Mahlzeit von zwölf Gängen, bei der alles außer Bärentatzen und Fischlippen auf den Tisch kam.

Es war rein geschäftliche Höflichkeit, ein rituelles Mahl. Ich kaufte bei ihm für tausend Dollar Lebensmittel und was sonst noch benötigt wurde; dafür bezahlte er mein Essen. Ich war nur ein Amateur. Ich hielt mich für recht erfolgreich und gratulierte mir immer selbst, wenn ich wie erschlagen vom Brandy zum Kai torkelte, um noch einen Sampan zurück zur *Allegro* zu erwischen. Die Logik des Geschäftslebens mit ihrem »Darf ich Ihnen eine Zigarre anbieten? Nehmen Sie doch zwei!« verstand ich erst, als es zu spät war; aber, wie gesagt, ich hatte damit begonnen, daß ich »He, Kumpel« aus Eingängen entlang der Robinson Raod zischte. Eigentlich war ich alt genug, um es besser zu wissen.

Während einer dieser ausgedehnten Mahlzeiten lehnte sich

Hing, der mich nach Chinesenart genau beobachtete und mir alle fünf Minuten Essen auf den Teller packte, zu mir herüber und sagte: »Sie... abbeiten... mich.« Sein Englisch ließ ihn im Stich, und er begann, kantonesisch zu plappern. Die Kellnerin entgrätete gerade erstaunt eine gedünstete *Garupa*, die auf einer Gemüseplatte gestrandet war. Sie übersetzte schüchtern, ohne dabei aufzublicken.

»Er sagen... er Sie mögen. Er suchen jungen Mann...«

»*Ang moh*«, hörte ich Hing sagen. »Rotkopf.«

Die Kellnerin entfernte den kunstvollen Wirbelsäulenkamm des Fisches und milderte Hings Slang zu: »Europäischer Mann... macht sehr gute Geschäfte für europäisches Schiff. Europäische Leute... nicht sprechen ungeschickt wie chinesische Leute. Und er sagen...«

Hing sah mich flehentlich an, mit den Augen und mit seinem ganzen glatten Gesicht.

Ich war neununddreißig. Mit neununddreißig ist man in den Dreißigern; mit vierzig, jedenfalls dachte ich das damals, ist man im Schatten der mittleren Jahre. Es war, als hätte er geflüstert: »Halten Sie sich fest, Flowers. Ich habe Sie seit langem beobachtet...« Ich war aufgeregt. Das chinesische Leben in Singapur bestand hauptsächlich aus Nudeln und Kindern in einem einzigen Zimmer, aus Waschen und Schuften. Es hätte nicht langweiliger sein können, aber weil es langweilig war, hatten die Chinesen ein Talent dafür, besondere Gelegenheiten zu schaffen, einen Abend, an dem man ausging, ein großes Bankett oder ein festliches Beisammensein, und das ließ sie dann wieder ein Jahr lang gelbe Nudeln ertragen. Hing übertrug diese festliche Einzigartigkeit auf mich; ich glaubte, meine Magie hätte gewirkt, mein Schicksal sich mit dem Alter gewendet; nicht Reichtum, aber doch die Aussicht darauf kündigte sich an. Ich sah mich vor einem Wind wie Seide segeln.

Drei Wochen später marschierte ich in Hings Geschäft. Er schüttelte mir die Hand, bot mir die Blechdose mit den Zigaretten an, begann, mit seinem Feuerzeug zu klicken und sagte: »Ja, Jack, ja.«

Little Hing kam herüber und fragte nach der Einkaufsliste, den Ladepapieren und Kaufaufträgen.

»Keine Liste«, sagte ich und grinste. »Kein Schiff, keine Liste!« Ich hatte mich umgedreht, um zu erklären: »Von jetzt an arbeite ich für den *Towkay*.«

Hinter mir schraubte Big Hing den Deckel wieder auf die Zigarettendose, und das war das einzige Geräusch; der Dekkel blieb hängen und rastete ein und schabte an den Metallrillen entlang und war dann endlich still.

Big Hing war ernst und kaute nachdenklich mit den unteren Zähnen auf der Oberlippe herum. Er knallte die Zigarettendose auf die aufgebockte Tischplatte, und die Kugeln auf dem Abakus drehten sich und tickten gegeneinander. Dann wurde er energisch. Er brachte mich zu meiner Nische, zwei Trennwänden aus Hartfaserplatte, ohne Decke, eng wie ein Pissoir, und er riß den Vorhang die Stange entlang, daß die Chromringe klingelten. Ich kletterte auf den Hocker und begann zu arbeiten. Ich wandte mich nicht um. Ich wußte, die *Allegro* war ohne mich ausgelaufen.

9

Als ich Hing zum zweitenmal traf – ich kaufte noch für die *Allegro* ein und hielt ihn für meinen Freund –, führte er mich in eine Opiumhöhle, eine winzige rauchverschmierte Mansarde in einer Seitenstraße der North Bridge Road. Dies war eine der Geschichten, die ich später in Hotelbars erzählte, um nervöse Typen, in denen ich Kunden vermutete, etwas aufzulockern. Ich hatte erwartet, die Opiumhöhle würde so etwas wie ein Puff sein, bevölkert mit schläfrigen Nutten, die sich auf Kissen räkelten; ich war nicht vorbereitet auf den gespenstischen Anblick von fünf ältlichen Süchtigen, die in schlaffen, zerknitterten Pyjamas hohläugig vor sich hindösten, und zweier ebenso klappriger »Köche«, die aus schwarzen Pfeifen die Reste herauskratzten. Der Raum war dunkel; Licht kam nur durch den einzigen halbgeöffneten Fensterladen; die Platten unter der Decke sahen aus, als würden sie von den Spinnweben an Ort und Stelle gehalten. Ein paar verschrammte hölzerne Möbel standen herum, kaputte Kisten und Hocker und niedrige Liegen und Drahtgestelle mit flekkigen Kissen, und die menschlichen Wracks schliefen dort mit offenem Mund. Eine uralte Frau in einer weiten Seidenhose und roten Holzpantinen trank Kaffee aus einer Kondensmilchdose und beobachtete mich. Eine Atmosphäre, die wirklich nur in Opiumtrance erträglich war. Ich zog pflichtschuldig eine Pfeife durch – niemand von den abgemagerten Träumern nahm von mir Notiz –, und dann gingen wir wieder. Vor dem Haus, wo Hings Riley stand, schrieb eine Hilfspolizistin, ein Mädchen mit rundem Gesicht, Strohhut und grauer Jacke, eine Verwarnung aus. Hing sah den Witz sofort, und wir mußten beide lachen: ein Strafmandat vor der Opiumhöhle. Als Geschichte schmückte ich die Sache noch aus, erhöhte die Strafgebühr wegen zu langen Parkens und gab dem schäbigen Raum dadurch mehr Glamour, daß ich ihm seidene Kissen und den Süchtigen Jugend verlieh.

Die Opiumhöhle war Hings Idee. Er hatte mich davon überzeugt, daß ich von ihm alles verlangen konnte; er sagte: »Singapur haben alles«, und er wollte eine Chance haben, es zu beweisen. Durch die Vielfalt des Angebots geriet meine Phantasie ganz durcheinander; ich entschied mich für einfache Vergnügen, Ausflüge, die Konzerte der Polizeikapelle am Botanischen Garten, Angeln am Pier. Hing machte Vorschläge. Er brachte mich zu Madame Lum und ihrer Hauptattraktion Mona, einem Mädchen mit den sonderbarsten Neigungen, die ich den Typen später immer – wahrheitsgemäß – mit den Worten beschrieb: »Sie tut nicht nur so als ob – sie liebt ihre Arbeit wirklich, und jeder kommt zurück und singt Preislieder auf sie!« Hing nahm mich mit in die »Screw Inn«, einen kleinen Bungalow mit Teenagern in einer Seitenstraße der Mountbatten Road, und er brachte mir bei, daß Taxis mit gelbem Dach der entscheidende Hinweis waren: Parkten in einer Wohngegend mehr als zwei beieinander, dann hieß das, es war ein Bordell in der Nähe. Auf Hings Drängen hin begann ich, zum erstenmal Geschmack am guten Leben zu finden: flach auf dem Rücken liegend eine morgendliche Rasur im indischen Friseurladen an der Orchard Road (chinesische Friseure benutzten stumpfe Rasiermesser – der spärliche chinesische Bart war leicht abzuschaben); ein reichhaltiger Lunch im Great Shanghai, danach ein Nickerchen und eine Massage durch ein nacktes Chinesenmädchen, das mit gespreizten Beinen auf mir saß und später ein zweites Mädchen ins Zimmer holte, so daß wir den ganzen Nachmittag zu dritt herumalbern konnten. Nach dem Tee badeten mich die beiden, und wir gingen noch ein bißchen bummeln; ich führte sie in eine Bar, genehmigte mir einen letzten Drink, und dann früh mit einem Roman ins Bett – die Sequenz eines wundervollen und anstrengenden Tages, der meinen Bauch mit Honig füllte und mir das Gefühl gab, die Haut, die ich trug, sei funkelnagelneu. Hing bezahlte die Rechnungen. Er selbst ging nur wenigen Vergnügungen nach, und er war kein Trinker. Was er schätzte, waren große australische Mädchen in Nachtclubs, die sich bis auf die Haut auszogen und dann auf allen vieren mit den Hüften wackelten und wie Katzen jaulten. Vom Essen verstand er etwas; er brachte mir die Feinheiten beim Bestellen von Gerichten aus Szetschuan bei: gebratenen Aal in Sauce, sauer-scharfe Suppe, gedünsteten Butterfisch und knusprige Entenhaut, die in einer weichen Semmel gegessen wurde. Er schenkte mir Flaschen mit Ginsengwein, von dem er behauptete, er sei ein Aphrodisiakum, und, passend zu dem entsprechenden Fest, einen ganzen, in rotes Papier eingepackten Mondkuchen. Er sagte, er freue sich, daß ich kein Engländer sei, und fragte wie mir Singapur gefiele.

In dieser Zeit war ich sein Kunde; die rituelle Freundschaft war zu Ende, als ich sein Angestellter wurde, und für sechshundert Straits-Dollar im Monat wurde ich nun behandelt wie eine schwere Last: Ich erdrückte seinen Laden mit meiner massigen Gestalt, verschwendete seine Zeit, verzehrte sein Geld. Er hörte auf, direkt mit mir zu sprechen, und wenn wir beide allein im Geschäft waren, setzte er eine Miene gedankenverlorener Geschäftigkeit auf, brachte Zettel durcheinander, tat so, als suche er etwas, knallte Türen zu, stöhnte und betete seinen kaufmännischen Rosenkranz auf dem Abakus herunter. Mit mir redete er durch seinen Hund; meine Fehler und Versehen trugen dem Hund Tritte in die Rippen ein. Ich dachte, ich würde vielleicht befördert, aber ich erfuhr schon sehr bald, daß auf mich nichts dergleichen wartete. Die Arbeit fand ich interessant genug, so daß ich sie ohne irgendeine

Ermutigung durch Hing erledigen konnte. Sich bei mir zu bedanken – etwas, das er nie tat, wäre für Hing das Eingeständnis einer Abhängigkeit seinerseits gewesen, er hätte das Gesicht verloren: Für ihn war Höflichkeit eine Form von Schwäche. Das verstand ich und faßte seine Grobheit so auf, wie sie gemeint war: als Dankbarkeit. Wir hatten keinen Vertrag; nach unserer mündlichen Vereinbarung arrangierte Hing ein Visum für mich, das mir den Aufenthalt in Singapur gestattete, solange ich für ihn arbeitete. Das war praktisch (die Bestechungssumme kam aus seiner Tasche), aber es begrenzte meine Möglichkeiten: Sollte er mich rausschmeißen, dann würde man das Visum annullieren und mich ausweisen. Feuern konnte er mich nicht, dazu war er zu sehr auf mich angewiesen, aber ich wußte, ihn daran zu erinnern wäre gleichbedeutend gewesen mit der Aufforderung, mich an die Luft zu setzen, denn nur so konnte er beweisen, daß ich nicht gebraucht wurde.

Aber das wurde ich. Ein Jahr auf der *Allegro* und unser häufiges Anlaufen Singapurs hatten mich mit den meisten anderen Schiffen und Kapitänen vertraut gemacht, die hier regelmäßig einliefen, und ich kannte viele von den Managern der Schiffahrtslinien im Maritime Building. Mein Vorteil, auf den Hing angespielt hatte, wurde mir erst später allmählich klar: Ich war ein Weißer. Die übrigen Schiffslieferanten in Singapur waren entweder Inder oder Chinesen. Als Bleichgesicht Ende der fünfziger Jahre in Singapur trank ich in Clubs und Bars, zu denen »Asiaten«, wie man sie damals nannte, keinen Zutritt hatten. In erster Linie trank ich dort, weil ich in den chinesischen Clubs nicht erwünscht war und mir in den indischen die Cocktails nicht schmeckten. Es kränkte mich, daß ich gezwungen war, mit Angehörigen meiner eigenen Rasse zu trinken – später tat ich es nur noch: Mit den Vertretern anderer Rassen konnte ich mich nicht entspannen – aber zu guter Letzt führte diese rassische Exklusivität dazu, daß Hing zahlreiche Verträge über die Belieferung europäischer Schiffe an Land ziehen konnte. Allmählich kriegte ich den Boden raus: Chinesen und Inder wickelten ihre gesamten Geschäfte in Büros ab, Europäer erledigten sie in Clubs und benutzten ihre Büros lediglich als Telefonzellen.

In einen Club, selbst wenn es ein sogenannter exklusiver war, kam man leicht hinein, aber es war schwer, Mitglied zu werden. Die Türsteher waren Malaien oder Sikhs, und ich hatte gelernt, »Na, wie läuft's denn so, Bruder?« auf malaiisch und in Pandschabi zu sagen. Sie hätten es ohnehin nicht gewagt, einen *Ang moh* abzuweisen; und was das Unterschreiben der Getränkebons anbetraf, so hatte ich eine Reihe von Streichholztricks und schwierigen Denksportaufgaben auf Lager, mit denen ich immer dann herausrückte, wenn jemand allein trank. Der Verlierer mußte für den Drink unterschreiben. Ich verlor nie.

»Gerade aus Bangkok angekommen«, sagte ich dann. »Ein Typ von da oben hat mir 'nen niedlichen Trick gezeigt. Kennen Sie wahrscheinlich? Nein? Also, man legt sechs Streichhölzer so hin, macht so eine Art kleinen Kreis damit. Hier. Und jetzt – warten Sie mal, hoffentlich kriege ich das noch richtig hin. Ich bin immer etwas schwer von Begriff, wenn es um so knifflige Sachen geht. Und Sie sollen jetzt fünf Streichhölzer anders hinlegen, aber ohne dabei ...«

Wenn ich das erklärt hatte, sagte ich: »Verlierer unterschreibt, okay?«, und der Drink war mir so gut wie sicher. Das war die britische Tour, jemanden hereinzulegen. Mit Amerikanern ging es leichter. »Wetten, Sie können nicht die zwölf Apostel aufzählen?« Oder: »Wessen Bild ist auf einem Hundertdollarschein?« Oder: »Wie heißt die Hauptstadt von Maine?« Meine Drinks mit Amerikanern waren immer gesichert, und mit einem Drink in der Hand konnte ich Stunden in der Bar eines Clubs verbringen, Geschichten erfinden, plaudern oder Witze erzählen, die dem Zuhörer gefielen, weil sie seine Vorurteile bestätigten. Es gab nicht viele chinesische Witze, abgesehen von den komischen Namen, von denen ich eine lange Liste aus dem Telefonverzeichnis von Singapur zusammengestellt hatte (»Ali, gib mir mal das Telefonbuch rüber; mein Freund hier will nicht glauben, daß Asch Log und Mö See wirklich in Singapur wohnen«). Es gab viele gute indische Witze, und sie kamen auch immer gut an. Amerikaner schütteten sich aus vor Lachen, wenn sie die Geschichte von dem Engländer hörten, der bei einem Unfall seinen Schwanz verliert. Einen Monat lang hat er Schmerzen, dann entschließt er sich schließlich, einen Arzt aufzusuchen, der ihm versichert, er könne das Ding wieder annähen. »Geben Sie ihn nur her, und ich bringe das sofort in Ordnung.« Der Engländer klopft seine Taschen ab, sagt: »Ich muß das verdammte Ding hier irgendwo haben«, und gibt dem Arzt eine riesige Zigarre. »Das ist eine Zigarre«, sagt der verdutzte Arzt, worauf der Engländer entgegnet: »Dann muß ich, bei Gott, meinen Schwanz geraucht haben!«

Manchmal kasperte ich herum und zog zum Beispiel eine große Schau ab, wenn ich Pflaumen in Brandy bestellte, nur um danach die Bemerkung zu machen: »Um die Wahrheit zu sagen, ich kann Pflaumen nicht ausstehen, aber ich weiß den Geist zu schätzen, in dem sie einem angeboten werden!« Auch ohne Streichholztricks und Denksportaufgaben fand sich dann immer jemand, der mir einen Drink spendierte und sagte: »Sie sind vielleicht 'ne Marke!« Und in Clubs, in denen ich kein Mitglied war, hieß es dann: »Wir haben Sie in der letzten Zeit gar nicht gesehen – wir haben Sie beim Filmabend vermißt.« Und: »Vergessen Sie nächste Woche die Jahresversammlung nicht, wird Zeit, daß wir was gegen ungeladene Gäste tun.« Manchmal fragte einer: »Sagen Sie mal, Jack, was machen Sie beruflich?«

»Ich? Ich beliefere Schiffe.« Ich sagte nie, daß ich nur ein kleiner Angestellter war.

»Merkwürdig«, war dann meist die Antwort.

Worauf ich sagte: »Ich weiß genau, was Sie meinen. Aber ich sehe das so: Diese Branche könnte ein bißchen Modernisierung durchaus vertragen. Die Methoden sind immer noch dieselben wie zu Raffles' Zeiten, und die Lebensmittel, die sie verscheuern, ebenfalls – wenigstens schmecken sie so! Ihre Geschäfte haben sie seit Jahren nicht mehr ausgefegt, das Brot ist hart wie Stein, und im Reis sind Rüsselkäfer. Wohlgemerkt, ich habe nichts gegen unsere asiatischen Brüder. Es ist schon so, wie Sie sagen, sie schuften wie Tiere. Andererseits ist so ein Inder nie wirklich glücklich, wenn er Fleisch anfassen muß – aber schließlich kann man ihnen ihre Religion ja nicht zum Vorwurf machen, oder?«

»Vermutlich nicht. Aber trotzdem ...«

»Und nehmen Sie einen chinesischen Schiffslieferanten –

der wird Ihnen einen Haufen Scheiße verkaufen und behaupten, es wäre eine Orchidee. Soll ich Ihnen mal erzählen, was ich neulich in einem chinesischen Laden gesehen habe? Sie werden sich totlachen…«

Der Typ pflichtete mir meist bei und gab dann von Zeit zu Zeit seinen Senf dazu. Ich erzählte meine Geschichte mit den Ventilen, und er übertrumpfte sie mit einer besseren und noch schrecklicheren über defekte Schwimmwesten oder Würmer im Proviant und entrüstete sich langsam in den Entschluß hinein, seine Schiffslieferanten zu wechseln.

Meine wirkungsvollste Verkaufsmasche, die ich stets kurz vor den Mahlzeiten einsetzte, weil sich dann die Gespräche regelmäßig dem Essen zuwandten, war mein englisches Frühstück. Das zog immer. Ich hatte herausgefunden, daß die Engländer eine Schwäche für ein reichliches Frühstück besaßen; vielleicht hatte das literarische Ursachen – jemand bei Dickens, der morgens ein Beefsteak zum Tee ißt –, oder es war eine kollektive Erinnerung an kalte Morgen oder an an Rationierungen im Kriege. Was auch immer der Grund war, es war eine glänzende Methode, einen Vertrag unter Dach und Fach zu bringen.

Ich kam darauf, als ich einige Monate nach meinem Einstieg ins Schiffsbelieferungsbusineß in Singapur mit einem Typ von den Victoria Shipping Lines zusammensaß. Es war auf der Veranda des Singapore Cricket Club, an einem Sonnabend kurz vor der Cocktailstunde. Der Typ saß neben mir in einem Korbstuhl, und wir schauten einigen Damen zu, die auf dem Rasen Bowls spielten. Diese Form des Spiels entsprach genau dem italienischen *Boccia*, das mein Vater jeden Sonntagnachmittag in einer Gasse im Norden der Stadt spielte. Es war das einzige Spiel, das ich gut kannte, und ich kommentierte das Match der Damen für den Typ zu meiner Rechten: »Das muß man mit mehr Linkseffet machen… Da ist nicht genug Beinarbeit drin… Gerade noch berührt… Das klappt nie… Jetzt will sie Blut sehen – teuflisch schneller Wurf…« Die Damen legten eine Ruhepause ein. Ich wandte mich dem Typen zu und sagte: »Also, kennen Sie den…«

»Sehr amüsant«, sagte er, als ich zu Ende erzählt hatte, und sein Understatement stand in einem gewissen Gegensatz zu dem blökenden Lachen, das er nicht hatte unterdrücken können. »Einen Drink?«

»Oh, vielen Dank.«

»Eigentlich bin ich hungrig«, sagte er. »Keine Zeit zum Frühstücken heute morgen. Macht den ganzen Tag kaputt, finden Sie nicht?«

»Absolut«, sagte ich. »Das versuche ich ja den Kapitänen klarzumachen, die bei mir kaufen. Geben Sie einem Seemann ein erstklassiges Frühstück, und er wird den ganzen Tag anständige Arbeit leisten. Kürzen Sie ihm seine Mittagsration, aber fummeln Sie bloß nicht an seinem Frühstück rum!«

»Was ich mir unter einem erstklassigen Frühstück vorstelle, sind Bücklinge, Porridge, Eier und eine Kanne Tee – heiß und stark.« Er leckte sich die Lippen.

»Sie haben noch den Obstsaft vergessen – Säfte sind *sehr* wichtig. Und Cornflakes, beste Qualität, etwas Rindfleisch, zusammen mit Gemüse aufgebraten, 'n paar Speckscheiben oder vielleicht ein Beefsteak mit Chips, einen Stapel Toast, warme Brötchen, Orangenmarmelade, o Mann!« Der Typ nickte zustimmend und schluckte. »Es ist schon komisch, wissen Sie«, fuhr ich fort. »Diese Schiffslieferanten führen keinen frischen Saft – o nein! Natürlich ist der frische billiger, und das Obst wächst hier am Ort. Sie liefern das Zeug in Blechdosen.«

»Da schmeckt man das Metall!«

»Klar!«

»Kartoffeln sind lecker zum Frühstück«, sagte er und schluckte immer noch.

»Knusprig-braun – kroß gebacken und heiß und mit einem Schuß HP-Sauce serviert.«

»Ich sterb vor Hunger«, sagte er und sah auf die Uhr.

»Ich auch«, sagte ich. »Ich hätte nichts gegen ein großes englisches Frühstück einzuwenden, jetzt sofort. Ich beneide die Seeleute auf einigen von den Schiffen, die ich beliefere.«

»Trotz allem«, sagte er, »es hört sich nach einem teuren Essen an.«

»Ach, keine Spur«, sagte ich, nannte ihm ein paar Preise und fügte hinzu: »Ich kaufe en gros, verstehen Sie, und kann daher die Kostenminderung an den Kunden weitergeben. Profit mach ich immer noch – jeder gewinnt dabei.«

»Klingt verdammt vernünftig.«

»Und das ist noch nicht alles ...«

Unsere Drinks kamen, und die Damen nahmen ihr Spiel wieder auf. Der Typ sagte: »Ich bin mit meinem Lieferanten ein wenig unzufrieden. Wie, sagten Sie, war der Name Ihrer Firma?«

Ich erklärte Hings Namen auf meiner Karte mit dem Hinweis, er sei ein Partner, der bei Geschäftsabschlüssen mit Chinesen manches erleichtere, und ich würde ihn seit Jahren kennen. »Ich sage ja immer, wir sind eine ungewöhnliche Firma.« Ich blinzelte ihm zu. »Überlegen Sie sich's. Wir sorgen dafür, daß Ihre Leute ein gutes Frühstück bekommen. Oh, und wenn Sie *sonst* noch etwas brauchen – *ganz egal was* –, rufen Sie mich einfach an, und ich werd sehen, was ich aufscheuchen kann. Cheers!«

Am nächsten Tag rief er an. Er bot mir einen Liefervertrag an für drei Frachter, ein paar Tanker und zwei Dampfer mit geringem Fassungsvermögen, die die Route Singapur–Nordborneo befuhren. Am Schluß unseres Gesprächs zögerte er kurz und murmelte: »Sie haben *alles* gesagt, nicht wahr?«

»Mit Entschiedenheit!«

»Ich, hm, überlege, ob Sie mir bei der Sache helfen können, die sich erst heute morgen ergeben hat. Einer von unseren Frachtern ist gerade aus Madras hier angekommen. Die Mannschaft macht 'n bißchen Putz, weil sie morgen schon weiter nach Indonesien sollen. Wir würden sie gern ein bißchen aufmuntern, hm, ihnen ein bißchen Spaß gönnen, ohne sie an Land zu lassen. Mach ich mich klar?«

»Überlassen Sie das ganz mir«, sagte ich. »Wie viele sind es denn, die sich... amüsieren sollen?«

»Also, es ist die *Richard Everett*. Sie hat etwa dreiundzwanzig Vollmatrosen und ...«

»Sie sind an den richtigen Mann geraten«, sagte ich. »Was halten Sie von einem Kaffee? Dann erkläre ich es Ihnen.«

»*Lunch*«, schlug er mit Nachdruck und sehr zufrieden vor. »Im Club. Und vielen Dank, wirklich, vielen Dank.«

In jenem Abschnitt meines Lebens, während meiner ersten Jahre in Singapur, genoß ich eine seltene Art von Glück, so etwas wie die Begleiterscheinung heftigen Verliebtseins: Man entdeckt, daß alles wie neu ist, und hat Musik im Herzen und in den Füßen. Es war wirkliche Energie; Mitgefühl und Kühnheit. Ich fühlte mich tapfer. Ich bagatellisierte dieses Glück nicht und versuchte auch nicht, es zu rechtfertigen, und ich machte mir nie Gedanken über seine verdächtige Herkunft. Ich hatte wieder Auftrieb, und beim Emporsteigen verstand ich, was es mit dem Überleben auf sich hatte: die Überraschung des gestrandeten Mannes, der zum erstenmal Feuer gemacht hat. Ich war schmerzlos vierzig geworden, und bevor Desmond Frogget auftauchte, war ich der jüngste Stammgast im Bandung.

Das Bandung war ein lebhaftes Haus: frisch gestrichen, immer voll, mit Fleischpasteten gratis am Sonnabend und Cocktails am Sonntag und einer Tischtennisplatte, die wir nach draußen schafften, damit wir den richtigen Durst bekamen. Ein untersetzter Typ namens Ogham pflegte auf dem Klavier in der Lounge zu spielen, Jazzmelodien bis Mitternacht und zum Schluß unanständige oder patriotische Lieder. Ich sehe es vor mir, an einem Samstagabend: den Raum im Licht der Papierlaternen, die von den Ventilatoren hin und her geschaukelt werden, Wally mit kurzer weißer Jacke und schwarzer Krawatte schüttelt gerade einen Gin Sling, an der Hauptbar drängen sich die Trinker, sämtlich Stammgäste, ich in meinem weißen Baumwollanzug und weißen Schuhen und meinem geblümten Hemd mit offenem Kragen, meinem Warenzeichen, und Ogham, der in der Lounge den »Twelfth Street Rag« spielt. Irgendwer beugt sich zu mir herüber und sagt: »Weißt du, Oggie könnte das hauptberuflich machen, aber wie er zu sagen pflegt, das ist kein Leben für einen Mann mit Familie.«

Ogham hämmerte im Bandung auf dem Klavier herum und stellte uns nie seiner Familie vor, und als er Singapur verlassen hatte, gab es verschiedene Erklärungen, wo er hingegangen sei. Einige meinten, zu einer Londoner Bank, aber Yardley sagte höhnisch: »Er war ein Säufer. Sie haben ihn an die Luft gesetzt und ihm noch für drei Monate *Gadji* gezahlt, und jetzt ist er in Surrey und flickt Fahrräder.« Für Yardley gab es kein schlimmeres Schicksal. Als Ogham nicht mehr da war, hackte ich manchmal am Warschauer Konzert herum und hängte nach einem fachmännisch gespielten Lauf aus Spaß einen schrägen Ton an, aber ein paar Typen meinten, das sei respektlos Ogham gegenüber, und ich mußte damit aufhören. Später wanderte gelegentlich ein Oldtimer auf dem Weg von der Toilette in die Küche durch die Lounge, blickte flüchtig auf das Klavier und sagte dann: »Wißt ihr noch, Oggie? Möcht mal wissen, was aus dem geworden ist. Er hätte verdammt gut Profi werden können.«

»Oggie wußte nicht mal, ob das Loch in seinem Arsch gebohrt oder gestanzt war«, erwiderte Yardley dann, der Ogham für einen Deserteur hielt. »Sie haben ihn an die Luft gesetzt und ihm noch für drei Monate *Gadji* gezahlt, und jetzt ist er in...«

An dem Tag, als Ogham abreiste, erzählte er wehmutsvoll von einem bestimmten Treidelpfad, auf dem er als Kind gespielt hatte; er spendierte uns allen einen Drink und schwelgte in Erinnerungen. Ich hatte ihn noch nie so glücklich gesehen. Wir hörten ihm an der Bar zu, und er nahm eine Schachtel Streichhölzer und sagte: »Die Gaswerke waren hier drüben«, und legte ein Streichholz hin, »und der Kanal ging hier vorbei, wir nannten das immer die Abkürzung – hier. Und...« Eine Szene, die sich in ähnlicher Form bei anderen wiederholte, wenn sie sich an eine Straßenbahnfahrt erinnerten, bevor ihre Schiffe ausliefen.

Viele von den Stammgästen im Bandung begannen abzureisen. Die Unabhängigkeit Singapurs rückte näher, und wenn einer bei einem Drink sagte, er fahre nach Hause, dann wußte man, er meinte England und nicht sein Haus auf Bukit Timah. Das Bandung leerte sich. Da es an einer Seitenstraße nahe der Stadtgrenze lag, war es von den ausgetretenen Pfaden zu weit entfernt, als daß der Durchschnittstourist es hätte finden können, und die Touristen, die es damals gab, kamen mit dem Schiff. Meine Freizeitzuhälterei betrieb ich zum größten Teil in den Bars des Hafenviertels, in die ein Tourist mit ein paar Stunden Landaufenthalt vielleicht hineingehen würde, oder in den billigen Antiquitätenläden am Raffles Place. Ich hatte in meinem ersten Jahr genug Geld verdient, um im Bandung als großer Verschwender zu gelten und ein großes gelbes Haus an der River Valley Road zu mieten mit drei Schlafzimmern, einer von soliden weißen Pfeilern getragenen Veranda mit Sonnenblenden aus Bambus, die so groß waren wie die Segel einer chinesischen Dschunke. Als Junggeselle bewohnte ich ein Zimmer und duldete es, daß die anderen Räume ungenutzt blieben. Ich hatte zwei Graupapageien, die von all meinen Büchern die Rücken herunterhackten, ein Dutzend Katzen und eine alte, unterbeschäftigte *Amah*, die geräuschvolle Partien Mah-Jongg mit ihren Freundinnen in der Küche spielte, wobei sie mich oft um drei Uhr morgens weckten, wenn sie die Steine mischten – eine Prozedur, die sie »Ziegelwaschen« nannten. Die *Amah* hatte oft genug das Bett gemacht und Frühstück zubereitet, um zu wissen, daß ich nicht im Zölibat lebte, und sie redete ständig davon, sie könne sich aufgrund ihrer »schwarzen und weißen« Ausbildung auch um Kinder kümmern – eine Anspielung darauf, daß ich heiraten sollte. Sie taxierte die Mädchen, die ich mit nach Hause brachte, und sagte immer: »Zu mager! Sie nicht mögen schwere! Hi-hi!«

Ich glaubte, ich würde einmal ein großes chinesisches Mädchen mit den schmalen Hüften eines Jungen, glattem, rabenschwarzem Haar und einem leuchtenden Gesicht heiraten und mitnehmen – die vielversprechende gegenseitige Rettung, von der damals jeder weiße Junggeselle im Osten träumte. Erst später gab ich den Gedanken daran auf, als ich eine dieser Ehen sah: Das strahlende, schüchtern-verstohlene und leicht verlegene Chinesenmädchen hatte sich in eine grobe Vorstadtehefrau verwandelt, die mit monotoner Stimme durch die Nase über Preise nörgelte, mit dicken abenteuerlichen Schenkeln und einer ständigen Leidensmiene, langweilig und spießig, und die in perfektem Englisch anhob: »Also, wir Chinesen...« Ich dachte ans Heiraten; aber solange ich den Schritt immer wieder hinausschob, lag eine Romanze für mich noch im Bereich des Möglichen, und ich war glücklich. Jeden Tag erwartete ich den Brief, der mit den

Worten begann: *»Lieber Mr. Flowers, ich habe das große Vergnügen, Ihnen heute zu schreiben, und ich bin sicher, meine Nachricht wird Ihnen ebensoviel Freude bereiten ...«* Oder vielleicht den anderen, der anfing: *Mein Liebling ...«*

Meine kurzen, wenig einträglichen Unternehmungen – Abende, an denen ich mein »He, Kumpel!« verschreckten Ortsansässigen zurief, die ihren Hund spazierenführten, Nachmittage, an denen ich zwei als Putzfrauen verkleidete Bienen (schmierige Overalls über seidenen Cheongsams) zu rostigen Frachtern hinausbrachte –, die waren vorbei. Die Episode mit der *Richard Everett* und der Ruhm, der ihr folgte, verschafften mir eine Sonderstellung. Leute riefen mich die ganze Nacht hindurch an und baten mich, ihnen ein Mädchen zu besorgen, und eine meiner Antworten – ich gab sie einem Anrufer, der mich um vier Uhr morgens belästigte und sagte, hoffenlich habe er mich nicht aus dem Bett geholt – wurde berühmt. »Nein«, hatte ich gesagt, »ich war noch auf und kämmte mich.« In den Hafenbars nannten mich alle »Jack«, und ich kannte jeden Barkeeper, dem man vertrauen konnte, mit Namen. Welches Vergnügen bereitete es mir, bei Hings früh Feierabend zu machen, nach Hause zu fahren, meine weißen Schuhe und ein sauberes geblümtes Hemd anzuziehen, dann in einer Fahrradrikscha meine Runden zu drehen, einen frisch angezündeten Stumpen zwischen den Zähnen, und bei den Mädchen vorbeizuschauen, in Bars oder Massagesalons, um herauszufinden, mit wie vielen ich für den Abend sicher rechnen konnte! Der drahtige Rikschafahrer trat in die Pedale, und ich lehnte mich bequem mit hochgelegten Füßen in den Sitz zurück, wenn wir uns durch den Verkehr schlängelten. Um fünf Uhr war es strahlender Sonnenschein, aber die Bars, die ich betrat, waren dunkel und kühl wie Höhlen. Ich steckte dann den Kopf hinein und sagte in flottem Begrüßungston »Hi, girls!« in die Dunkelheit hinein.

»Jaaaack!« Sie tauchten aus Nischen auf, stöckelten auf ihren hohen Absätzen zu mir herüber und kraulten – vorsichtig auf Schonung ihrer krallförmigen Fingernägel bedacht – meinen dicken Bauch und kitzelten mich freundlich und erregend zwischen den Beinen. »Komm, Jack, ich es dir gut machen.« – »Jack, du mich mögen?« – »Faß mich an, Baby.«

»Ihr seid alle makellos«, sagte ich dann, spielte eine Runde Karten, spendierte allen einen Drink und zog weiter in eine neue Bar. Viele von den Mädchen waren unabhängig und zahlten den Geheimgesellschaften kein Geld für Protektion. Ich nannte sie »Treibgut«, denn wenn sie sich nicht gerade herumtrieben, um einen Kunden aufzugabeln, dann waren sie buchstäblich Treibgut, wenn ich sie dutzendweise zu Schiffen im Hafen hinausbrachte. Sehr viele von ihnen, die sich in der Nähe der Bars auf der Anson Road aufhielten – Gold Anchor, Big South Sea, Captain's Table, Champagne Club, Chang's –, waren dann schließlich auf mich angewiesen und verließen sich darauf, daß ich ihnen Kunden besorgte. Sie benutzten mich ebenso wie Hing, um an Europäer zu kommen, die nicht feilschten und immer ein paar Dollar mehr zahlten. Die Chinesen waren hinter dem Geschäft mit den *Ang mohs* her, und anscheinend war ich der einzige Zulieferer. Ich konnte ebenso leicht den Mädchen weiße Touristen und Seeleute besorgen, wie ich Hing die Clubmitglieder beschaffte, die im Reedereigeschäft tätig waren. Die Treibgutmädchen entlang der Anson Road und die Gebrüder Hing waren nicht die einzigen, die sich auf mich verließen; die britischen Soldaten in Changi, die Seeleute von der H. M. S. *Terror*, die Clubmitglieder und die Touristen taten es ebenfalls: Die Chinesen, die nach den *Ang mohs* suchten, wurden ihrerseits von den *Ang mohs* gesucht, und da beide Seiten von der Suche der anderen nichts wußten, kamen sie zu mir, um miteinander bekanntgemacht zu werden – sie fanden einander, indem sie mich fanden.

Aber die Mädchen in den Bars der Hafengegend verscherzten sich ihr Geschäft mit Chinesen, wenn man sah, daß sie mit einem Bleichgesicht Händchen hielten. Danach waren sie gezeichnet, und kein Chinese rührte sie mehr an oder beachtete sie, außer um ihnen eine ausgesuchte Obszönität aus Kanton oder Hokkien hinterherzukläffen, meist eine übertriebene Beschreibung meiner Männlichkeit (»Der Rothaarige hat also ein Riesending!«), was die Mädchen als geil verunglimpfen, aber auch mich als Besitzer einer Mißbildung treffen sollte, die nicht im geringsten dem kleinen dunklen Badewannenstöpsel ähnelte, den die meisten Chinesen für ein männliches Organ von normaler Größe halten.

Die meisten chinesischen Männer in den Bars waren nicht gut auf mich zu sprechen; wie Hing warfen sie mir indirekt vor, daß die Mädchen durch mich verdorben würden. Eine Prostituierte übte in ihren Augen eine normale, von alters her überlieferte Funktion, ein wichtiges Gewerbe aus. Es jedoch mit rothaarigen Teufeln zu treiben, machte die Mädchen lasterhaft – es war eine Abnormität, etwas Perverses, und meine Mädchen waren für sie kaum besser als die Dämoninnen der Volksmärchen, die sich mit Hunden paarten und behaarte Babies zur Welt brachten. Und das war noch nicht alles. Die Männer hegten außerdem jenen alten Provinzgroll, eine Ansicht, die auch von Yardley und den anderen Oldtimern geteilt wurde: Reiche Ausländer mischen sich ein und treiben die Preise in die Höhe. Keine der Beschuldigungen war gerechtfertigt: Die Mädchen (die fast immer die Männer haßten, mit denen sie schliefen) gewannen nur durch ihre Kontakte zu den Europäern, Männern, die – anders als ihre sadistischen, von Frauenhaß getriebenen Gegenstücke in den USA – keine besonderen Ansprüche stellten. Man konnte von ihnen lernen, und sie waren neugierig und freundlich und wollten kaum mehr als wieder nach Hause fahren und sich damit brüsten, die Nacht mit einer chinesischen Hure in Singapur verbracht zu haben. Und was die Preissteigerungen nach einem Jahrzehnt der Inflation anbetraf: Haareschneiden kostete das Doppelte, der Zigarettenpreis stieg um das Fünffache, und die Mieten für einige Häuser (meins zum Beispiel) wurden um zweihundert Prozent erhöht, aber der Preis einer Kurzmassage blieb der gleiche, und eine ganze Nacht kostete nur dreifünfzig extra. Als japanische Kameras noch nicht den Markt überschwemmten, war eine Nacht mit einem meiner Mädchen im Bett das einzige gute Geschäft, das ein Typ in Singapur machen konnte.

Die chinesischen Männer waren für vernünftige Argumente nicht zu haben. Statt dessen beklagten sie sich: »*Boochakong* jetzt schon kosten über zwanzig Dollar-*lah*.« Ich hatte das Gefühl, verhaßt zu sein und plump dazu. Einigen gefiel ganz einfach mein Gesicht nicht oder auch die Tatsache, daß ich mit chinesischen Mädchen so dick befreundet war. Den Angehörigen eines Geheimbundes – der Drei Punkte im

Tai-Hwa – habe ich schon erwähnt, der mich drohend fragte: »Wo du abbeiten?« Ein anderer Schlägertyp versuchte einmal, mich am späten Abend auf dem Parkplatz des Prince's Hotel anzufallen. Er ging von hinten auf mich los, als ich gerade meinen Wagen aufschloß – die Vorsehung ließ ihn stolpern. Später wurde dann der Manager des Prince's Hotel, der für chinesische Augen vielleicht eine gewisse Ähnlichkeit mit mir hatte – sie sagen, sie können die *Ang mohs* nicht auseinanderhalten, und finden das gar nicht komisch –, in einer dunklen Seitengasse mit durchgeschnittener Kehle und blutverschmiertem geblümtem Hemd aufgefunden. Karim, der Barmann, sagte, seine Augen seien in ritueller Weise herausgedrückt gewesen. Ich mußte mir meine Bars also sorgfältig aussuchen und achtete darauf, daß der Fahrer meiner Rikscha ein kräftiger Kerl war.

Trotz allem, ich verdiente Geld, und es machte mir Spaß, an sonnigen Nachmittagen kalt zu duschen, danach in einer gutgepolsterten Fahrradrikscha meine Runden zu drehen, mein »Hi, girls!« in dunkle Interieurs zu flöten und einem Fremden vertraulich zuzuflüstern: »Wenn Sie irgend etwas brauchen – *ganz egal, was...*« – und dabei absolut sicher zu sein, alles besorgen zu können, was er auch immer haben wollte.

Amerikaner zu sein gehörte zu meiner Einmaligkeit. Es gab wenige Amerikaner in Singapur, und obwohl das Letzte, das ich sein wollte, der demonstrativ Kontaktfreudige war, der Typ, der auf Schau macht mit seinen lauten Witzen und großen Füßen und aufdringlichen Hemden und seinem »Wieder mal so typisch!« und »Jetzt hören Sie aber auf!« und »Wen haben Sie denn da mitgebracht?« und »Das muß ich sehen!« – es war die einzige Rolle, die mir offenstand, weil nur sie von den Leuten, mit denen ich zu tun hatte, akzeptiert wurde. Es beunruhigte sie, wenn ich mich untypisch verhielt; das sah dann so aus, als würde ich etwas verbergen und wollte sie dadurch betrügen, daß ich den Yankee herunterspielte.

Auf so engem Raum, einer Insel ohne Eingeborene, auf der jeder ein Besucher war, machte sich der Fremde zum Ortsansässigen, indem er seine Fremdheit noch betonte. Yardley, der aus Leeds stammte, aber seit dem Kriege in Singapur lebte

– er heiratete eins von diesen geschmeidigen Chinesenmädchen, das sich dann prompt in einen Vorstadtdrachen namens Mildred verwandelte –, hatte seinen Akzent durch ständiges Hören des BBC Overseas Service poliert. Er steckte abgebrannte Streichhölzer zurück in die Schachtel (und murmelte dabei: »Die kosten Threepence in England«), ließ die Zigarettenasche in seine Hosenaufschläge fallen und tat sich die Milch vor dem Tee in die Tasse. Das eine Mal, als ich das Foto im Bandung mit der Queen und dem Herzog erwähnte (Liz und Phil, kenne ich gut; prima, sie hier in der Nähe zu haben, brahaha!«), nannte Yardley den damaligen Präsidenten Eisenhower »einen kahlköpfigen Wichser, einen stupiden General, der die meiste Zeit nicht weiß, ob er scheißen oder zum Friseur muß.« Folglich, wenn auch gegen meinen Willen, machten sie aus mir einen Amerikaner oder vielmehr »den Yank«. Kam die Rede auf Amerika, dann sagten die Typen: »Frag Jack.« Ich übertrieb meinen Akzent und spielte nicht mehr wie damals auf der *Allegro* den Italiener. Ich versuchte den Eindruck eines fröhlichen Gauners zu erwecken, eines Menschen von angenehmer Unwissenheit; ich gab vor, keine Bildung zu besitzen, und reagierte mit »Wenn Sie meinen« oder »Das ist ja wirklich interessant« auf alles, was einen entfernt intelligenten Eindruck machte.

Amerikaner zu sein war extrem hart für mich, am härtesten aber war es, den Idioten für Leute zu mimen, deren Intelligenz der meinen unterlegen war. Die Typen im Bandung hielten sich für große Naturtalente: Yates bezeichnete sich selbst als »unersättlichen Leser« und erklärte: »Ich lese gerade Conrad«, wenn er im ersten Kapitel eines Buches steckengeblieben war, das er nie beenden würde; Yardley zeigte eines Abends auf mich und meinte: »Ein amerikanisches Buch würde ich nicht mal mit der Feuerzange anfassen«, und Smale beendete jede Diskussion mit den Worten: »Schließlich läuft ja doch alles auf dasselbe hinaus, oder?«, worauf ein anderer dann jeweils hinzufügte: »Stimmt. So oder so.« Sie diskutierten immer, und jedes Argument wurde mit Anekdoten aus eigener Erfahrung illustriert. Das war das Problem: Sie sparten sich Geschichten auf, um sie den Leuten in der Heimat zu erzählen; dann stellten sie bestürzt fest, daß sie wahrscheinlich nicht mehr in die Heimat zurückkehren würden, und überlegten, wem sie sie erzählen könnten. Sie erzählten sie sich also gegenseitig. Geschichten wurden endlos wiederholt, Betonung und Wortwahl änderten sich nie. Und schwieg einer von den Typen im Bandung, dann hörte er deshalb nicht zu – er wartete nur auf eine Chance, zu reden.

Ich war der einzige echte Zuhörer, der unerfahrene Amerikaner, der da war, um etwas zu lernen. Das Komische daran war nur, daß ich eine Collegeausbildung und sogar beinahe einen Abschluß hatte. Im Bandung half es einem nicht weiter, eine kluge und treffende Bemerkung von sich zu geben, denn selbst wenn jemand sie hörte, war er unfähig, sie zu würdigen, und bei der Arbeit führte es nur zu Mißverständnissen. Ich erinnere mich an den irischen Seemann, den ich bei einem meiner als »Fleischexpreß« bekannten Mädchentransporte in den Hafen kennenlernte. Als ich seinen irischen Akzent hörte, sagte ich: »Ich mag Joyce sehr«, und er erwiderte: »Ist das die Magere da mit dem gelben Kleid?«

»Erraten«, sagte ich, und er ging hin und kniff ihr in ihr armseliges Hinterteil. Später bedankte er sich für den guten Tip. Er hatte recht, und ich hatte unrecht: Bildung ist bei den meisten Jobs unangebracht, aber geradezu impertinent war sie bei den Unternehmungen eines Mannes, den der indische Schiffslieferant auf der Market Street als jemanden beschrieb, »der seine Finger in jeder Nutte hat.«

Ich studierte aufgrund des GI-Gesetzes; ich war siebenunddreißig und Studienanfänger. Was ich auch machte, ich hatte anscheinend immer das falsche Alter dafür und mußte aus diesem Grunde jedesmal Lehrgeld zahlen. Aber ich war nicht allein. Ältere Studenten waren Ende der vierziger und fünfziger Jahre an jeder Universität ein gewohnter Anblick, Armeeveteranen aus dem Zweiten Weltkrieg und dann Korea, die noch ihre verblichenen Khakijacken mit den sichtbar abgetrennten Streifen trugen und Schuhe mit hochglanzpolierten Kappen. Mein ruhmloser Krieg – ein Loch im Trommelfell versetzte mich hinter einen Schreibtisch in Oklahoma – war 1945 zu Ende. Ich kam nach Hause und wartete auf ein Wunder in Briefgestalt (*Lieber Jack, es ist gut zu hören, daß Du wieder zu Hause bist, und ich habe eine phantastische Nachricht für Dich...*), aber es passierte nichts. Ich half meinem Vater in der Schneiderei, bügelte Hemden, heftete Zettel an die Sachen aus der Trockenreinigung und übernahm gelegentlich die Auslieferung. Mein Onkel sagte: »Drucker verdienen gutes Geld«, also besuchte ich eine Linotype-Schule, die ich kurz darauf wieder verließ. Sätze wie »Technische Zeichner sind immer gesucht« und »Ein guter Schnellimbißkoch kann verlangen, was er will« ließen mich in anderen Richtungen aktiv werden.

Ich las sehr viel. Die seriösen Taschenbücher kamen zu Beginn der fünfziger Jahre gerade in Mode (sie galten noch als irgendwie anrüchig: »Er liest gerade ein Taschenbuch« wurde als spöttische Bemerkung aufgefaßt), und ich wurde ermutigt durch die heute nicht mehr so häufigen biographischen Notizen auf der Rückseite des Buches, in denen die früheren Tätigkeiten des Autors zusammengestellt waren. Sie begannen meist mit den Worten: »Jim Smith durchlief eine abwechslungsreiche Karriere«, und fuhren fort mit der Aufzählung von zwanzig Arten harter Knochenarbeit. Ich stellte mir meine eigene biographische Notiz vor: »Nach seiner Entlassung aus der US Army, in der er es bis zum Corporal brachte, arbeitete John (›Jack‹) Fiori als Drucker, technischer Zeichner, Schnellimbißkoch, Barkeeper, Tellerwäscher, Leibwächter, Bäcker und Obstverkäufer. Schreiben war immer sein Hauptziel, und zu seinem vorliegenden Roman hat er folgendes zu sagen: ›Ich glaube, die Menschheit hat sich aus dem Urschlamm emporgekämpft, um...‹« Es war eine gute biographische Notiz, und sie wurde noch unterstrichen durch ein imaginäres Foto, das mich zigaretterauchend über einer Schreibmaschine zeigte. Ich rauchte. Ich kaufte eine Schreibmaschine und lernte, damit umzugehen. Ich tippte meine biographische Notiz. Aber das war alles: Es gab kein Buch. Ich hatte nichts zu schreiben. Ich kannte nichts außer meinem Namen und dem Gesicht, das ich einübte. Von Gefahr und Reue verstand ich nichts; ein Buch war eine ausführliche biographische Notiz.

Zwanzig Jahre später tauchte William Leigh auf und stellte mir eindringliche Fragen und starb mit einem blödsinnigen

Satz auf den Lippen, bevor ich antworten konnte; und ich verbrannte ihn zu Staub. So kam es zu diesen Erinnerungen. Ein Buch zu schreiben ist eine glänzende Idee, aber ich hatte sie nicht. Was mir vorschwebte, war einfacher: lediglich ein Abbild meines erfahrenen Gesichts und eine Liste der Jobs, die dieses Gesicht zustande gebracht hatten. Diese Erinnerungen hier sind nicht das Buch oder das Werk, das ich mir vorstellte; sie überkamen mich wie eine komplizierte, unausweichliche Verzauberung, die mich ohne viel eigenes Zutun ergriff. Sie bestand weithin aus Schrecken und zwang mich, mühselig das Zaubern zu erlernen: ein unpräziser Trick, halb Zufall und halb Absicht, begonnen als bewußte Erinnerung (»Mister Hing wollen sehen Mister Jack...«) und beendet durch eine Art Magie, deren gründliche Erkundung sie erst recht verfehlt.

Ich dachte, ich könnte auf dem College etwas lernen. Das war für mich der einzige Grund, dort hinzugehen. Ich fand mich wieder zwischen ein paar ernsten Veteranen und vielen jungen Leuten mit frischen Gesichtern. Die älteren Typen fielen nie durch, aber sie brachten auch nie überragende Leistungen, da sie sich darüber ärgerten, daß gleichaltrige oder jüngere Leute mit Bildung sie unterrichteten und korrigierten, Leute, die sich vor dem Wehrdienst gedrückt hatten, oder Schwule mit ledernen Ärmelflicken, die sie nur mit der Antwort »Ich wette, Sie wissen nicht mal, wie man ein Gewehr reinigt« nerven konnten. Die GI-Studenten wohnten mit ihren geplagten Ehefrauen und ihren Kindern in grauen Nissenhütten, die als »Verheiratetenquartiere« bezeichnet wurden. Von den Älteren hatten die meisten Wirtschaftswissenschaften als Hauptfach belegt oder studierten Ingenieurwesen (die Tasche voller Stifte und den Rechenschieber in einem Etui). Sie hatten zu viele Hausaufgaben am Hals, um sich noch für die Collegeroutine zu interessieren. Außerdem hatten sie Probleme zu Hause. Also behandelten sie ihre Ausbildung wie einen Job, waren pünktlich und ordentlich, trugen zerdrückte Frühstückspakete mit sich herum und führten ein geregeltes Leben. Ich sah sie in der Mensa sitzen, ein hartgekochtes Ei mit Salz bestreuen und Sätze in einem Physikbuch unterstreichen.

Einige, zu denen auch ich gehörte, da ich unverheiratet war und Englisch im Hauptfach studierte, wurden bei den Außenseitern untergebracht, den Leuten mit Kunst als Hauptfach, den verkrachten Dichtern, Wochenendsäufern, Schmarotzern und Trampern. Das war damals der Trip: »Ach Scheiß, ich muß hier mal raus!«, und dann im Sweatshirt quer durch das Land getrampt, runter nach Kalifornien oder Mexiko und den ganzen Weg besoffen, den Tokaier oder Muskateller flaschenweise reingezogen. Zurück kamen die Typen dann mit Geschichten von ihren Reisen (»Da habe ich in Denver diesen schönen traurigen Alten getroffen, und er sagt zu mir...«) und mit Gedichten über Amerika, die sie in die Gegend schrien mit kräftigen Schlucken aus der Bierdose zwischendurch. Die von ihnen geschätzten Schriftsteller waren alle Matrosen auf einem Frachter gewesen, und zur See fahren war auch ihr größter Ehrgeiz. Ein paar von ihnen drückten sich in der Hoffnung auf einen Job bei der Seeleutegewerkschaft in Brooklyn herum. Wenige nur hatten Erfolg – sie waren zu jung oder für diese Arbeit nicht kräftig genug. Sie redeten über Zen-Buddhismus, Ezra Pound, die Atombombe, mystische Erfahrungen. Es gab ein bißchen Marihuana, aber die großen Kicks bestanden darin, drei Flaschen Hustensaft mit Terpinhydrat auszutrinken oder eine Dose Muskatnuß mit einem Glas Milch runterzuspülen oder sich zu besaufen wie Dylan Thomas oder sich einen Bart stehen zu lassen.

Es war mein Bart, der mir Zutritt verschaffte. Ich hatte mit dem Rasieren aufgehört, als ich in der Bäckerei auf Nachtschicht war, und als ich eines Tages hereinstolperte und Vorlesungen belegen wollte, hatte ich den Bart immer noch. Er war leuchtend rot und unten eckig gestutzt. Sie machten mir seinetwegen Komplimente, und ich erläuterte seinen Farbton mit dem Hinweis, Vivaldis Haar hätte dieselbe Farbe gehabt.

Vermutlich hätte ich für mich bleiben sollen, aber das hatte ich zehn freudlose Jahre hindurch getan, und ich war gern in Gesellschaft der Jüngeren mit ihrer unbekümmerten Romantik. Die Leute nannten sie »Beatniks«, was damals schon ein veraltetes Wort war; sie selbst verstanden sich als »the folk«. Ich zog in das obere Stockwerk eines Cafés und hielt mich meist in ihrer Nähe auf. Meine Freundschaft bewies ich ihnen auf die einzige Art, die ich kannte: Ich kaufte ihnen Bier, lieh ihnen Geld, versuchte, sie über Ezra Pound aufzuklären, den falschen Dichter und echten Faschisten; und ich ließ meine heißen Blicke auf den langhaarigen Mädchen ruhen, die auf der Gitarre herumklimperten und Gedichte schrieben, in ihren schwarzen Pullovern und engen Balletthosen. Auch ich schrieb Gedichte mit altmodischen Reimen: *Is that the wind, I asked my friend, That shakes the trees and makes them bend?* In einer Gruppe von sechs oder sieben finster dreinblickenden Studenten war ich der große Bärtige im Armeezeug, der älter war als die anderen und sich bemühte, unauffällig zu wirken; und meist saß dann auch ein kleines bleiches Mädchen neben mir, das seine Eltern nicht ausstehen konnte. Sie sagte bei jeder Gelegenheit: »Als du in meinem Alter warst...«, und hörte dann nicht mehr auf, mir das Herz zu zerbrechen und die Ohren zu verbiegen.

Es war nicht von Dauer. Mein Lesen führte nur dazu, daß ich lernte, besser zu lesen. Was ich schrieb, klang wie das, was ich las. Ich schrieb: »Ein kalter dunkler November in meiner Seele«, und strich es wütend wieder aus, oder immer und immer wieder: »Ich wurde im Jahr 1918 im Norden von Boston als zweites Kind eingewanderter italienischer Eltern geboren...« Dann ein halbes Kapitel über Kindheitsängste – nicht die erfahrene Besorgnis des Erwachsenen, sondern die ungeduldige Unsicherheit des kleinen Jungen, den man immer warten ließ, der meinte, er müsse im Bett sterben, wenn das Licht ausgeschaltet wurde, und dessen Freuden sein Daumen und die Minuten nach der Beichte und die Zeit waren, die er in einer mit Schiefer ausgekleideten Bedürfnisanstalt verbrachte, wenn er mit einer Hand pißte und mit der anderen eine Eiswaffel aß. Sich hinzusetzen und *Erstes Kapitel: Kindheit* zu schreiben hieß ein Buch zu beginnen und nicht nur eine Geschichte – eine solide Garantie dafür, daß es nie beendet würde. Meine Romanfigur hieß Jack Flowers, nicht John Fiori. Ein Kapitel über seine erste Liebe und ein Kapitel über die Armee nahmen allmählich Gestalt an, und Jack begann, die Einfachheit der Liebe und die Überraschungen des Wohlstands zu entdecken. Sollte das Buch Erfolg haben, dann würde ich ein weiteres über den Erfolg schreiben; würde es ein Mißerfolg, dann eins über den Mißerfolg. Die Typen fragten mich, worum es in meinem Buch ging. Ich sagte: »Es geht um diesen Typ, der versucht, ein Buch zu schreiben...«

Schreiben langweilte mich, und es machte mich krank, wenn ich in meiner Mansarde auf ein weißes Blatt starrte (»Erstes Kapitel«), während draußen die Sonne schien und alle anderen herumspielten, denn jedes Wort, das ich schrieb, schien die komplexe Einzigartigkeit zu verleugnen, die ich direkt draußen vor dem Fenster sehen konnte. Meine Beschreibungen verkürzten alles, was ich von den wie Spitze durchbrochenen Bäumen und dem Gras draußen sah, zu armseligen papierenen Requisiten, und meine Charaktere waren entweder Scheusale oder Engel, zu übertrieben und einfach, um menschlich zu sein. Dennoch schien mir die Belletristik noch einmal die Chancen zu geben, die das Leben mir vorenthielt.

Aber es gab andere Schwierigkeiten. Während meiner kurzen Studentenzeit stellten sich die Leute, die ein Künstlerleben führen wollten, von der Sauferei aufs Highwerden um. Dem Alkohol war ich gewachsen, aber Drogen verwirrten mich, und ich wußte nicht einmal, daß die Pillen, die ich schluckte, um abzunehmen, kleine herzförmige orangefarbene Tabletten, so etwas wie Aufputschmittel waren.

»John«, sagte ein Mädchen, das sah, wie ich eine davon schluckte. »Was ist das?«

Ich war zu verlegen, um ihr zu erklären, daß ich sie verschrieben bekam, um meinen Bauchumfang zu verringern. Sie unterdrückten meinen Appetit: Magere Typen hatten mehr Freundinnen. Ich sagte: »Das ist nur 'ne Tablette. Ich weiß nicht mal, wie die heißen...«

»Dexedrin«, sagte sie. »Phantastisch.«

»Möchtest du eine? Hier hast du ein Dutzend.«

»Cool.« Sie schluckte drei.

»Aufs Mittagessen wirst du keinen Appetit mehr haben«, sagte ich.

»Wahnsinnig.« Sie schüttelte sich.

Das amüsierte mich. Das Verteilen dieser Schlankheitspillen verschaffte mir die Freundinnen, von denen ich gehofft hatte, ich würde sie kriegen, wenn ich dünn wäre. Kurz gesagt, ich war glücklich. Aber Glück ist nur die nebelhafte Erinnerung einer sensationellen Leichtigkeit; Angst und Langeweile rufen mir dagegen bestimmte Details ins Gedächtnis. Ich erinnere mich an das körperliche Unbehagen: dazuhocken oder mit gekreuzten Beinen auf dem Fußboden zu sitzen und langen Gedichten Neunzehnjähriger zuzuhören, die begannen mit *Ich habe gesehen*... – während sich meine Kniekehlen verkrampften und mir der Rücken schmerzte – *Und ich habe gesehen*... Ich trank den süßen Wein, bis mir schlecht wurde (»Sieh dich vor, John muß reihern!«), und sie redeten über Zen, vorgedruckte Ablehnungsschreiben von Vierteljahresschriften mit Titeln wie *The Goatsfoot*, über die große Bewegung *Ban the Bomb*, über Pound. Ich sehnte mich nach einem heißen Bad. Ich bewunderte ihr Durchhaltevermögen; sie konnten die ganze Nacht aufbleiben und quasseln und schluckten nichts außer Dexedrin und Hustensirup. Ich pflegte dann zu sagen: »Verdammt, ich laß euch nicht gern im Stich, aber...«, und kroch in mein Bett, und noch auf dem Weg zu meinem Zimmer hörte ich *Und ich habe gesehen*... Am nächsten Morgen sah ich sie dann ausgestreckt auf dem Fußboden liegen, paarweise, aber noch immer keusch in ihren Kleidern, und alle hatten beim Schlafen die Schuhe an.

Sie erfanden für mich eine Vergangenheit. Ich hatte es verdient; ich hatte ihnen kein bißchen von mir erzählt. Sie wollten mir schmeicheln, aber die Geschichten waren wirklich ungeheuerlich. »Du hast Frau und Kinder irgendwo, nicht?« flüsterte mir ein Mädchen in meiner dunklen Mansarde mit der Offenheit zu, die der Liebe folgt. Eine andere wälzte sich herum und sagte: »Mach mit mir alles, was du willst – ich weiß, du bist bi.« Ich war ein Genie; ich war ein Deserteur; ich hatte eine Kriegsneurose; ich war ein Flüchtling; ich nahm manchmal ein Messer mit ins Bett; die Deutschen hatten mich gefoltert. Die Geschichten waren zu lächerlich, um sie abzustreiten, und die Wahrheit zu langweilig, um sie zu wiederholen. Die jungen Leute waren mir ans Herz gewachsen: Ich wollte sie nicht enttäuschen.

Es nahm ein schlimmes Ende. Das Café lag in einer Wohngegend, und die langen Nächte, in denen die jungen Leute über Musik und Gedichte diskutierten, wurden von den Nachbarn als Sexorgien gedeutet. Wir bekamen merkwürdige Anrufe und zu ungewöhnlicher Stunde Besuch von gutgekleideten Männern. Dann machte die Polizei bei uns eine Razzia. Eine richtige Razzia. Zwei Bullen öffneten die Tür und sagten: »Uns liegt eine Beschwerde gegen Sie vor.«

»Zeigen Sie mal Ihren Durchsuchungsbefehl«, sagte ich. Das schien mir ein guter Zug zu sein, aber sie kauften es nicht.

»Aus dem Weg, Fettsack«, sagten sie und drängten sich an mir vorbei. Sie gingen nach oben, rüttelten Leute wach und riefen »Hier ist nichts« und »Okay hier drin«. Bald danach waren sie wieder im Flur, umringt von zornigen Dichtern und hübschen Mädchen.

Ein Bulle hielt mir seinen weißen Handschuh unter die Nase. Auf der Innenfläche lagen lauter Dexedrinpillen. »Wem gehören die?«

Sie gehörten nicht mir. Ich hatte aufgehört, sie zu nehmen, obwohl ich sie immer noch austeilte. Ich sagte: »Mir.«

»Nein, das ist nicht wahr«, sagte ein Mädchen namens Rita. »Die da gehören mir.«

»Sie gehören ihm«, sagte der Bulle, »also halt die Klappe.«

»Ist ja auch egal; wo ist das Problem?« sagte ich. »Ich nehm die Dinger als Appetitzügler. Ich hab ein Gewichtsproblem.«

»Du hast ein Problem, Freundchen«, sagte der Bulle, »aber das ist kein Gewichtsproblem. Du kommst jetzt besser mit.«

Rita schrie etwas hinter ihm her.

Im Streifenwagen sagte der Bulle am Steuer. »Wir wissen alles über dich und diese Jugendlichen. Du solltest dich schämen.«

Es wurde Anklage gegen mich erhoben wegen Drogenbesitzes ohne Rezept, Weitergabe von Drogen an Minderjährige und aufgrund von Hörensagen wegen Unzucht, Bigamie, Homosexualität und leichten Diebstahls. Mein Prozeß sollte in drei Wochen stattfinden. Die Kautionssumme war happig, aber die Typen aus dem Café und einige verständnisvolle Fakultätsmitglieder gründeten einen Fonds und erreichten meine Freilassung gegen Kaution; sie sagten mir, es sei ein symbolischer Fall, und sie würden verhindern, daß ich zum Opfer gemacht würde.

Die Kaution sausen zu lassen und abzuhauen war leicht; es war ja nur Geld. Ich nahm einen Greyhound-Bus nach Los Angeles, ließ alles zurück, auch meinen Namen, flog nach Hongkong und heuerte auf der *Allegro* an. Es war nicht Verzweiflung; es war die Leichtigkeit der Flucht, ein teurer Abgang, der möglich wurde, weil er endgültig war. Ich hatte nicht die Absicht, zurückzukehren. Es wäre nicht gut für mein Herz gewesen, und ich verwende dieses Wort in seiner älteren Bedeutung.

Und: »Flowers«, sagte der Kapitän der *Allegro*, als er meinen Namen auf der Liste der Besatzung las. Er machte auf dem Papier ein kleines Zeichen. »Alter: achtunddreißig. Ledig. Keine besonderen Kennzeichen oder Narben.« Er blickte auf. »Ihr erster Arbeitsvertrag, wie ich sehe. Können Sie mit 'ner Ölkanne umgehen?«

»Nein«, sagte ich, »aber ich werde es sicher schnell lernen.«

»Was *können* Sie denn?«

»Alles«, sagte ich. »Ich nehme an, das haben Sie schon mal gehört, aber was ich immer tun wollte, war schreiben.«

»Nehmen Sie den Bleistift da«, sagte der Kapitän.

»Diesen hier?« Ich nahm mir einen aus dem Zinnbecher, der auf seinem Schreibtisch stand.

»Und den Schreibblock da.«

Der Briefkopf lautet *Four Star Shipping Lines*.

»Schreiben Sie«, sagte er.

»Schießen Sie los.«

»Möhren, achtzig Pfund«, sagte er. »Weißes Mehl, zweihundert Pfund. Frische Eier...«

11

Ein Jahr später führte ich – leichtfüßig in meinen weichen weißen Schuhen – den braungebrannten Teilnehmer einer Kreuzfahrt durch die heruntergekommenen Seitengassen Singapurs. Es war Nacht, und die tunnelähnlichen Durchgänge waren dunkel und voller Gestank und ruhig bis auf das gelegentliche Knallen von Mah-Jongg-Steinen und das Klappern von Abakuskugeln, das aus den hellerleuchteten Ritzen einbruchsicherer Türen an der Vorderseite der Ladenhäuser drang. Einige Läden waren durch stählerne Schutzgitter zu Käfigen geworden, und man konnte chinesische Familien erkennen, die an leeren Tischen unter grellen Glühbirnen saßen; von den Wänden starrten alte Verwandte mit schmalen Schultern und schweren Köpfen aus den Ovalen unscharfer brauner Fotografien – der vergitterte Raum sah aus wie der Schaukasten eines amerikanischen Museums, in dem lebensgroße Wachsfiguren Chinesen bei Nacht darstellen: Vater und Mutter sitzend, sterbliche Überreste der Ahnen und am hinteren Tischende die kleinen Köpfe dreier Kinder wie eine Reihe Kokosnüsse. Sikh-Nachtwächter hockten in Hemden und langen Unterhosen vor dunklen Geschäften auf Drahtbetten und hatten ihre Arme um sich geschlungen; wir drückten uns an ihnen vorbei und an den niemals schlafenden tamilischen Zeitungsverkäufern, die ihre Verkaufsstände dichtgemacht hatten und direkt daneben im Lotossitz pokerten. Hier kauerte ein Chinese im Pyjama auf einem Hocker, rauchte, räusperte sich und sah den vorbeifahrenden Autos zu. Ein Stück weiter spielten vier Kinder Fangen und jagten in der Dunkelheit kreischend hintereinander her; und an der Ecke unter einer Straßenlaterne zog ein einsamer kleiner Junge ein sonderbares fliegendes Spielzeug hinter sich her, einen lebenden Käfer, der an einen meterlangen Faden gefesselt war – als wir vorbeigingen, warf er ihn nach uns und zog ihn dann wieder weg und lachte schüchtern und leise prustend.

»Atmosphäre«, murmelte der Typ.

»Sie sagen es.« Es gab einen schnelleren Weg zur Muscat Lane, dabei ging man jedoch auf Bürgersteigen, die nicht überdacht waren, vorbei an neuen Läden, an einer gutbeleuchteten Straße entlang. Die »Atmosphäre« war ein bequemer Umweg.

»Es ist wie etwas aus einem Mythos.«

»Schade, daß die Läden geschlossen sind«, sagte ich. »In einem hier weiter unten gibt es Flaschen, die mit toten Fröschen und Schlangen gefüllt sind – direkt im Fenster. Froschsirup. Eine Art Medizin. Und von der Mischung zwei Löffel, dreimal täglich. Brraa!«

»Sie kennen sich ja anscheinend gut aus.«

»Na ja, ich leb hier schließlich.«

»Komisch, jemanden zu treffen, der in einer solchen Stadt wirklich *lebt*«, sagte der Typ. »Ich bin froh, daß Sie mir über den Weg gelaufen sind.«

»Immer froh, wenn ich jemandem helfen kann. Sie sahen ein bißchen verirrt aus«, sagte ich. Ich hatte ihn im Big South Sea getroffen, und alles, was ich gesagt hatte, war: »Ganz schön heiß, nicht?« – meine neue Eröffnung. »Übrigens, es ist nicht sehr weit von hier.«

»Warten Sie«, sagte er und berührte meinen Arm. »Ist das eine Ratte?«

Eine geschmeidige, dunkle Gestalt, flach wie ein Schatten, kroch aus dem Monsunabfluß und flitzte in die Nähe eines aufgeplatzten Fasses.

»Nur eine Katze«, sagte ich. »Gibt Millionen davon hier in der Gegend.« Ich stampfte mit dem Fuß auf; die Ratte machte eine schnelle Kehrtwendung und verschwand wieder im Gully. »Ein kleines Kätzchen.«

»Ratten – da setzt es bei mir aus.« In seiner Stimme lag das ängstliche Zittern eines Kindes.

»Bei mir auch!« sagte ich, um ihn nicht in Verlegenheit zu bringen. »Sie jagen mir immer einen wahnsinnigen Schrecken ein. 'n Bekannter von mir hat in seinem Haus Dutzende in den Wänden. Die kratzen nachts herum...«

»Bitte!«

»Oh, tut mir leid«, sagte ich. »Kümmern Sie sich nicht drum. Jetzt hier links – ziehen Sie den Kopf ein.«

Wir gingen unter einem niedrigen, dunklen Torweg hindurch und kamen auf die Sultana Street – ein abgedunkeltes Ladengebäude roch herrlich nach Zimt, ich ging langsamer, um von dem süßen Staub in der Luft einen kräftigen Zug mitzunehmen –, dann bogen wir wieder in eine schmale Gasse mit nassem Kopfsteinpflaster ein, wo es keine Bürgersteige mehr gab: Muscat Lane.

»Allein hätte ich das hier nie gefunden«, sagte der Typ hinter mir, und an seiner Stimme merkte ich, daß er sich umgedreht hatte und zurückblickte. Er war nervös.

»Dafür bin ich ja da!« sagte ich und versuchte, ihn durch Herzlichkeit zu beruhigen. »Ich hoffe nur, sie schlafen nicht schon alle.« Ich blieb vor einem Eisentor stehen, der einzigen Öffnung in einer hohen Zementmauer, die durch Reihen scharfer eiserner Halbmonde anstelle starrender Glasscherben gegen Einbrecher gesichert war. Das Haus hatte früher einem wohlhabenden Moslem gehört, und das eiserne Tor war im islamischen Stil gehalten. Auf der gegenüberliegenden Seite der Gasse illustrierten vier gelbe Fensterquadrate die Nacht, in einem saßen sich ein Chinese und seine Frau auf Stühlen gegenüber; ein Stockwerk darüber hielt ein Schüler ein Büschel seiner Haare mit der Faust fest und schrieb an einem Pult; neben ihm blickte ein alter Mann in einen Spiegel und schabte mit einem Stäbchen seine Zunge ab; und in dem gelben Fenster unter dem des alten Mannes liebkoste eine alte Frau ein Kleinkind.

»Es ist Nacht«, sagte der Typ, »und trotzdem so heiß! Wie in einem Backofen.«

Ein Vorhängeschloß, das an die Stäbe gekettet war, hielt das Tor geschlossen. Mit dem Vorhängeschloß klopfte ich gegen einen der Stäbe.

»Ja?« Ein undeutliches Gesicht und eine helle Taschenlampe erschienen an der Seite des Tores.

»Mr. Sim, sind Sie das?«

»Jack«, sagte Mr. Sim.

»Ja, wie läuft's denn so bei Ihnen? Ich dachte, Sie hätten sich schon hingehauen. Hören Sie mal, haben Sie ein Mädchen übrig?«

»Habe«, sagte Mr. Sim.

»Gut, ich wußte ja, daß ich mich auf Sie verlassen kann. Die Sache ist nur, wir haben's ein bißchen eilig. Das Schiff von meinem Freund hier läuft morgen früh aus...«

»Sechs Uhr zwanzig«, sagte der Mann besorgt und sah sich noch immer nach allen Seiten um.

»... und er möchte eine, die nicht zu alt ist«, sagte ich. Diese Anweisung des Mannes bedeutete, daß er eine wollte, die jünger war als er; das war einfach – er war über sechzig, und keine Nutte in der Innenstadt war älter als dreißig. Ich schwatzte weiter mit Mr. Sim: »Und sie muß hübsch und sauber sein. Sie sind doch sauber, nicht wahr? Mein Freund hat sich danach erkundigt.«

»Sauber«, sagte Mr. Sim.

»Fein«, sagte ich. »Können wir dann reinkommen und uns mal umsehen?«

»Können«, sagte er, nahm die Kette ab und zog das Tor auf. »Hereinkommen bitte.«

»Rotes Licht«, sagte der Mann. »Angemessen.«

»Jawohl, Sir, angemessen kann man sagen!« sagte ich und trat zurück. »Bitte nach Ihnen.«

Er irrte sich, aber er war so erfreut, daß es keinen Grund gab, ihn zu korrigieren. Das rote Licht war in einem kleinen Kasten mit Dach angebracht, neben der Tür. Es war ein chinesischer Altar; innen befand sich ein Bild aus Blattgold, ein glatzköpfiger grinsender Kriegsgott mit langen Eckzähnen, in wogender Kleidung und mit einer Aureole aus roten Blitzen. Er trug ein Schwert – das Schwert eines Heiligen, glänzend und mit Juwelen besetzt. Ein Teller mit frischen Orangen, eine Schale mit Öl und ein bronzenes Gefäß, das als Halter für ein paar schwelende Räucherstäbchen diente, standen vor ihm auf einem kleinen Regal. Der Mann hatte das Licht gesehen, aber nicht den Altar. Es machte nichts: Vielleicht hätte es ihn beunruhigt, wenn er gewußt hätte, daß die Mädchen beteten und diesem grimmigen Gott Opfer darbrachten.

»Zigarette?« fragte Mr. Sim und bot mir sofort eine ganze Dose an. »Tee? Bier? Radio?« Er tippte auf das Radio, stellte den englischen Sender ein und erwischte Walzermusik. »Ich kaufe diesen Radioapparat – zwei Wochen. Über fünfzig Dollar. Zu viel-*lah*. Aber!« Er klatschte in die Hände und lachte und wurde gastfreundlich. »Setzen sich! Zwei Bier, ja? Jack! Entschuldigen mich.« Er verschwand durch eine Tür.

»So weit, so gut«, sagte der Mann und unterzog das Sofakissen einer peinlich genauen Suche nach Bazillen, bevor er sich hinsetzte und sich umsah.

Er schien zufrieden zu sein. Es war, was er erwartet hatte, offensichtlich der Empfangssalon eines Bordells, groß, mit zu vielen Möbeln, dem Geruch nach scharfem Parfüm und nach dem Staub schwerer Vorhänge und sogar ohne Leute ein Aufenthaltsort vieler lebensfroher Geister und von einer typischen Schäbigkeit, ohne daß es etwas in ihm gab, das man hätte direkt schäbig nennen können. Die Glühbirne war für den Raum zu schwach, der Fußboden, auf dem keine Teppiche lagen, war von der abgestuften Sauberkeit, die darauf hindeutete, daß er oft sehr schmutzig war und abschnittweise geputzt wurde. Es war ein Raum, den viele Leute benutzten und den jeder für sich beanspruchen konnte, in dem jedoch niemand wohnte. Kalender und Uhr waren von der praktischen Übergröße, die man in Geschäften sieht; der Landschaftsdruck an der Wand und die mit Perlen verzierten Deckchen auf den Abstelltischen sahen aus, als habe man sie zurückgelassen und nicht eigens dort arrangiert, und sie betonten eher noch die Kahlheit des Zimmers, statt sie aufzuheben. Man konnte an dem Raum gut die Größe und Atmosphäre des ganzen Hauses ablesen, eines massiven Baues, der wie ein Lastkahn an der Muscat Lane vertäut war. Draußen war die Jahreszahl über der Tür eingemeißelt; die Veranda im ersten Stock besaß eine Galerie mit dicken, polierten Säulen – sie waren grün und sahen wie Urnen aus; um das mit Ziegeln gedeckte Dach lief eine durchbrochene Holzeinfassung, und Stacheldraht – antik genug, um dekorativ zu wirken – rankte sich um die Abflußrohre der Dachrinnen und um alle Säulen, die die Veranda stützten.

Der Mann schnupperte: Er wußte, wo er war. In dem Zimmer hing wie in allen Räumen eines Bordells ein sinnliches Aroma in der Luft, so elementar wie Schweiß, ein Geruch, der von den geheimsten Nähten des menschlichen Körpers freigesetzt wurde.

»Normalerweise«, sagte ich, »hätte Mr. Sim wirklich für niemanden mehr aufgemacht. Aber ich sagte ja schon, er kennt mich. Sie kennen mich alle. Ich will nicht übertreiben. Aber das ist das Angenehme dabei.«

»Ich bin Ihnen sehr dankbar«, sagte er. Er meinte es aufrichtig. Das Haus an der Muscat Lane war ein klassischer asiatischer Massagesalon und Puff. Wäre es ein bloßer Anbau in einer Vorstadtstraße gewesen, wäre er nicht dageblieben. Aber wenn er redete, war das gleiche nervöse Vibrieren in seiner Stimme wie in dem Moment, als er die Ratte gesehen hatte. Er massierte sich die Knie.

Das machte für so einen Mann schon den halben Reiz aus, die Überzeugung, es sei gefährlich, illegal, heimlich; das verwirrende Warten in einem nach Moschus riechenden Empfangszimmer und das Herunterwürgen der Angst in kleinen Schlucken. Wenn ein Typ Angst hatte, war das gut für mich und die Mädchen: Sie machte ihn schnell; er zahlte dann ohne Ausflüchte und nahm jedes Mädchen, das ihm angeboten wurde; er fummelte ungeschickt herum und beeilte sich und machte sich nicht die Mühe, die Socken auszuziehen oder unter die Bettdecke zu kriechen. Fünfzehn Minuten später hatte er das Zimmer schon wieder verlassen, grinste einfältig, klopfte sich auf die Gürtelschnalle, blickte zur Seite in einen Spiegel, um nachzusehen, ob er zerkratzt oder zerbissen war – und ich war früh wieder zu Hause. Ich mochte die Typen nicht, denen die nervöse Begeisterung fehlte, die mürrisch in Sesseln hockten und an einem kleinen Anchor herumnuckelten, so miesepetrig und langsam, als säßen sie beim Zahnarzt, und dann sagten »Sie ist zu alt« oder »Haben Sie nicht ein bißchen was Billigeres da?«

»Ich möchte mal wissen, wo Ihr Freund so lange bleibt«, sagte der Mann und lehnte sich zur Seite, um durch die Tür zu blicken. Die Bewegung hatte zur Folge, daß er ein Knie losließ; das betreffende Bein geriet in Panik und begann zu zucken.

»Der ist im Handumdrehen wieder hier«, sagte ich. »Er sorgt wahrscheinlich dafür, daß sich eine für Sie herausputzt.«

»Ich wollte Sie noch etwas fragen«, sagte der Typ. »Der Zahlmeister auf dem Schiff meinte, es gäbe hier Taschendiebe. In Singapur sollen die Leute lange Finger haben.«

»Darüber brauchen Sie sich keine Sorgen zu machen«, sagte ich.

»War ja auch nur eine Frage«, sagte er. »Der Zahlmeister hat auf diese Weise die Heuer für einen ganzen Monat verloren.«

»Sicher, es passiert schon mal«, sagte ich. »Aber niemand kann Ihnen dieses dicke schweinslederne Ding rausziehen, das Sie mit sich rumschleppen.«

»Woher wissen Sie...?« Er beugte sich mit einem Ruck nach vorn und beklopfte seinen Hintern. »Sie ist *weg*!«

Ich holte seine Brieftasche heraus und warf sie ihm zu. »Regen Sie sich nicht auf. Ich hab sie geklaut, als wir die Ratte sahen. Sie hing Ihnen meilenweit heraus – ich dachte, Sie könnten sie verlieren.«

Die Erklärung brachte ihn ganz durcheinander. Er sah nach, ob das Geld noch vollzählig da war, dann verstaute er die Brieftasche in seinem Blazer. »Also *war* es eine Ratte.«

»Na ja...«, begann ich und versuchte zu lachen, aber in diesem Moment kam Mr. Sim mit Betty zur Tür herein. Sie trug ein Tablett mit zwei Flaschen Bier und ein paar kühlen Handtüchern.

»Hallo, Süße«, sagte ich.

Ich nannte sie den Nußknacker, weil ihre Beine exakt die Form dieses Instruments besaßen; sie war nicht einfach O-beinig – ihre Beine hatten eine außergewöhnliche Krümmung, und der Winkel, mit dem sie unter ihrem Rocksaum verschwanden, lieferte keinerlei Anhaltspunkt dafür, daß sie irgendwie miteinander verbunden sein könnten. Ihre Beine sahen aus, wie ein Kind sie bei einem Mädchen zeichnet, mit einem Strich an jeder Seite eines flachen Rockes.

Betty schenkte das Bier ein und reichte jedem von uns ein kaltes Handtuch mit einer Zange. Sie setzte sich neben den Typ und wartete, bis er sich das Gesicht mit dem Handtuch abgewischt und an seinem Bier genippt hatte; dann legte sie ihre tapfere Hand beiläufig in seinen Schoß. Der Typ griff krampfhaft an seinen Blazer, an die Stelle, wo er seine Brieftasche hingesteckt hatte.

»Sie mögen *Boochakong*?« fragte Betty.

Der Mann sah mich an. »Haben die auch verstanden, daß mein Schiff um sechs Uhr zwanzig ausläuft?«

»Sie wissen«, sagte Mr. Sim. »Ich ihr sagen. Betty sehr nettes Mädchen. Sie... *gut*.«

»Sie ist ein Schätzchen. Sie wird Sie wirklich voll bedienen«, sagte ich zu dem Mann und dann zu Betty: »Gib dir mal ordentlich Mühe – das ist ein alter Freund von mir.« Ich stand auf. »Also dann, war nett, Sie zu treffen.«

»Sie wollen doch nicht etwa gehen?« sagte der Mann. Er riß Bettys Hand aus seinem Schoß und stand ebenfalls auf.

»Muß noch was erledigen«, sagte ich und vergrub mein Gesicht in dem kühlen Handtuch. »Und ich muß mich mal ausruhen – die Flotte ist hier diese Woche. Die Kerle machen mich fertig.«

»Den Weg zurück find ich nie.«

»Kann rufen Taxi«, sagte Mr. Sim. »Wo hinwollen?«

Der Typ stand jetzt neben mir. »Bleiben Sie«, flüsterte er, »bitte. Ich werde Sie für Ihre Mühe bezahlen.«

»Aber das war doch keine Mühe«, sagte ich. »Ich wollte Ihnen nur einen Gefallen tun. Sie sahen etwas verloren aus.«

»Ich gebe Ihnen einen aus«, flüsterte er mir vertraulich zu.

»Es kostet mich ja nichts«, sagte ich.

»Ich dachte, Sie würden das hier vielleicht nur wegen des Geldes tun.«

»Ich bekomme meinen Anteil von Sim«, sagte ich. »Zerbrechen Sie sich darüber nicht den Kopf.«

»Gibt es denn gar nichts, womit ich Sie noch zum Bleiben bewegen kann?«

»Sie können mich darum bitten.«

»Ich *bitte* Sie, mein Gott noch mal!«

»Okay, ich bleib noch«, sagte ich. »Lassen Sie sich ruhig Zeit.«

»Ich danke Ihnen wirklich vielmals«, sagte er und nickte vor lauter Dankbarkeit.

»Wie heißen?« fragte Betty, als sie sein Glas Bier nahm und ihn aus dem Zimmer lotste.

»O nein, lassen Sie das gefälligst!« hörte ich den Mann noch sagen, als sie die Treppe hinaufgingen.

»In zehn Minuten ist er wieder da«, sagte ich zu Mr. Sim.

»Nein, nein!« sagte Mr. Sim. »Reicher Kerl – alter Mann. Halbe Stunde oder mehr-*lah*.«

»Ich wette einen Fünfer dagegen.«

»Wette«, sagte Mr. Sim, immer bereit, ein Spiel zu riskieren. Wir legten unser Geld auf den Tisch und verglichen unsere Uhren.

»Ruhig heute nacht«, sagte ich.

»Letzte Nacht! Englisches Schiff! Fünfzig Mann!« Er schüttelte den Kopf. »Alle Mädchen schlafen jetzt. Müde! Sie mögen mein neues Radio?«

»Prima«, sagte ich. »Hübscher Klang. Ist ein gutes Gerät.«

»Wenn er zurück, er will, daß ich Maus esse?«

Das war Mr. Sims Partytrick. Er aß sie lebend und am Stück, um damit randalierende Seeleute zu verblüffen und sie wieder zur Räson zu bringen; wenn ein Kerl laut wurde, tauchte er neben ihm auf und bot eine Handvoll von ihnen an. Wurden sie zurückgewiesen, dann schlenkerte Mr. Sim eine vor seinem Mund hin und her und ließ sie noch zappeln, dann warf er sie rein wie eine Erdnuß und sagte: »Mm-Mm!« Es war eine schlaue Art, den Clown zu spielen, und sie verfehlte nie den Zweck, den Kunden zu beruhigen.

»Ich glaub nicht«, sagte ich. »Er könnte einen Schreck kriegen. Er hat Angst vor Ratten.«

»Ratten.« Mr. Sim lachte. »Während japanischer Besatzung wir sie essen.«

»Ratte *foo yong*«, sagte ich. »Brr.«

»Nein«, sagte Mr. Sim ernsthaft. »Eier sehr knapp. Wir machen mit *tow foo*, klein bißchen Chili und *choy-choy*.« Er zog die Nase in Falten. »Wir hungrig-*lah*.«

»Vor Ratten habe ich keine Angst«, sagte ich. »Aber Schaben hasse ich nun wirklich. Vermutlich könnte man sagen, daß ich Angst vor ihnen habe.« Und wovor noch? Ich überlegte – merkwürdige Zusammenstellungen: vor verschlossenen Räumen, Armut, Bloßstellung, Folter, Geheimbünden, vor jemandem, der mich in einem Club fragt: »Wer sind Sie?«, vor dem Tod.

»Haben Sie vor nichts Angst, Mr. Sim?«

»Nein«, sagte er ruhig und sah gut dabei aus.

»Was ist mit der Polizei?«

»Diese Malaienbengel? Ich keine Angst. Aber sie mich belästigen.«

»Kaufen Sie sie doch«, sagte ich.

»Ich kaufe-*lah*«, sagte er. »Ich gebe *Kopi*-Geld. Jede Woche!«

»Also, wo ist das Problem?«

»Politiker«, sagte Mr. Sim. »Letztes Jahr einer hier, Stimmen kaufen – ›Okay, Sim *Xiensheng*, deine Stimme für mich-*lah*‹ –, und jetzt sie wollen schließen dies Haus. Pleh!« Er lachte – dieses falsche, unmodulierte chinesische Gakkern, das unfrohe und verächtliche Schnauben von jemandem, der durch einen kräftigen Rippenstoß überrascht wird. Es war kurz, ohne Echo. Er sagte: »Sie schließen Haus – wo können wir hingehen? Was wir können machen?«

»In irgendein Haus gehen, wo man Sie nicht finden kann«, sagte ich. »Ich kenne ein paar. Ich spiele ohnehin mit dem Gedanken, selber eins aufzumachen, irgend etwas wirklich Ausgefallenes.« Meins würde am äußersten Rand der Stadt liegen, ein großes Haus mit bunten Glasfenstern – Delphine, Lilien und weiße Pferde –, um die Sonne nicht hereinzulassen; ein Orchester im Salon – sechs schwarze Südinder mit Brillantine im Haar, die Smoking tragen und Geige spielen würden; seidene Kissen auf den Diwanen, Gin-Drinks und süße Liköre. »Jacks Haus« würden die Leute es nennen.

Mr. Sim lachte erneut mit dem gleichen unwilligen Gegakker. »Sie nicht aufmachen Haus. Sie kriegen Ärger.«

»Na gut, aber nicht mehr als Sie.«

»Mehr«, sagte Mr. Sim und wandte mir sein Gesicht zu, die Hakka-Maske eines hartgesottenen Schlägers, die breite knochige Stirn, keine Augenbrauen, an ihrer Stelle nur eine Falte, die zugeschwollenen Augen, die nach vorn geschobene Unterlippe und die harte eckige Kinnlade. »Mehr«, sagte er noch einmal.

Die Tür ging auf.

»Hallo«, sagte der Mann und kam schnell auf uns zu. »Tut mir leid, daß ich Sie hab warten lassen.«

Mr. Sim sah auf seine Uhr und grunzte.

»Ich glaub, das gehört mir«, sagte ich und strich die zehn Dollar ein, die auf dem Tisch lagen.

Der Typ setzte sich. Betty brachte ihm ein Glas Tee und ein heißes Handtuch. Er wischte sich gründlich die Hände ab, fing dann an seinem Kinn an, besann sich eines Besseren, verzog das Gesicht und ließ das Handtuch auf das Blechtablett fallen. »Wollen wir?«

»Ich gieße mir das eben noch hinter die Binde«, sagte ich und zeigte ihm mein Bierglas. »Dauert keine Minute.«

Er hatte die Beine übereinandergeschlagen und wippte mit dem einen auf und ab und versuchte zu pfeifen. Was wie Ungeduld aussah, war Scham.

»Betty ... *gut*«, sagte Mr. Sim.

»Sehr angenehm«, sagte der Mann. Aber er vermied es, Betty dabei anzusehen. Zu mir sagte er: »Sie müssen Singapur faszinierend finden. Ich wünschte, wir würden hier länger bleiben. Wir sind drei Tage in Colombo, dann ab nach Mombasa – einen Tag dort – dann ...«

»Hübsche Uhr«, sagte Mr. Sim. »Omega. Wieviel?«

»Vielen Dank«, sagte der Mann und zog den Ärmel herunter, bis die Uhr bedeckt war. »Äh, sollten wir nicht gehen?«

»Jede Menge Zeit«, sagte ich. »Es ist erst kurz nach elf. Na, wie ist es denn gelaufen da drinnen?«

»Ganz, hm, ordentlich«, sagte er und zappelte noch immer mit seinem Bein. »Sagen Sie, ich glaube wirklich, wir müssen ...«

»Jack«, sagte Betty.

»Jo?«

»Er hat einen, *so groß*!« Sie zeigte mit ihren Händen zwanzig Zentimeter. Es war eine vulgäre Geste – der Typ zuckte zusammen –, aber ihre Hände waren so klein und weiß und zartgliedrig, daß sie graziös ausfiel, und die Derbheit wurde in die Bewegung einer Tänzerin verwandelt. Nur ihr offener Mund verriet das Vulgäre daran. Ich sah eine Tätowierung auf ihrem Arm und langte hinüber, um sie zu berühren.

»Die ist hübsch«, sagte ich. »Wo hast du sie her?«

»Nein«, sagte sie und bedeckte die Stelle.

Der Typ hustete, stand auf und ging zur Tür.

»Bis nächstes Mal«, sagte Mr. Sim.

»Vielen Dank auch«, sagte ich.

»Nicht Rede wert, Bye-bye, Mister«, rief er dem Typ nach. Dann nahm mich Sim beiseite. »Sie rausbringen Mädchen zu Schiffen, einige Leute das nicht mögen, aber ich sage, sollen vergessen. Jeder wissen, Sie guter Kerl, und ich sage, Jack mein Freund. Kein Ärger mit Jack. Zwei Hände klatschen, eine Hand kein Klatschen. Aber Sie hören. Sie bezahlen kein

Kopi-Geld. Sie aufmachen kein Haus, sonst...« Er rieb sich die Nase mit den Knöcheln seiner Faust und blickte zu Boden und sagte leise: »Chinesen manchmal sehr unangenehm.«

»Machen Sie sich meinetwegen keine Sorgen«, sagte ich.

»Ist es ungefährlich, ein Taxi zu nehmen?« fragte der Mann, als wir die Ecke an der Sultana Street erreichten.

»Aber klar«, sagte ich und winkte eins heran.

Auf dem Weg zum Pier sagte ich: »Es ist ein bißchen spät, um sich vorzustellen, aber egal. Ich heiße Jack Flowers – und Sie?«

»Milton«, sagte er rasch. »George Milton. Wenn Sie irgendwann mal in Philadelphia sind – wär prima, Sie zu sehen. Ich wünschte, ich könnte Ihnen eine meiner Karten geben, aber sie sind mir gerade ausgegangen.«

»Ist schon in Ordnung«, sagte ich. Der Name stimmte natürlich nicht; auf dem Ausweis in seiner Brieftasche stand W. M. Griswold, und er kam aus Baltimore. Vielleicht war es eine harmlose Lüge, aber sie verletzte mich: Er wollte mich nicht kennen. Ich hatte ihn gerettet, und jetzt ging er weg.

»Das erste, was ich tun werde, wenn ich wieder unten in meiner Kabine bin, ist Zähneputzen«, sagte er. Das Taxi hielt.

»Kann ich Ihnen nicht verdenken, George«, sagte ich.

»Würden Sie zwanzig Dollar annehmen?«

»Jetzt?« sagte ich. »Ja.«

»Ist gut«, sagte er und reichte sie herüber.

Es war noch früh, und zu Fuß war es nicht weit bis zu den Bars am Hafen. Ich bummelte am Pier entlang und paßte auf, wo ich hintrat, um mir die Schuhe nicht an dem öligen Tauwerk schmutzig zu machen, das aufgerollt zwischen den parkenden Autos und Taxis herumlag. An der Prince Edward Road in der Nähe des Busbahnhofs standen zwei Typen unter einer Straßenlaterne und versuchten etwas zu lesen, das nach einem Reiseführer aussah. Sie waren mit Sicherheit Touristen und kamen vermutlich von Griswolds Passagierdampfer; beide trugen die Art von breitkrempigen Hüten, von denen Fremde meinen, sie seien die in den Tropen erforderliche Kopfbedeckung. Dadurch verrieten sie sich sofort: Niemand in Singapur trug einen Hut, nur die Chinesen bei Beerdigungen.

Ich ging zu ihnen hinüber und blieb stehen, ließ mit der Hand in der Tasche Münzen klirren und pfiff lässig vor mich hin, als wartete ich auf einen Bus. Ihre neuen Schuhe bestätigten, daß sie Fremde waren. Welcher Nationalität jemand angehörte, konnte ich an den Schuhen sehen. Ihre halbzolldikken Schuhsohlen sagten, daß sie Amerikaner waren.

»Ganz schön heiß, nicht?«

Sie drehten sich um und pflichteten mir begeistert bei. Dann äußerten sie schüchtern ihre verwegene Frage. Ich nickte, ich pfiff, ich ließ meine Münzen klimpern; ich war der Mann, den sie suchten.

Es war so leicht, daß ich nicht mehr aufhören konnte. Ich bediente Kunden, bis die Straßen leer und die Bars geschlossen waren. Da ich neu in dem Gewerbe war, besaß ich auch die Zähigkeit des Anfängers. Es war nicht das Geld, das mich trieb; ich kann auch nicht sagen, daß es fromme Nächstenliebe war, aber es kam einem christlichen Werk doch so nahe, wie das bei dieser Art freundlichen Handelns überhaupt möglich war – es ließ diejenigen, die schon vom rechten Wege abgekommen waren, weiterhin glücklich sein und bewahrte sie vor Schaden, weil ich die Grenzen der Vorsicht nicht überschritt. Ich strapazierte meine Menschlichkeit und tröstete sie; indem ich von Sicherheit sprach, was mir die Gefahren ins Gedächtnis rief. Ich hatte es mit ganz und gar Unschuldigen zu tun, mit Blinden, die hilflos Stöcke in den Händen hielten; ihre Leidenschaften waren bloße Vermutungen. Es verletzte mich besonders, daß Griswold mit seinem Namen gelogen hatte: Als gewissenhafter Hirt hatte ich dergleichen nicht verdient.

Ich geleitete eher, als daß ich drängte, und achtete dabei sorgfältig auf die Bedürfnisse eines jeden und war fürsorglich, anpassungsfähig und weithin bekannt für meine Diskretion. Damals war das wichtig, und obwohl ich mich aus Freundlichkeit so verhielt und nicht, um irgend jemandem als netter Kerl zu imponieren, brachte es mir Kunden. Es gab schließlich viele von ihnen, und sie waren so dankbar. Ich sollte mich nicht ausgerechnet an Griswold erinnern, denn er war so typisch, daß man ihn schnell vergaß – schon in dem Verlangen nach Sex oder nach dem Verbotenen lag irgend etwas, das jeden anonym machte, ohne daß er es darauf angelegt hätte. Aber Griswold hatte gelogen; die Lüge brandmarkte ihn und identifizierte sein sonst namenloses Gesicht und rief jenen Abend wieder in Erinnerung. Sein Mißtrauen ließ mich meine unter normalen Umständen vorsichtige Diskretion ein wenig lockern, und noch Jahre später erwiderte ich, wenn einer sagte, er sei aus Baltimore: »Kennen Sie dort einen Typ namens Griswold?« Einige kannten ihn oder sagten, sie würden ihn kennen, und eines Nachts sagte einer: »Ja, wir waren dicke Freunde. Das ging schrecklich schnell mit ihm, nicht wahr?« Und ich erwähnte ihn nie wieder, diesen Mann, der meine Gunst verschmäht hatte.

12

Das Haus an der Muscat Lane war eins von mehreren in Singapur, in denen das Geschäft noch in der alten Weise ablief. Zwar mußte jeder Hafen die sexuell Ausgehungerten befriedigen, aber Alter und Wohlstand einer Stadt konnte man bis vor kurzem noch daran ablesen, wie zentral ihre Bordelle lagen. Früher waren sie in alten und bedeutenden Städten immer leicht zu erreichen, in Seitengassen schattiger Boulevards, einen Steinwurf vom Rathaus entfernt; im Boom der Nachkriegsjahre verlagerten sie sich in die Vorstadtbezirke, um Politikern und hohen Mieten auszuweichen; dann strebten sie wieder zurück ins Zentrum – Madame Lums Haus lag in der Nähe eines Supermarkts –, und es war nicht mehr möglich, aus ihrer Lage auf das Alter der Stadt zu schließen, obwohl der Wohlstand immer noch an der Anzahl der Huren gemessen werden konnte, die es in einer Stadt gab: Die ärmsten und primitivsten hatten gar keine richtigen und behalfen sich mit unbefriedigenden Gelegenheitsarrangements in schmalen Gassen und auf Autorücksitzen.

Singapur war nun allerdings sehr alt, zwar nicht an Jahren, aber doch im Hinblick auf Einstellung und bauliche Anlage. Denn die Einwanderer hatten sozusagen ihre chinesischen Städte hierher verpflanzt und dabei in einem Distrikt ein Duplikat von Foochow und in einem anderen eins von Fukien errichtet. Da ich die Duplikate von Neapel oder Palermo im Norden von Boston gesehen habe – bis hin zu den Baustilen, dem Geschrei der Straßenhändler, den Gangsterpraktiken und den Schutzheiligen –, konnte ich diesen traditionellen Instinkt, das Alte zu bewahren, verstehen. Das ganz und gar chinesische Aroma des Lasters in Singapur machte es anziehend für einen neugierigen Außenseiter und befreite ihn gleichzeitig von Schuldgefühlen und Zweifeln, denn seine seltsamen Besonderheiten (Joyce Li-ho hatte einen tätowierten Panther, der die Innenseite ihres Oberschenkels hinaufsprang) machten es zu einem achtbaren Zeitvertreib wie die erotische Kunst, die von Anthropologen so feierlich fotografiert wird: Maharani und Maharadscha an einem indischen Tempel, dargestellt bei Fellatio und Analverkehr. Die Reihenfolge der Aktivitäten in einem chinesischen Bordell parodierte die orientalische Gastlichkeit: der herzliche Willkommensgruß – der Gastgeber verbeugt sich aus der Hüfte – das Rauchen, das Plaudern, das kalte Handtuch, dann das Mädchen – meist wählte der Gast sich eins aus einer Parade aus; Geld wechselte im Schlafzimmer den Besitzer, wenn der Mann nackt und erregt war; dann die Nummer selbst und danach ein heißes Handtuch und ein Glas mit kaltem Tee auf der Veranda, während ein paar alte *Amahs* jenseits des Geländers Bettlaken bügelten und laut miteinander quasselten.

Es war die puritanische Einstellung des chinesischen Gastgebers, seine Fähigkeit, Vergnügen in ein Ritual zu verwandeln, die alledem so viel genußreiche Verzögerung verlieh. Und obwohl die chinesischen Kunden in hasenhaftem Tempo der ganzen Angelegenheit nicht mehr Bedeutung beimaßen, als wir es tun, wenn wir mal eben rausspringen und uns auf die schnelle einen Hamburger holen, begrüßten es die Kunden, die ich dorthin mitnahm – hauptsächlich dumm glotzende Reisende, scharf darauf, einen ganzen Arm voll Souvenirs fortzutragen –, daß sie die Möglichkeit erhielten, in ein kulturelles Geheimnis einzudringen, und mehr noch, an ihm teilzuhaben: mit dem exotischen Mädchen aus dem Orient allein zu sein in einem zeremoniellen Zustand der Nacktheit und später dann über diesen ungewöhnlichen Liebesakt berichten zu können. Man schätzte das alles sehr, weil es vollkommene Aufrichtigkeit war, eigenes Entdecken, der verkörperte Wachtraum eines weißen Junggesellen und etwas, das nur noch dadurch zu übertreffen war, daß man ein süßes und gehorsames Chinesenmädchen heiratete. Ich konnte ihnen gefahrlos das absolute Souvenir verschaffen: die leibhaftige Verwirklichung einer Phantasievorstellung.

Da ich für meine Dienste nie einen Preis festsetzte und stets zu Scherzen über die Sache aufgelegt war, die der Kunde meist zu ernst nahm – Amerikaner behandelten sie, wie sie sagten, als Teil ihrer Ausbildung, Bewohner des europäischen Kontinents sahen in ihr eine Art erotischer Therapie, die Engländer zogen es vor, nicht darüber zu diskutieren –, machte ich immer die bessere Figur dabei. Ich war schlagfertig und aufgeschlossen; ich bestand nicht auf irgendwelchen Bedingungen, und ich hatte Sinn für Humor.

»Das war ja wirklich eine Erfahrung«, pflegte der Mann dann mit gerötetem Gesicht zu sagen.

»Freut mich, daß Sie das auch finden«, sagte ich und winkte meine Fahrradrikscha heran, um nach Hause zu fahren.

»Sie waren eine große Hilfe. Wirklich, ich...«

»Gern geschehen. Ist schließlich nur eine Frage von Recht und Ordnung, nicht wahr?«

»Wie das?«

»Mir ist es recht, und bei Ihnen ist auch wieder alles in Ordnung – hä, hä!«

Die Hingabe, mit der ich mich diesen Seelen widmete, die jeder andere als Trottel bezeichnet hätte, war so vollständig, daß sie mich in einer Weise selbstlos machte, die mich beruhigte und belohnte, denn paradoxerweise war es diese selbstlose Hingabe, die sich als nützlich für das Geschäft erwies – ich verdiente Geld. So dumm war ich zwar nicht, daß ich annahm, das Geld sei auf tugendhafte Weise verdient – es lag keine Brüderlichkeit im Bargeschäft; meine bescheidene Tugend bestand in der Treue gegenüber der Leidenschaft anderer Leute, aber ich machte mich deswegen nicht zum Märtyrer, ich erwartete etwas Bezahlung dafür. Ich war kein Zuhälter mit goldenem Herzen; ich wußte jedoch und konnte es beweisen, daß ich viele Kunden vor Schaden und viele Mädchen vor brutalen Typen bewahrt hatte – nicht nur vor gierigen Taxifahrern, sondern vor den Sperrbezirken, die von den Geheimgesellschaften kontrolliert wurden, vor den Straßen, wo alle hübschen Mädchen Männer mit *Kukris* in ihren Handtaschen waren, vor den Mädchen mit Syph, den Sadisten, den Nepplokalen, den Häusern, aus denen man zurückkam mit einem als »Rangun-Jucken« bekannten Pilz auf dem Pimmel. »Zu meiner Zeit habe ich eine Menge Typen vorm Rangun-Jucken bewahrt«, ist sicherlich kein Zeugnis, das ein Heiliger sich ausstellt, aber es könnte der Grabspruch eines praktischen Mannes sein, der Trost spendete auf die einzige Weise, die ihm erreichbar war, der auf den Instinkt vertraute und im dunkeln arbeitete. Ich ließ mir die Schuld zuschieben, ich riskierte die Verdammnis, ich betrog niemanden: *Ein nützlicher Mann* würde auf meinem Grabstein stehen. An einem entlegenen Ort war ich ein Freund, der sich auskannte und fähig war, undeutliche und verzweifelte Signale aufzufangen; mit einem absichtlich banalen Sinn für Humor – anspruchslose Komödie, bei der die Männer sich entspannten, da alle zweideutigen oder nicht salonfähigen Witze vermieden wurden, insbesondere diejenigen, die etwas mit Geilheit zu tun hatten, weil sie unter den gegebenen Umständen nur verärgern konnten, indem sie ihre Begierde ins Lächerliche zogen oder in Frage stellten.

Und Singapur half. Es war jene Atmosphäre, die die Einwanderer aus China mitgebracht hatten, und die altmodische Aufteilung der Stadt in Distrikte. In Singapur gab es nur eine Straße, in der man eine Matratze kaufen konnte, so stur war dieses System. Schiffslieferanten hatten eine Straße in Besitz genommen, Sargtischler eine andere, Banken eine weitere und Druckereien wiederum eine eigene. Bordelle füllten einen ganzen Block und wechselten in buntem Durcheinander mit chinesischen Hotels von der Muscat Lane bis zur Malacca Street, und das Gebiet war autark und wurde auf der einen Seite von Bars und Nudelgeschäften begrenzt und auf der anderen von Wäschereien und Syphilisärzten.

»Es ist wie etwas aus einem Mythos«, hatte Griswold gesagt. Ohne viel Aufhebens waren die Ausschweifungen Shanghais im Distrikt der Träume zugänglich – Opiumhöhlen hier, Bordelle und Massagesalons und Hahnenkämpfe dort –, und aufgebaut hatte das alles der unternehmungslustige Einwanderer, der seine Heimwehphantasien mit der Sehnsucht nach Wohlstand verband und sich seine Vergnügungen von den Touristen finanzieren ließ. Ein Amerikaner machte der Unwirklichkeit des Ganzen ein treffendes Kompliment, als er sagte: »Es ist genau wie im Kino!«

»Jack, ich will Ihnen was sagen: Ich glaube, ich habe noch großes Glück gehabt«, fuhr der gleiche Typ fort. »Noch ein paar Jahre, und sie reißen das hier alles ab und bauen was anderes hin – Apartmenthäuser, Parkplätze, Pizzakneipen, jede lausige Sache, die sie sich ausdenken können. Wie in Tokio.«

Wir waren auf der Sago Lane in der Nähe von Loon's Tip-Top; durch das Fenster im Obergeschoß konnten wir zwei chinesische Mädchen in roten Kleidern sehen, von denen die eine rauchte und auf den Himmel hinausblickte und die andere ihr langes Haar kämmte.

»Da werden sie eine Tankstelle hinsetzen oder irgendein anderes blödes Ding. Ich kriege eine Gänsehaut, wenn ich nur daran denke«, sagte er. »Alles wird ruiniert!«

»Grauenvoll«, sagte ich. Aber mit seinem Zorn konnte ich es nicht aufnehmen.

Dann sagte er etwas, das mir seit damals viele Male wieder in den Sinn gekommen ist. »Ich habe verdammtes Glück gehabt«, sagte er. »Ich kann wenigstens sagen, daß ich noch selbst erlebt habe, wie es war in der guten alten Zeit.«

Neunzehnhundertneunundfünfzig! Die gute alte Zeit!

Aber er hatte recht; es *war* schön damals, und es veränderte sich. Die Mädchen entsprachen der Stadt: Geräuschlos und glitzernd und schmal wie Schlangen entsprachen sie jedermanns Vorstellung von der fernöstlichen Konkubine. Das war theatralisch, eine Art Kostümierung: Die Maske der Hure zeichnet das Sexualideal des Kunden nach – es wurde von ihnen erwartet, in dieser Weise zu posieren, ebenso wie es von mir erwartet wurde, in weißen Schuhen wie ein Zuhälter auszusehen. Das war das nächstliegende Wort, aber für mich war es keine passende Beschreibung: Ich war zu sanft. Die Mädchen waren praktisch und geschäftstüchtig. Ihre fixe Idee war Gesundheit, und ihre Arbeit betrachteten sie als rituelle Medizin oder als kleineren Eingriff, und sie assistierten dabei wie sexgeladene Krankenschwestern, jene Zahnarzthelferinnen, die bei komplizierten Extraktionen mitwirken, sich einem über den geöffneten Mund beugen, dafür sorgen, daß man sich wohl fühlt, und immer schnell bei der Hand sind, wenn man in ungewöhnlicher Weise grunzt. Sie glaubten an Geister und ekelten sich vor Haaren und Küssen und Gestank und Schmutz, und sie beklagten sich, wir röchen nach Käse. Einige fühlten absolut nichts und lagen einfach da mit aufopferungsvoll gespreizten Beinen und sagten womöglich: »Du fertig, ja?«, wenn der Typ noch gar nicht richtig angefangen hatte. Die meisten hatten die nützliche Sachkenntnis eines zuverlässigen Arbeiters und hatten das Geschick, ihre Arbeit überzeugend und gut zu erledigen, ohne auch nur das geringste Interesse daran zu haben, und alle verfügten über die natürliche Gabe, im Augenblick größter Intimität weit weg zu sein, ein kontemplatives Talent. Sie waren verblüffend unflätig, aber sie fluchten auf englisch – aus der sanften Art, in der sie miteinander chinesisch sprachen, schloß ich, daß sie in ihrer eigenen Sprache selten fluchten –, und sie hatten jene merkwürdige Angewohnheit, die es dem Anfänger leichtmacht, »ficken« in einer anderen Sprache zu sagen, denn ein fremdsprachiges Schimpfwort beleidigt praktisch niemanden außer demjenigen, der es schon früh im Leben gelernt hat und seine sozialen Grenzen kennt.

Schmutzige Ausdrücke stimulierten eine Menge Kunden, andere ließen sie kalt. Ich erinnere mich an einen, der die Honey Bar unbedingt verlassen wollte und beim Hinausgehen angewidert sagte: »Ich könnte nie ein Mädchen vögeln, das ›Scheißdreck‹ sagt. Scheißdreck hin, Scheißdreck her. Ich bin keine Maschine. Ich mag ein Mädchen, mit dem ich reden kann, ein bißchen menschliche Wärme.«

Die meisten Mädchen waren auf eine konventionelle Weise schamhaft, was bei einer Hure unwiderstehlich sexy war, selbst wenn es nur vorgetäuscht wurde. »Ich konnte die kleine Puppe doch nicht dazu kriegen, ihr Kleid auszuziehen«, war ein häufiger Kommentar der Kunden, und da in den Häusern keine Trinkgelder erlaubt waren, konnte auch kein Geldbetrag die Mädchen dazu bewegen, daß sie sich auszogen. Weit davon entfernt, ihre Wirkung zu schmälern, machte es sie sehr gefragt; jede Abwechslung steigerte die Begierde, und die seidenen Kleider verliehen diesen kalten schnellen Mädchen einen zusätzlichen Reiz und lösten prikkelnde Erregung aus durch rüschenbesetztes Verhüllen, das den Akt in der Dunkelheit teilweise verbarg und genug von ihm ein merkwürdiges Geheimnis bleiben ließ, um das Interesse des Typs wachzuhalten. Ein splitternacktes Mädchen war nicht sexy. Hing war nicht mehr zu halten, wenn er auch nur eine bekleidete Frau auf allen vieren sah – solange sie nur eine Australierin und groß war; Ogham sagte, das größte Vergnügen bestehe darin, einer Frau in Liebestötern mit einem Eispicker in den Hintern zu stechen; und als wir im Bandung einst bei dem Thema waren, sagte Yardley mit erschreckender Aufrichtigkeit: »Jesus, ich sehe mir liebend gern eine Frau an, die das Maul aufsperrt.«

Ich kannte die Mädchen zu gut, um sie für freundlich und vergnügt zu halten, aber sie schalteten schnell, wenn man ihnen einen Wink gab, und sie waren zuverlässig. Man bedenke, welche Tugenden sie besaßen: Gehorsam, Anstelligkeit, Verläßlichkeit, Sparsamkeit. Einmal passierte es, daß Doris Goh (die nie fehlte und nie zu spät kam) beim Hinausfahren zu einem Schiff die Barkasse besteigen wollte, stolperte und direkt am Kai ins Wasser fiel. Sie konnte nicht schwimmen und wurde sofort nach dem Untertauchen stocksteif. Ich holte sie heraus; sie war völlig durchgeweicht, das Kleid klebte an ihr fest, ihr Make-up war verschmiert und ihre hübsche Frisur ein schweres Seil aus losen Flechten. Ich sagte ihr, wenn sie wolle, könne sie wieder nach Hause gehen, aber sie sagte nein und verdiente in eiserner Pflichterfüllung vierzig Dollar im Ruderhaus, während ihr Kleid auf einem Bügel im Maschinenraum trocknete. Sie waren in mancher Hinsicht ohne Ehrgeiz, aber keineswegs faul, und sie klauten nicht.

Deshalb war ich überrascht – über meine Erheiterung legte sich eine alte, schleichende Angst –, als ich die *Straits Times* aufschlug und unter der Schlagzeile *Ganze Insel umfassender Laster-Ring zerschlagen – Razzia im Joo Chiat: 35 gefaßt* ein

Foto von fünf Mädchen sah, die an den Armen zu einem Polizeiauto gezerrt wurden, während grimmige malaiische Polizisten dabei zusahen, sich entschlossen mit weit gespreizten krummen Beinen aufgepflanzt hatten und Schlagstöcke und Straßenkampfschilde in den Händen hielten. Die Gesichter der Mädchen waren weiß von der Helligkeit des Blitzlichts, ihre erstaunten Augenbrauen hochgezogen und schwarz, und ihre protestierenden Münder sahen aus, als schrien sie. Daß sie protestierten, überraschte mich nicht – sie waren empört, und dieses Gefühl war bei ihnen ebenso verständlich wie bei irgendeinem harmlosen Dreher, den man von seiner Maschine wegreißen würde. Aber diese spezielle Razzia war eine Überraschung: Das Haus Joo Chiat hatte immer als sicher gegolten, da die Kundschaft chinesisch war und es unter dem Schutz des Grünen Dreiecks stand, einer fanatischen Geheimgesellschaft, deren spinnenartige und pockennarbige Mitglieder man bei Tag und Nacht neben dem Hinterausgang beim Kartenspielen sehen konnte, Messer und Stauhaken griffbereit. In dem Zeitungsartikel hieß es, dies sei »die erste Razzia einer von der Polizei gestarteten umfassenden Kampagne mit dem Ziel, die Insel von den sogenannten Massagesalons zu säubern«.

Am folgenden Tag gab es zwei Razzien. Die eine galt einer Opiumhöhle und führte zur Verhaftung von sieben älteren Männern, von deren bekümmerten, hohläugigen Gesichtern sechs in der Zeitung erschienen; der siebte war mit gefalteten Händen auf einer Krankentrage abgebildet – er hatte sich das Bein gebrochen, als er über ein steiles Ziegeldach zu entkommen versuchte und dabei ausrutschte. Die zweite fand in einem Massagesalon ganz in der Nähe der Muscat Lane statt, in dem alle Mädchen und die Ausstattung thailändisch waren. Die Razzien beunruhigten mich, aber das Bild, das sich mir von ihnen einprägte, waren nicht die Mädchen – es war die schreckliche Vorstellung von dem alten Süchtigen, der im Pyjama über ein klapperndes Dach gejagt wurde.

Ich beschloß, an diesem Abend im Bandung unterzutauchen. »Du verstehst die politischen Hintergründe nicht, Jack«, sagte Yates. »Ich würde mich aus dem Chinesenviertel heraushalten, wenn ich du wäre.«

»Sag nicht, wir hätten dich nicht gewarnt«, sagte Yardley.

»Ich geh nie ins Chinesenviertel«, sagte Frogget. »Ist bloß verdammte Zeitverschwendung.«

»Harry Lee greift jetzt hart durch«, sagte Smale. »Ich kann den kleinen Arsch nicht ausstehen.«

»Ich möchte nur wissen, was eigentlich los ist«, sagte ich.

»Nichts, was dich betrifft«, sagte Yardley. »Also halt dich da raus.«

Am nächsten Morgen besuchte ich Mr. Sim. Er schien mißtrauisch zu sein, weil ich so früh gekommen war, und ließ mich nur zögernd ein. Ich fragte ihn nach den Razzien.

»Müssen vorsichtig sein«, sagte er. »Wie hält sich Kheng Fatt, okay?«

»Hing? Mit dem ist alles in Ordnung. Ich bin nur ein paar Stunden am Tag da, wenn ich nicht auf einem Schiff zu tun habe.«

»Was Sie dann für Sorgen? Sie haben Arbeit, neh?«

»Wenn Sie das Arbeit nennen wollen. Sehen Sie, ich verdiene da ein paar Kröten – sehr, sehr wenig. Darauf kann ich mich nicht verlassen. Wenn sie jetzt weiterhin die Häuser schließen und die Mädchen verhaften, dann werde ich bald kein Glück mehr haben. Und Sie auch nicht!«

»Besser als im Gefängnis.«

»Was werden Sie machen?«

Er sah mich nicht an, aber er wandte mir sein Gesicht zu. Er sagte: »Komische Sache. Sie kennen neues Radio von mir? Ja? Es nicht mehr geht jetzt. Mir *gefällt* dieses Radiogerät, aber es braucht Reparatur.«

»Wo wollen Sie denn hingehen?« fragte ich.

Er entdeckte plötzlich sein Hemd und strich die Taschen glatt.

»Wie man hört, sind eine Menge Bullen in Zivil – Leute von Special Branch, wissen Sie, mit Hemden wie meinem hier und einfachen alten Hosen, und sie tun so, als wollten sie ein Mädchen. Sie zahlen sofort, und kurz bevor sie in den Sattel steigen, sagen sie: ›Okay, zieh dich an – du bist verhaftet.‹ Ich finde das schrecklich. Sie nicht?«

Mr. Sim zerrte an seinem Hemd herum und schob dabei seine Kinnlade vor und zurück.

»Ich will ganz offen mit Ihnen reden, Mr. Sim. Ich bin zu Ihnen gekommen, weil ich einen Plan habe. Wir wissen, daß man versucht, mit verschiedenen Dingen Schluß zu machen – sie haben schon ungefähr hundert Leute geschnappt. Warum also warten? Warum sollen wir uns nicht einfach zusammentun und uns irgendwo niederlassen, wo es sicher ist? Wie ich Ihnen schon sagte. Wir werden dort hingehen, wo sie uns am wenigsten vermuten, mieten ein großes Haus oben an der Thomson Road oder in der Nähe eines Friedhofs, besorgen uns zehn Mädchen oder so und machen einen wirklich ruhigen Laden auf. Vorne bringen wir ein Schild an, ›The Wongs‹ oder ›Hillcrest‹ oder ›Dunroamin‹. Was sagen Sie dazu?«

»Es ist ein sehr heißer Tag.« Er spielte den Schwachsinnigen.

»Kommen Sie, wir haben nicht viel Zeit. Haben Sie Interesse oder nicht?«

»Es ist ein heißer Tag«, sagte Mr. Sim. »Ich erwarte meine Tante.«

»Taxis nicht erlaubt, nur Privatwagen, keine Chauffeure. Mädchen nach Vereinbarung. Wenn Sie die Dunroamin-Idee für unklug halten, dann können wir ein Schild anbringen, auf dem steht: ›Sekretärinnenschule – Schreibmaschinen- und Stenografieunterricht.‹ Niemand wird den Unterschied bemerken.«

Er hatte seinen Hemdzipfel zu einem Tauende zusammengedreht und machte jetzt einen Knoten hinein. »Meine Tante ist sehr alt. Ich sage ihr, sie soll aufhören mit so viel Rauchen – über vierzig Kippen am Tag! Aber alte Leute. Tss!«

»Okay, vergessen Sie's.« Ich stand auf.

Mr. Sim ließ sein Hemd los und sprang zur Tür: »Bye-bye, Jack. Bis zum nächstenmal. Nicht Rede wert.«

Am gleichen Abend brachte ich einen Typ in die Muscat Lane. Ich hatte ihn in einer Bar an der Stamford Road getroffen, er hatte mich gefragt, ob ich nicht einen guten Puff wüßte, und ich hatte ihn aufgefordert, mir zu folgen. Aber das Haus lag im Dunkeln, die Fensterläden waren geschlossen, und das rote Licht über dem Altar war ausgeschaltet. Ich klopfte mit dem Schloß gegen den Torriegel, aber niemand rührte sich. Mr. Sim hatte mich im Stich gelassen.

»Sieht nach einem Reinfall aus«, sagte der Typ. »Jetzt bin ich nicht mal mehr in der Stimmung.«

»Sie sind beunruhigt wegen der Bullen. Es gibt eine politische Partei hier, die ihnen jetzt die Hölle heiß macht – versuchen, den ganzen Distrikt dichtzumachen. Die haben jetzt alle in Panik versetzt. Das war früher nicht so, aber wenn wir vielleicht mal runtergehen zu...«

»Ich weiß nicht, wie das kommt«, sagte er, »aber die Leute sagen mir immer: ›Sie hätten letztes Jahr hier sein sollen.‹ Das macht mich wirklich fertig.«

»Das ist ganz normal«, sagte ich. »Aber Sie müssen die politischen Hintergründe auch sehen, wissen Sie.«

»Scheiß auf die politischen Hintergründe«, sagte er. »Ich geh zurück zum Schiff.«

»Wenn Sie *sonst* noch etwas möchten, völlig egal, was«, sagte ich. »Ein Mädchen könnte ich für Sie ohne weiteres auftreiben. Sie in einem Hotel unterbringen. Übernachtung und Frühstück.«

Er schüttelte den Kopf. »Ich hatte mir nun einmal einen Puff in den Kopf gesetzt.«

»Wir können es ja noch bei einem anderen versuchen«, sagte ich. »Aber ich will nicht, daß Sie Ärger bekommen. Wie würde das aussehen, wenn Ihr Bild in die Zeitungen käme – großer Gott!«

»Macht einen denn doch nachdenklich, nicht?« sagte er.

»Klar tut es das«, sagte ich. »Aber wenn es sonst noch irgend etwas gibt...«

»Na ja«, sagte er, aber während er es sagte, lachte er und sagte dann noch einmal »Na ja«, als würde er versuchen, einen Gedanken wieder zu verscheuchen. Ich hoffte nur, er würde keinen Transvestiten wollen – bis sie auf der Bugis Street waren, würden noch Stunden vergehen.

»Was ist es denn?« fragte ich flüsternd. »Na los, versuchen Sie's mal. Mein Gott, Sie wollen doch nicht mit leeren Händen abfahren, oder?«

»Na ja, ich bin am Überlegen, mir ist da plötzlich eine Idee gekommen«, sagte er und lachte durch die Nase. »Ich weiß nicht, ich hab noch nie einen gesehen.«

»Was gesehen?«

Er hörte auf zu lachen und sagte mit ernster Stimme: »Bei uns zu Hause heißen sie Nacktfilme.«

Der Raum war stickig, alle Rolläden waren heruntergelassen, und die Leinwand war ein Bettlaken, was auf mich einen besonders abstoßenden Eindruck machte. Wir saßen zu sechst da und starrten wortlos auf die blauen Karos, die auf der Leinwand flackernd hin und her huschten, während der Projektor ratterte und surrte: der Countdown – ein paar Ziffern fehlten; der Titel – irgend etwas von einem Bürstenvertreter; die Anfangsszene – ein Mann klopfte an eine Tür. Wir wurden unruhig, als der Mann klopfte; man hörte kein Klopfen; es war ein Stummfilm.

Das Fehlen einer Tonspur machte viele Großaufnahmen erforderlich, die den Ausdruck der Gesichter zeigten; es war sogar eine Handlung angedeutet, denn beide Darsteller – Vertreter und Hausfrau – waren angezogen, was auf eine Verführung schließen ließ, die klassische Verwicklung mit natürlichem Höhepunkt – ein etwas älteres Konzept der Pornographie. Der Vertreter trug einen zweireihigen Tweedanzug, und sein Haar war angeklatscht und in Wellen gelegt. Ich vermutete, der Film war Ende der vierziger Jahre gedreht worden, aber in welchem Land? Die Hausfrau trug einen langen Bademantel mit weißem Pelzbesatz, und wenn sie sich hinsetzte, klaffte er vorn auseinander. Sie lachte und schob ihn wieder zusammen. Der Vertreter saß neben ihr und rollte mit den Augen. Er holte eine Schachtel Zigaretten heraus und bot ihr eine an, eine Camel. Also war es Amerika.

Er öffnete seinen Musterkoffer und zog einen schlaffen Pariser heraus, schnitt eine Grimasse (»O Gott!«) und stopfte ihn wieder zurück. Dann gab es ein umständliches Hantieren mit den Bürsten in verschiedenen Formen und Größen. Er führte jede einzeln vor und kitzelte die Hausfrau an verschiedenen Stellen, angefangen bei ihrer Fußsohle. Bald darauf schob er ihr einen Staubwedel unter den sich lockernden Bademantel. Die Hausfrau lachte und versuchte, ihren Bademantel geschlossen zu halten, aber die derben Späße gingen weiter, der Bademantel glitt ihr von den Schultern.

Das Sofa erkannte ich wieder, ein großes Vorkriegsmodell

mit Klauenfüßen und dicken Samtkissen, und direkt darüber an der Wand das Bild eines Hirsches, der an einem Bergsee äste. Der Mann zog die Schuhe aus. Das war interessant: Er trug einen Anzug, aber das waren die Schuhe eines Arbeiters mit schweren Sohlen, hohen Fersenkappen und großen, wulstigen Vorderkappen – Stahlkappenschuhe, wie sie vielleicht ein Mann trug, der schwere Arbeit verrichtete. Seine karierten Socken hatten Löcher, und um den Hals trug er eine Kette mit einem Amulett. Seine muskulösen Arme und breiten Schultern bestätigten, daß er ungelernter Arbeiter war; einen Trauring trug er auch. Er hatte seinen Job verloren, vermutete ich; als Katholik hätte er an einem Sonntag nicht in einem unanständigen Film mitgespielt, und an einem Wochentag und wenn er Arbeit gehabt hätte, wäre er überhaupt nicht in einem Film aufgetreten. Durch das Fenster des Apartments sah man Dächer, auf die die Sonne schien, aber ich bemerkte, daß er seine Socken nicht auszog. Vielleicht war es kalt in der Wohnung. Später war er dann durch eine winterliche amerikanische Stadt zu seiner Frau nach Hause gegangen und hatte gesagt: »He, Schatz, sieh mal, was ich gewonnen habe – zwanzig Dollar!«

Die Hausfrau war komplizierter. Nach ihren Brüsten zu urteilen, hatte sie mehr als ein Kind gehabt. Ich überlegte, wo sie waren. In einer Einstellung wurde ausführlich gezeigt, wie sie ihre Hand bewegte – lange, perfekte Fingernägel: Sie machte keine Hausarbeit. Wer kümmerte sich um ihre Kinder? An der Art, wie sie auf dem Sofa saß, am Rand und ohne die Kissen zu benutzen, erkannte ich, daß es nicht ihre Wohnung war. Sie legte ihren Luxusbademantel sehr sorgfältig ab – entweder gehörte er ihr nicht (er war ein bißchen groß), oder sie war arm genug, um seinen Wert zu schätzen. Oben an ihrem Schenkel hatte sie einen schlimmen Bluterguß; jemand hatte sie erst vor kurzem vermöbelt; und jetzt konnte ich die Blinddarmnarbe des Mannes sehen, die sehr deutlich war.

Zwei Einzelheiten deuteten darauf hin, daß die Hausfrau keine Amerikanerin war: Ihre Beine und Achselhöhlen waren nicht rasiert, und sie sagte nichts. Der Mann redete, aber ihre Antworten bestanden in übertriebenen Grimassen: Scheu,

Interesse, Begierde, Ausgelassenheit, Vergnügen, Überraschung. Sie küßte die Lippen des Mannes, und ihr Kopf glitt dann an seiner Brust hinunter, an der Blinddarmnarbe vorbei – sie war noch frisch und auch der Grund für seine Arbeitslosigkeit: Er mußte warten, bis sie verheilt war, bevor er wieder schwer arbeiten konnte. Die Hausfrau öffnete den Mund; sie hatte ausgezeichnete Zähne und durchstochene Ohrläppchen – eine Kriegsbraut, vielleicht eine Italienerin, sitzengelassen von ihrem GI-Ehemann (er verprügelte sie und nahm die Kinder mit). Die Kamera verweilte lange auf ihrem Gesicht, ihr Profil bewegte sich vor und zurück, und eine abstrakte Geistesabwesenheit lag auf ihrem Gesicht, sobald sie die Augen schloß – sie war angespannt, ihre Augen waren jetzt fest geschlossen, ein Augenblick dramatischer Meditation über widerwillige Hingabe: Sie schauspielerte nicht.

Barmherzig schwenkte die Kamera ab und zeigte jetzt das ganze Zimmer. Links befand sich ein Ohrensessel mit zerrissenem Sitz, ein Couchtisch, darauf ein Glasaschenbecher mit Zigarettenkippen (sie hatten darüber geredet – *Sind Sie sicher, daß es Ihnen nichts ausmacht?* –, es vielleicht auch geprobt) und rechts das Gesicht eines Wasserflecks an der Wand, ein imitierter Kamin mit einer halbvollen Flasche auf dem Sims – der katholische Hilfsarbeiter hatte einen Schluck zu trinken gebraucht, um zu Rande zu kommen. Es hatte eine Szene gegeben. *Wenn Sie kein Interesse haben, dann finden wir schon einen anderen.* Und: *Okay, wir wollen es hinter uns bringen.* Es brach mir das Herz.

Die Wohnungstür wurde gezeigt. Sie flog auf, und eine große nackte Frau stand da und grinste das Paar auf dem Fußboden an – das war zweifellos die Besitzerin des Luxusbademantels (die Freundin des Kameramannes?). Sie schloß sich ihnen an, sehr energisch, und ich war so in Anspruch genommen von den tragischen Möglichkeiten, die ihre Nacktheit in mir wachgerufen hatte, daß mir bei der Tür keine Bedenken gekommen waren. Es war ein Stummfilm, aber die Tür hatte sich mit Krach und Gepolter geöffnet. Der Typ neben mir hatte sich herumgedreht und sagte: »Und was machen wir jetzt?«

13

Als routinierter Erzähler gab ich ein paar Dingen noch den letzten Schliff, veränderte die Tageszeit und meinen Tonfall, um die Geschichte wahrer zu machen, steigerte sie ins Komödienhafte, bis sie zu einer erträglichen Erinnerung wurde, und auf diese Weise wurde meine Flucht aus der Pornofilm-Razzia Teil meines Repertoires, und binnen eines Jahres erzählte ich das Ganze an der Bar meines eigenen Hauses Dunroamin: »... da sagt der Chefinspektor, ein Schotte, zu mir: ›Habe ich Sie nicht schon mal irgendwo gesehen?‹ Und ich sage: ›Doch nicht etwa im Club?‹ Und er sagt: ›Jack, hol mich doch der Teufel, daß ich Sie ausgerechnet in so einem Laden finden muß!‹ – ›Ich kann alles erklären‹, sage ich. ›Ganz im Vertrauen, ich dachte, da lief *Vom Winde verweht*‹, und er lacht wie verrückt. ›Hören Sie mal‹, sagt er flüsternd, ›ich habe ein bißchen wenig Leute. Helfen Sie mir mal dabei, den Kram hier zusammenzupacken, und wir verlieren kein Wort mehr darüber.‹ Also habe ich den Stecker des Projektors rausgezogen und den Apparat zum Streifenwagen getragen, und später haben wir dann alle bei einem Bier unsere Witze darüber gerissen. Und um dem Ganzen die Krone aufzusetzen, ich habe noch immer nicht herausgefunden, welchen Club er gemeint hat!«

Jeden Abend ging ich durch die Bar des Dunroamin, quatschte Kunden an, stellte die Mädchen vor und klärte strittige Fragen.

»Wenn man eine bestimmte Einstellung zu Katzen hat, dann ist man schwul, wird behauptet. Stimmt das nicht, Jack?«

»Klar. Wenn man einen Kater bumsen will, dann heißt das, man ist schwul, prih-hih!«

Wie immer war meine Clownerie ein großer Erfolg, aber wie bei meiner neuen Version der Pornofilm-Story war es diese Clownerie, die mich beunruhigte – die Komödie schlug unerwartete Töne der Verzweiflung an. Meine Ängste verwandelte ich in Witze, um mich klein zu machen. Ich wollte nicht bemitleidet werden – mein Humor war Bescheidenheit. Ich sang Songs wie *Was hat Robinson Crusoe mit Freitag am*

Samstagabend gemacht?, und wenn ich sagte: »Ich würde hier niemanden reinlassen, den ich nicht auch in mein eigenes Haus einladen würde«, dann wurde Dunroamin – wo ich mit meiner *Amah* und meinen Tieren inzwischen eingezogen war – für mich nur ein weiterer Witz. Aber die Sache war nicht zum Lachen. Ich hatte meine sämtlichen Ersparnisse hineingesteckt. Wenn ich nicht zugeben wollte, daß ich es ernst nahm, dann war das meine Art, mich vor Mitleid zu schützen, wenn es ein Mißerfolg wurde.

Es war kein Mißerfolg; und seine Attraktion, die ich mir ausgedacht hatte als eine Art Witz aus letzter Verzweiflung, war genau das, was das Haus vor dem Zusammenbruch rettete. Es war nicht groß, aber es war von einer Mauer umgeben und lag abseits der Straße. Ich suchte es aus wegen seiner hohen Mauer und mietete es billig von einem abergläubischen *Towkay*: Es lag an der Kampong Java Road, und von der Rückseite aus hatte man Zugang zum Friedhof an der Lower Bukit Timah Road. Die paar Morgen Land mit Grabsteinen und die Tatsache, daß das Haus mit einigen Greueln der Japaner in Verbindung gebracht wurde, erklärten die niedrige Miete, aber das Ganze bereitete mir Kopfschmerzen, als es darum ging, Mädchen zu bekommen, die dort wohnen sollten. Der Witz war das Palmgartenorchester: Die Leute kamen oft und bezahlten meine etwas höheren Barpreise, nur um dazusitzen und zuzuhören.

Mädchen zu finden, die nicht an Geister glaubten, war sehr schwierig – in dem Haus spukte es; südindische Geiger zu finden war leicht – viele suchten Arbeit. Mr. Weerakoon war mein Erster Geiger; unterstützt wurde er von Mr. (»Manny«) Manickawasagam und Mr. Das. Albert Ratnam spielte Klavier, Mr. (»Subra«) Subramaniam Cello, Mr. Pillay Klarinette. Manny, ein imponierender Bariton, sang gelegentlich auch, und Subra griff bei den schnelleren Stücken zum Akkordeon. Jeden Abend tauchten sie pünktlich um sechs in ihren altmodischen Smokings mit Fliege auf, dufteten nach indischem Talkum und waren von ihrem Fußmarsch aus der Serangoon Road noch ganz außer Atem. Ihr Haar war sauber in der Mitte gescheitelt, wodurch zwei pomadisierte Wellen entstanden, die sich zitternd in glänzende schwarze Spiralfedern auflösten, sobald sie zu spielen begannen. Weerakoon, der einen ungemein großen Schnurrbart in der Form eines Fahrradlenkers hatte, ließ sie bis sieben Uhr üben und unterbrach sie ständig mit den Worten: »Nein, nein, nein! – Noch einmal von oben«, wobei er aus den Augenwinkeln zu mir herüberblickte.

Lob lehnte er ab. Ich sagte zum Beispiel: »Eine sehr hübsche Interpretation von *Roses from the South*.«

»Hoffnungslos. Aber was soll man machen? Ratnam kann keine Noten lesen.«

»Es war sehr schmissig. So schmissig habe ich es noch nie gehört.«

»Schnelles Tempo – ich glaube, das paßt zu Ihrem Haus. Aber Pillay hat zu schleppend gespielt. Wir brauchen noch viel Übung.« Dann kniff er immer in die wachsigen Enden seines Schnurrbarts und fügte hinzu: »Wir werden noch einen Haufen Ärger mit den komplizierteren Stücken haben.«

Weerakoon überredete mich, den vorderen Salon neu dekorieren zu lassen und aus ihm einen Musikraum zu machen. Er brachte mich dazu, ein Konzertprogramm drucken zu lassen, das die ausgewählten Stücke und die Pausen wie eine Speisekarte aufführte, und baute es auf einem Notenständer an der Tür auf. Das Orchester hatte den gleichen Effekt, den Mr. Sim durch das Verschlucken lebender Mäuse erreichte – es brachte unruhige Seeleute dazu, sich still zu verhalten (später sagten sie mir dann, das Dunroamin habe »Klasse«). Von der Bar aus, wo ich stand, um eintreffende Kunden zu begrüßen, konnte ich sie sehen: eine Reihe hart aussehender Männer, deren Arme von der Sonne verbrannt waren – jetzt saßen sie auf den Klappstühlen und hörten aufmerksam zu. Und die ganze Nacht hindurch hob das *Skri-skri*, das aus dem Musikraum drang, den Fluch auf, der auf den zuknallenden Schlafzimmertüren und den lauten Rohrleitungen lag, auf den quietschenden Sprungfedern und quakenden Ventilatoren und jener lauten Art, in der sich die Mädchen wuschen, sich mit Schöpflöffeln abspülten und dabei gleichzeitig gurgelten.

Die in Singapur Ansässigen, klubfähige vor allem, bildeten sich ein, das Palmgartenorchester sei für sie da, obwohl sich einige beschwerten und Weerakoon und die anderen

»schmierige Babu-Geiger« nannten. Einige meinten, ich solle sie feuern und ein paar Mädchen für eine Show einstellen. Aber ich widersetzte mich diesen Anregungen – Sexshows machten mich fast so traurig wie Pornofilme: Diese panikartige Nacktheit war eine Sackgasse der Begierde. Das Palmgartenorchester, von zentraler Bedeutung für das, was ich allmählich als meine kleine Missionsstation betrachtete – ein notwendiges, behagliches Haus auf dem vorgeschobenen Inselstützpunkt –, war für die Seeleute da. Ich hatte bei ihnen etwas entdeckt, was ich auf der *Allegro* nicht begriffen hatte, weil ich zu abgestumpft oder zu verwirrt war: Die meisten Männer, die zur See fahren, sind von Natur aus ruhig und konservativ, eine Einstellung, die noch gefördert wird durch die kleine, abgeschirmte Gemeinschaft auf einem Schiff, wo die kleinste Unordnung tödlich sein kann; selbst die Jüngsten haben ältliche Vorlieben – Pfeiferauchen und Hobbies –, und wenige nur lesen Zeitungen; die meisten sind ängstlich in der Gesellschaft von Frauen und an Land sehr schüchtern, geborene Trinker und ziemlich ungesellig. Für sie übte Mr. Weerakoon den Walzer aus *Schwanensee*, und er ermunterte sie, sich etwas zu wünschen, wenn er die ausgewählten Stücke beendet hatte, die auf dem Konzertprogramm ausgedruckt waren. Dann geschah es, daß ein Seemann mit verwüstetem Gesicht sich vorbeugte, während der hölzerne Stuhl unter ihm ächzte, und mit rauher Stimme *Brightly Shines Our Wedding Day* oder *Time On My Hands* verlangte.

Meine Mädchen reichten gekühlte Handtücher auf Tabletts herum oder lehnten an den Wänden und hatten ihre dünnen blassen Arme verschränkt, oder sie schlurften hin und her in den klatschenden, kaputten Pantoffeln, die sie immer trugen. In vieler Hinsicht und obwohl ich es nicht wollte – ich bemühte mich noch immer tastend darum, meinen Job zu verstehen –, war das Dunroamin ein traditionelles Unternehmen mit kalten Handtüchern, heißen Handtüchern, Tee in Gläsern, mit dem Angebot einer Massage für fünf Dollar extra, und alle Getränke waren teurer als in einer Bar des Geschäftsviertels; die ältesten und schwächsten *Amahs* erledigten die schwerste Arbeit – sie beluden sich mit Eimern voll Wasser und wankten die Treppe hinauf, um die riesigen steinernen

Duschkrüge zu füllen, sie schrubbten Bettlaken auf den Waschbrettern draußen im Hof oder kochten Wäsche, die sie mit hölzernen Paddeln umrührten, in schäumenden Schüsseln voll übelriechendem Wasser auf dem Küchenherd. In denselben Schüsseln, nachdem sie sie hastig ausgespült hatten, bereiteten sie *Mee-hoon*-Suppe zu und servierten sie den Kunden, die »echtes chinesisches Essen« verlangten.

Dunroamin funktionierte reibungslos, aber es wirkte traditioneller, als ich es geplant hatte. Das System der Bezahlung – Verzehrbons in der Bar, Ausplünderung im Schlafzimmer; Ganapaty, der *Jaga* am Vordereingang, der sagte: »Ich bin ein Hund, nur zum Bellen hier«; die dick gewachsten ochsenblutfarbenen Fußböden; das elegante weiße Haus unter der Tarnung gewaltiger *Angsana*-Bäume, von denen winzige gelbe Blüten herabtropften, und flankiert von den Unterkünften der Dienerschaft und einer Kutschenremise; schräge Rattansessel mit Beinstützen auf der Veranda des Obergeschosses; das leichte Klopfen an der Tür meines Hinterzimmers und (obwohl ich darauf bestand, sie sollten mich Jack nennen) der weiche Ruf »Tuan«, der den Morgentee begleitete; das Können der indischen Musiker und Weerakoons Angewohnheit, »Au verdammt!« zu sagen, wenn er eine falsche Note spielte: all das war koloniales Erbe, und es war mir zugefallen. Aber wenn mein Hurenhaus ein maßstabgetreues Modell des imperialen Traums war, dann rechtfertigte ich meine Ausbeutung jedenfalls dadurch, daß ich sie durch Humor und großzügige Nächstenliebe ergänzte und jeden willkommen hieß.

Wenn uns chinesische Männer besuchten, meist verlegene Geschäftsleute mit Namen wie Elliot Ching und Larry Woo, dann taten sie es aus dem gleichen Grund, aus dem die übrigen Chinesen wegblieben – weil meine Mädchen mit Rothaarigen schliefen. Ich beobachtete alles aus meiner Ecke an der langen Bar, in der Nähe des Telefons und des Summers, mit dem Ganapaty im Ernstfall Alarm schlagen konnte, begrüßte Neuankömmlinge mit: »Freut mich, daß Sie es einrichten konnten – was kann ich Ihnen antun?«, und sah sie dann später die Kiesauffahrt hinuntergehen, jeder von ihnen erschöpft, vom hastigen Anziehen zerknittert – ihre Krawatten und manchmal auch ihre Socken hatten sie sich in die Gesäßtasche gestopft –, und sie hatten das rosafarbene Gesicht, das die Leute mit Exzessen in Verbindung bringen, von dem ich jedoch wußte, daß es die Sanftmut war, die sich einstellt, wenn man Energie auf harmlose Weise verschwendet hat. Es tat gut, sie mit neuen Gesichtern davongehen zu sehen, und ich fühlte mich geschmeichelt und beruhigt, wenn sie mir versprachen, großzügig zu sein: »Wenn es irgendwann mal etwas gibt, das ich für Sie tun kann, Jack...«

Aber ich war der Gastgeber. »Begleichen Sie nur Ihre Bar-Rechnung zum Monatsende, vielen Dank, und Ihnen allen noch einen recht schönen Abend!«

Ich stand früh auf. Im Pyjama rechnete ich an einem sonnigen Schreibtisch die Quittungen der vergangenen Nacht zusammen und kontrollierte, ob die Bar gut ausgestattet und die Zimmer sauber waren – in jedem Zimmer saß dann ein Mädchen und bürstete sich vor einem Spiegel ihr Haar, ein Haus voller Mädchen, die sich die Haare bürsteten: Es stimmte mich froh. Es war ein anstrengender Rundgang mit Anordnungen und Aufsichtsmaßnahmen, es mußte dafür gesorgt werden, daß die Wäsche erledigt, der Klauverlust registriert, der Rasen gemäht und das Haus in einen annehmbaren Zustand gebracht wurde; dann duschte ich, ging quer über den Friedhof zur Lower Bukit Timah Road, nahm den Bus Nummer 4 der Grünen Linie bis zur Beach Road, kletterte auf den Hocker in meiner kleinen Nische und nahm von Hing Befehle entgegen.

In den Tagen, als ich die Zuhälterei noch auf den Straßen und in den Bars betrieb und »Ganz schön heiß, nicht?« zu Leuten sagte, die wie Fremde aussahen, war ich froh gewesen über die Sicherheit in Hings Geschäft. Ich kannte meine Arbeit als *Water-Clerk* gut genug, um sie mühelos erledigen zu können. Und obwohl das Geld nicht zählte (jedes meiner Mädchen verdiente mehr in einer Woche), der Hocker, an dem ich meine Füße festhakte, war wichtig. Er war die Basis meines Visums, ein perfektes Alibi und ein Platz zum Ausruhen. Aber der Erfolg des Dunroamin ließ mich in Erwägung ziehen, bei Hing auszusteigen.

Von den Typen, die ins Dunroamin kamen, erhielt ich auch

weiterhin freundliche Zusagen, mir ihre Aufmerksamkeit zuzuwenden, aber dennoch blieb meine Beziehung zu ihnen die zwischen Zuhälter und Kunde. In den Clubs war ich regelmäßiger Gast und kannte die meisten Mitglieder; in den Schiffsmaklerbüros des Asia Insurance Building und des Maritime Building riefen mich die Leute beim Vornamen und sagten mir, wie nett es sei, mich zu sehen. Aber sie blieben unterwegs nie stehen, um mir guten Tag zu sagen. Meine Gespräche mit ihnen fanden zu vorher vereinbarten Zeiten statt und dienten einem bestimmten Zweck, und ihren Freunden wurde ich selten vorgestellt. Sorgfältig vermied ich es, sie daran zu erinnern, daß ich mehr über sie wußte als ihre Ehefrauen, und wenn ich sie mit ihren Frauen sah – zufällig nach einem Film oder bei einem Cricket-Match im Padang –, dann überraschte es mich, daß die Typen überhaupt ins Dunroamin kamen: Ihre Frauen waren hübsche, lächelnde Mädchen (ungefähr zu dieser Zeit hatte ich meine heftige Affäre mit der Ehefrau aus dem Tanglin Club, von der ich schon berichtet habe, daß sie »wirklich sehr nett« war). Meine Umsicht störte die Typen vielleicht. Ich achtete auf die Details, wenn ich es arrangierte, daß Mädchen auf Schiffe hinausgeschickt wurden oder daß Clubmitglieder in einer Fahrradrikscha dem Dunroamin einen diskreten Besuch für eine schnelle Nummer abstatten konnten, und das hätte man unter Umständen als etwas Verdächtiges deuten können, eine Art von krimineller Pünktlichkeit, die hartnäckige Präzision des Erpressers. Trotzdem bestanden die meisten Typen darauf, ich solle mich an sie wenden, wenn ich jemals ein Problem haben sollte.

Einmal hatte ich eins. Es war eine einfache Sache. Mr. Weerakoon sagte, er brauche neue Geigensaiten und könne in den Geschäften keine finden. Ich kannte den Importeur; ich hatte ihn bei verschiedenen Gelegenheiten versorgt. Ich rief ihn an.

»Hi, hier ist Jack Flowers. Sagen Sie, ich habe hier ein kleines Problem...«

»Ich rufe zurück«, sagte er schnell, und die Leitung war tot.

Das war das letztemal, daß ich etwas von ihm hörte. Ich erkundigte mich in seinem Club nach ihm.

»Warum lassen Sie den armen Kerl nicht in Ruhe?« sagte

einer seiner Freunde – gleichfalls einer meiner Kunden. »Dem haben Sie ja vielleicht einen Schrecken eingejagt. Er bemüht sich, einen anständigen Lebensunterhalt zu verdienen. Wenn Sie jetzt anfangen, sich da einzumischen, dann ist alles im Eimer.«

Das war auch das letztemal, daß ich etwas von dem »Freund« hörte. Ich kapierte und bat nie wieder jemanden um einen Gefallen. Aber es wurden weiterhin Gefälligkeiten angeboten. Sie klangen, als wären sie ehrlich gemeint. Spätabends, wenn sie ihren Spaß gehabt hatten, waren die zufriedenen Typen mit den rosafarbenen Gesichtern voll Dankbarkeit und guten Willens. Das hatte ich bei ihnen bewirkt: Ich war so ein Engel, von dem ich hoffte, er würde mich besuchen. Sie sagten, ich solle sie in Hongkong aufsuchen; ich solle eines Tages mal die Reise unterbrechen und mir ihre Schiffe oder Fabriken ansehen; ich solle irgendwann mit ihnen zu Mittag essen – oder ganz unverbindlich: »Jack, wir müssen uns bald mal zu einem Drink treffen.« Aus den Einladungen wurde nichts; nach der Sache mit den Geigensaiten kam ich nie wieder auf sie zurück. Also blieb ich bei Hing als sein Angestellter für Schiffsproviant, sowohl zur Sicherheit als auch zur Beruhigung: Es war der einzige Job, den ich offiziell zugeben konnte – und bald sollte ich froh darüber sein, daß ich ihn hatte.

Ein junger Chinese kam eines Abends herein. Es war noch vor sechs, das Haus war leer, und ich saß an der Bar, trank einen Kaffee und las die *Malay Mail.*

»Brandy«, sagte er und schnippte mit den Fingern nach Yusof. »Eine Tasse.«

Yusof goß einen kleinen Schluck Brandy in einen Schwenker und ging wieder zurück zum Ausguß, wo er Eis zerkleinerte.

An seinem Körperbau sah ich, daß der chinesische Typ nicht viel Englisch sprach. Die englisch Erzogenen waren feist vom Milchtrinken, die chinesisch Erzogenen hielten sich an eine traditionelle Diät, Bohnengrütze und kleine Fleischstückchen – sie waren dünn, schlaksig wie dieser Typ hier, klein, mädchenhaft, mit knochigem Gesicht. Sein Haar war lang und nach hinten gestrichen. Sein leichtes Sporthemd saß gut über seinen knotigen Schultern, und seine Handgelenke waren so klein, daß seine schwere Uhr wie ein Armband an seinem Unterarm hin und her glitt. Er sah sich ständig um – ohne den Kopf zu wenden, statt dessen senkte er ihn und drehte ihn zur Seite, um an seinem Arm vorbeizuspähen.

»Bißchen früh«, sagte ich.

Er blickte in seinen Drink, nahm ihn dann hoch und stürzte ihn auf einen Zug hinunter. Es war eine bühnenreife Geste und gut gespielt, aber sie brachte ihn zum Husten und Würgen, sein Gesicht lief rot an, und er rang nach Luft, kaum daß er den Schwenker auf die Bar zurückgestellt hatte. Er schnippte erneut mit den Fingern und sagte: *»Kopi.«*

»Kein Kaffee. Nur kalte Getränke«, sagte Yusof.

Der Typ blickte stirnrunzelnd auf meine Tasse. Yusof griff nach dem leeren Glas. Der Typ riß es hoch und hielt es fest.

Ich hörte Schritte auf der Veranda und ging zur Tür, weil ich dachte, es könnte Mr. Weerakoon sein. Ich sah mich drei Chinesen gegenüber, die dem Typ an der Bar ähnelten – Hemden mit kurzen Ärmeln, lange Haare, Sonnenbrillen, magere spitze Gesichter. Einer war so klein, daß man ihn als Zwerg bezeichnen konnte. Er stolzierte zu einem Barhocker hinüber und hatte Schwierigkeiten, sich hinaufzuhieven. Jetzt saßen die vier in einer Reihe; sie wechselten ein paar Worte, und der eine, der als erster hereingekommen war, verlangte wieder einen Kaffee.

Yusof schüttelte den Kopf. Er sah mich an.

»Wir schenken hier keinen Kaffee aus«, sagte ich.

»Das ist *Kopi*«, sagte der Typ langsam und deutete auf meine Tasse. Die anderen starrten mich an.

»So ist es«, sagte ich. »Yusof, gib den Herren, was sie haben möchten.«

Sofort redeten die vier Chinesen lauter, und einer stieß, durch den kleinen Sieg ermutigt, ein lautes Gelächter aus. Der Zwerg hüpfte von seinem Hocker herunter und kam zu mir herüber.

»Du will Buch?« fragte er.

»Was für eins?«

»Speziell.« Er knöpfte sein Hemd auf und holte eine flache Plastiktüte heraus, in der sich einige Hefte befanden.

»Bemühen Sie sich nicht«, sagte ich. »Trinken Sie Ihren Kaffee aus, und dann verschwinden Sie.«

»Schwedisch«, sagte er und schlenkerte die Plastiktüte hin und her.

»Tut mir leid«, sagte ich. »Ich kann kein Schwedisch lesen.«

»Ist nicht nötig. Sehen.« Er machte die Tüte auf und zog ein Heft heraus. Er hielt es hoch, damit ich es mir ansehen konnte: ein grellbunter Umschlag. Ich konnte es zuerst nicht erkennen, dann sah ich Haare, Münder, Hintern, Arme.

»Danke, nein«, sagte ich.

»Hier.« Er blätterte um. Es war so etwas wie ein Katastrophenfoto, ein Massaker – nackte Menschen ineinander verknotet auf einem Fußboden.

»Ich brauche sie nicht«, sagte ich. Er fuchtelte mir mit dem Bild vor dem Gesicht herum. »Nein, ich will es nicht haben. Yusof, sag diesem Widerling, ich will seine Bilder nicht.«

»*Tuan*...«, begann Yusof, aber der Zwerg unterbrach ihn.

»Du kaufen«, sagte der Zwerg.

»Ich *nicht* kaufen.«

Jetzt sah ich zu den drei Typen an der Bar hinüber. Der erste hatte sich auf seinem Hocker herumgedreht. Er hielt den Kognakschwenker auf Armeslänge von sich weg und ließ ihn fallen. Das Glas zersplitterte. Oben kicherte ein Mädchen in einer Nische aus Hartfaserplatten.

»Wieviel?« fragte ich.

»Billig.«

»Okay, ich nehme ein Dutzend. Und jetzt raus hier.«

Der Zwerg knöpfte sein Hemd über den Heften zu und sagte: »Du kommen raus. Jede Menge in Auto. Du aussuchen. Sehr hübsch.« Ich schüttelte den Kopf. »Ich suche nichts aus. Ich gehe hier nicht weg.«

Glas zerbrach mit einem fließenden Geräusch wie plötzlich herabstürzendes Wasser. Irgend jemand brüllte: *»Huu!«* Ich sah, wie Yusof wegduckte. Der Spiegel hinter ihm sprang in Stücke, und große Scherben fielen auf den Boden und zerbrachen ein zweites Mal.

»Sag ihnen, sie sollen aufhören!« sagte ich und ging zur Tür. »Wo ist euer lausiges Auto?«

Ein schwarzer Nissan Cedric war auf der Kampong Java Road geparkt, direkt gegenüber dem Wachhäuschen, in dem Ganapaty kauerte und sich über eine Reisschale beugte. Eifrig fummelte er mit den Fingern darin herum.

»Da drin«, sagte der Zwerg und öffnete den Kofferraum.

Drinnen lagen zerrissene Zeitungen. Ich wandte mich um und wollte protestieren. Meine Stimme versagte, vor meinen Augen wurde es hellrot, und Blut rieselte mir brennend heiß das Genick hinunter; es kam mir vor, als würde das Innere meiner Augen zerquetscht, ich atmete Auspuffgase ein und wurde herumgestoßen.

Glauben Sie jedem, der ein paar Tage lang eingesperrt war, wenn er behauptet, seine Gefangenschaft habe Monate gedauert. Die Uhr meines Körpers blieb mit dem ersten scharfen Schmerz in meinem Kopf stehen, dann war die Zeit elastisch, und ein Tag war eine unüberprüfbare Periode des Wachseins zwischen häufigem Schlafen. Die Zeit war wie der Schmerz über mich hinweggeflutet und hatte meinen gewohnten Rhythmus fortgeschwemmt. Ich schwamm schlecht in ihr, ich fühlte, wie ich tiefer sank; der Schmerz wurde zum zeitlichen Ablauf, er pulsierte, während ich ertrank, und erstickte mich in einem peinigenden Meer von Tagen. Aber vielleicht waren es auch nur Minuten. Mir tat alles weh.

Nachdem ich aufgewacht war, hielten sie mich noch lange, an ein Bett gefesselt, in einem Barackenraum fest, wo es nach Staub und Hühnern roch und ein Wellblechdach meine kaputten Augen ausdörrte. Das stellte meine Entführer vor Probleme: Sie mußten mich mit einem Löffel füttern und die Tasse festhalten, während ich trank. Sie wechselten sich dabei ab. Sie banden mich los, entfernten alles aus dem Raum außer einem Eimer und einer Matratze und brachten mir in regelmäßigen Abständen Nudeln. Mein einziger Trost war, daß sie offensichtlich nicht vorhatten, mich umzubringen. Sie hätten das im Dunroamin mühelos erledigen können. Kein Chinese würde einem Mann etwas zu essen geben, den er umbringen will. Mord war jedenfalls zu einfach: Sie wollten keine Leiche, sie wollten ein Opfer.

»Geld? Ihr wollt Geld? Ich besorge euch einen Haufen Geld!« schrie ich die Wände an. Die Männer antworteten nie. Ihr Schweigen ließ meine zaghaften Zwischenrufe schließlich verstummen.

Sie sagten widerwillig *Noodoos*, knallten die Blechnäpfe hin und gaben mir weiterhin zu essen. Von Zeit zu Zeit öffneten sie die Läden des hinteren Fensters, damit ich meinen Eimer ausleeren konnte. Ich wurde von ihnen nicht mißhandelt – sie berührten mich nicht. Aber sie lieferten mir keinen Anhaltspunkt, warum sie mich festhielten.

Einsperren war keine Rache für Typen, die bei einem Mord noch eine Weile dablieben, um der Leiche die Augen auszureißen oder den Schwanz abzuschneiden und triumphierend damit herumzutanzen, selbst auf die Gefahr hin, wegen der vergeudeten Fluchtminuten verhaftet zu werden. Ich vermutete, daß sie mich gekidnappt hatten, aber wenn das stimmte – Zeit und Schmerz hüllten mich in den wattierten Mull des Schlafes ein –, dann war irgend etwas schiefgegangen. Oft hörte ich, wie der Cedric ansprang und wegfuhr, und jedesmal, wenn er zurückkam, unterhielten sie sich murmelnd. Die Polizei von Singapur war schlecht darin, den Aufenthaltsort von Kidnappern zu ermitteln. Selbst wenn die Polizei Erfolg hatte, was für eine Rettung würde das sein? Sie würde meine Verhaftung bedeuten, weil man mich beschuldigen würde, von unmoralischen Einkünften zu leben. Irgendein Freund würde Lösegeld für mich zahlen müssen. Damals lebten wohlhabende *Towkays* und ihre Kinder in ständiger Angst vor Kidnappern; sie wurden oft mit vorgehaltenem Messer entführt, aber sie wurden gegen hohe Bezahlung immer unversehrt wieder freigelassen. Wer in aller Welt würde für mein Leben zahlen?

Eine Erinnerung überfiel meine Hoffnungen aus dem Hinterhalt. Auf der *Allegro* hatte mir ein Typ eine Geschichte erzählt, die mir in der Baracke wieder einfiel. Ein Kredithai hatte mit ihm zusammen auf einem Frachter gearbeitet. Er nannte ihn einen Kredithai, aber nach der Beschreibung, die er von den Darlehen des Typs gab, sah es eher so aus, als seien sie Wohltätigkeit von der großzügigsten und leichtfertigsten Sorte gewesen, und schließlich schuldete ihm jeder auf dem

Schiff Geld, auch der Kapitän. Eines Tages auf See verschwand der Kredithai, einfach so. »Wir fanden ihn nie«, sagte der Mann von der *Allegro*, und sein Augenzwinkern sagte mir, daß ihn nie jemand gesucht hatte.

Die Erinnerung rief bei mir Angst und Trostlosigkeit hervor, und ich glaubte, ich würde in diesem Zustand bleiben, in dem Elend, das aus einem Menschen fromme Vorsätze herauspreßt. Aber diese Einsamkeit verwandelte sich wie durch einen elektrischen Schlag an dem Tage in Entsetzen, an dem meine chinesischen Entführer sich vor meiner Baracke laut zu streiten begannen. Ich hatte etwas Sicherheit verspürt in ihrem Gemurmel, in der regelmäßigen Ankunft der Mahlzeiten und im Eintreffen und Abfahren des Cedric; und ich hatte begonnen, die Zeit damit zu verbringen, daß ich meine Briefe mit den erfreulichen Nachrichten redigierte: *Sir Jack, Präsident Flowers, König John, Bischof Flowers*. Ich schöpfte Trost aus den vorhersagbaren Geräuschen meiner Entführer und ihres Wagens. Mein Trost war mit dem Streit vorbei – an jenem Tag brachten sie mir nichts zu essen.

Ich hörte alles. Der Name des Zwergs war Toh. Er regte sich mit einer hohen Kinderstimme auf; die anderen gaben ein monotones dumpfes Gebell von sich. Ich horchte an einem Riß in der Wand, während mein leerer Magen mich beschimpfte und der Streit draußen sich zu einer Schlägerei entwickelte. Es mußte um mein Schicksal gehen – dieses ungläubige Wiehern und schnüffelnde Grunzen, die krachenden Hiebe und dröhnenden Stöße und Tohs Jammern, das sich zu einem eindrucksvollen Dauerkreischen steigerte. Dann war alles vorbei. In jener Nacht brachten sie mir das Bett ins Zimmer zurück, aber ich war so hungrig und durcheinander, daß ich nicht schlafen konnte. Stunden später war ich noch immer schlaftrunken, als ich hörte, wie die Tür aufgeschlossen wurde. Der blendende Glanz der Morgensonne schien zur Tür herein und wärmte mein Gesicht. Ich begann, aufzustehen und meine Füße vom Bett zu schwingen.

»Du bleiben«, sagte Toh.

Zwei Typen begannen, mich zu fesseln.

»Was soll das eigentlich alles?« fragte ich. »Ihr wollt Geld? Ich besorge euch Geld. He, nicht so fest!«

Ich überlegte, ob ich mit den Fäusten auf sie losgehen sollte, mich in eine Wut hineinsteigern, die groß genug war, sie niederzuschlagen und dann schnell loszurennen. Ich entschied mich dagegen. Jede Unbesonnenheit würde für mich tödlich sein. Sie waren klein, aber sie waren zu viert, und jetzt sah ich hoch und erblickte einen fünften. Bis jetzt hatte ich dadurch überlebt, daß ich passiv geblieben war; ich war vernünftig genug, das Gefängnis dem Tode vorzuziehen – alles preiszugeben bis auf mein Leben. Noch etwas hielt mich zurück: Ich war in Unterwäsche und Socken – sie hatten mir die Schuhe weggenommen. Ich würde nicht weit kommen. Wenn ich bekleidet gewesen wäre, hätte ich es vielleicht darauf ankommen lassen, aber halbnackt fühlte ich mich ganz besonders verwundbar. Ich ließ mich weiter fesseln.

Sie banden meine Knöchel mit Stricken am unteren Ende des Bettes fest, dann knüpften sie mir Stricke um die Handgelenke und ließen mich die Arme über der Brust zusammenlegen. Ich befand mich in der Stellung einer Mumie und war jetzt fest an das Bett geschnürt. Der fünfte Mann war hinter mir. Ich rollte meine Augen nach hinten und sah, wie er ein gerades Rasiermesser abzog, das er auf einer klatschenden Lederzunge hin und her riß.

»Wer ist er?« Taubheit würgte meinen Schwanz.

Toh überprüfte die Knoten, hakte einen Finger hinein und zog an ihnen. Klitsch-klatsch fuhr das Rasiermesser über den Streichriemen. Toh stieß gegen meine Arme und sagte, zufrieden darüber, daß sie fest saßen: »Das Ho Khan.«

»Sagt mir nur eins«, sagte ich mit einer jämmerlich fremden Stimme. »Werdet ihr mich umbringen? Sagt es mir – bitte.«

Toh blickte überrascht. »Nein«, sagte er, »wir dich nicht umbringen.«

»Wozu das Rasiermesser?«

»Rasieren«, sagte er.

Die anderen Typen brachen in gackerndes Gelächter aus. Ich versuchte, meine Lage auf dem Bett zu wechseln, um sie zu sehen. Es war unmöglich. Ich konnte mich nicht bewegen.

»Ihr versucht, mir Angst zu machen, nicht wahr?« Ich hörte nur Klitsch-klätsch-klatsch.

Toh beugte sich herüber und nickte lächelnd. Durch sein

Zwergengesicht wurde es ein boshaftes Lächeln. »Dir Angst machen«, sagte er, »und Angst machen auch für andere Leute.«

»Was meinst du damit?« Klatsch-klatsch. »Na komm, das ist doch verrückt. Ich bin Amerikaner. Wirklich! Das amerikanische Konsulat sucht nach mir!«

»Mei-guo ren«, sagte einer. »Ein Amerikaner.« Ein anderer antwortete auf chinesisch, und es gab Gelächter.

»Jetzt ich gebe dir«, sagte Toh. Er schrubbte die Rückseiten meiner Arme mit einem Seifenlappen ab. Die anderen lehnten sich herüber, um besser sehen zu können. Einer hatte eine Schale in der Hand und aß Nudeln beim Zusehen, schlang sie auf eine ungeduldige und gierige Art hinunter, leckte sich die Lippen und schnappte nach ihnen wie eine Katze, ohne zu kauen. Er starrte mich über den Rand seiner Schale hinweg an. Er gab mir Hoffnung. Niemand würde so essen in Anwesenheit eines Menschen, der gerade aufgeschlitzt werden soll.

Ho Khan fummelte mit dem Rasiermesser herum. Er stützte seine Ellbogen ab, einen gegen meine Kehle, einen auf meinem Bauch, und dann rasierte er langsam schabend die behaarten Partien meiner Arme, die Toh eingeseift hatte, von meinem Ellbogen bis zum Strick an meinen Handgelenken. Zu meiner Erleichterung legte er das Rasiermesser beiseite.

Meine Erleichterung dauerte nur Sekunden. Ho Khan setzte sich eine Brille mit Drahtgestell auf, rückte sie zurecht und ergriff ein wurfpfeilähnliches Instrument, das er in eine Flasche mit einer blauen Flüssigkeit tauchte. Er stützte sich wieder auf mich und begann, mit der Geschwindigkeit einer Nähmaschine die Nadel in den fleischigen Teil meines Arms zu stechen. Er tätowierte mich – biß sich vor Konzentration auf die Zunge –, und hinter ihm ließen die anderen schreiend ganze Wortsalven auf chinesisch los und schienen ihm zu sagen, was er mit den Einstichen schreiben sollte.

14

Am Newton Circus, dicht beim Kanal, stießen sie mich aus dem Wagen und rasten mit gellenden Schreien davon. Ich fand ein paar zerknitterte Dollar in der Kleidung, die sie mir überlassen hatten, genug für eine Packung Stumpen und eine Portion Hammelkotelett an einer malaiischen Imbißbude an der Ecke. Ich war dankbar für die Nacht und auch froh über die Interesselosigkeit der Chinesen, die an den Tischen überall um mich herum geräuschvoll ihr Essen hinunterschlangen und nicht einmal zu mir herübersahen. Meine Arme erschreckten mich; ich untersuchte sie beim Schein der zischenden Drucklampe in der Bude. Die rasierten Außenseiten der Arme waren geschwollen und wund, die frischen Einstiche zogen ihre Spur hinauf und hinunter vom Ellbogen bis zum Handgelenk, die kleinen halbzerplatzten Quadrate chinesischer Schriftzeichen, vielleicht fünfzig Kästchen, aufgedunsen und blau, und aus einigen tropfte noch Blut. Nach dem Essen und dem Rauchen fühlte ich mich besser und ging fort – mit den Armen schlenkernd, so daß niemand ihre Verunstaltung sehen konnte –, den Kanalpfad hinunter, am Waisenhaus vorbei, in der Richtung des Dunroamin.

Ich roch den beißenden Holzrauch, den Gestank der Gewalt, schon bevor ich die Ruine sah; seine Intensität bei dieser Entfernung signalisierte Zerstörung. Das Haus war völlig ausgebrannt. Das Ziegeldach war eingestürzt, und der Mond schien auf die beiden Dachspitzen aus Stuck, die gähnenden Fenster, die zerrissenen und verbrannten Sonnenblenden der Veranda. Das verlassene schwarze Haus sah aus wie eine alte aufgegebene Fabrik; das Feuer hatte die Insekten zum Schweigen gebracht und den Duft meiner blühenden Bäume erstickt. Keine Grillen zirpten mehr auf dem Grundstück, ein Geruch nach Verbranntem hing in der reglosen Luft. Zerrissene Matratzen lagen verdreht und bucklig über Auffahrt und Rasen verstreut. Ich wollte schon fortgehen, aber als ich die Erschöpfung und das Zögern der Melancholie verspürte, beschloß ich, in das Haus hineinzugehen und zu versuchen, in den Ruinen etwas zu finden, das mir gehörte, irgend etwas Tragbares, das ich wiedererkennen und als Souvenir beanspruchen konnte, vielleicht eine angesengte Uhr oder das deutsche Metronom, das Mr. Weerakoon in einer Schrankschublade aufbewahrte: *Hinter diesem kleinen Ding verbirgt sich eine interessante Geschichte* ...

Ich stolperte in die Auffahrt hinein und kam mir vor wie ein Eindringling. Ich stieg über die zersplitterte Haustür und ging durch die Bar. Zerbrochenes Glas lag auf dem Fußboden herum. Ich balancierte auf heruntergefallenen Holzbalken, schlich auf Zehenspitzen ins Musikzimmer und stand dort inmitten des Verfalls, den das Feuer angerichtet hatte, und verspürte keinen Wunsch mehr, nach oben zu gehen und nachzusehen, was mit meinen Katzen passiert war. Die starrenden Schatten der umgeworfenen Sessel hielten mich davon ab. Ich konnte die schmerzenden Tätowierungen an meinen Armen fühlen.

Dann sah ich die Kerze in der Küche brennen und neben ihr einen Mann kauern, dessen Gesicht von der gelben Flamme beleuchtet wurde.

Das Unheimlichste an ihm, an dieser alten Vogelscheuche in dem ausgebrannten Haus, war, daß er unerschütterlich eine zusammengefaltete Zeitung las. Ich wollte ihn in Ruhe lassen. Ich ging auf die Haustür zu und trat bei meinem ersten Schritt gegen ein loses Brett. *Krach*. Die Kerzenflamme flackerte und ging aus.

»Keine Sorge«, rief ich ihm zu. »Ich tue Ihnen schon nichts.«

Ich gelangte in die Küche, fand die Kerze und zündete sie an. Der alte Mann war zur Wand gelaufen, wo eine Decke ausgebreitet lag. Er war Chinese und hatte das Aussehen eines Rikschafahrers, die schwarzen sehnigen Beine und Arme, kurzgeschorenes Haar, das kleine dunkle Gesicht eines Reptils. Er trug eine blaue Jacke und Shorts und an den Füßen grobe Gummisandalen, die aus Autoreifen geschnitten waren.

»Sie kennen mich, eh? Ich Jack.« Ich lachte. »Dies mein Haus!« In dem dunklen, übelriechenden Raum war jeder Laut unheimlich, und mein Lachen war gespenstisch. »Sie wollen rauchen?« Ich warf ihm einen Stumpen zu. Er duckte sich, als ich die Kerze hinüberbrachte, um ihm Feuer zu geben.

»Ich Jack«, sagte ich. »Dies mein Haus – Dunroamin.«

Er blickte verständnislos. »Du Haus?«

»Jaa«, sagte ich. »Alles vorbei jetzt.«

Er stieß ein Gackern aus und sagte etwas, das ich nicht verstand.

»Sie leben hier jetzt?« fragte ich. »Schlafen hier, essen hier – *makan* hier, eh?«

»Makan, makan«, sagte er und griff nach einer kleinen Schale. Er bot sie mir an. »Du *makan*.«

Es waren Reisklumpen darin mit zwei gelben Schweinespeckschwarten obendrauf. Ich nahm sie und bedankte mich bei ihm und würgte eine der Schwarten hinunter. Es war eine Geste des Teilens, und sie funktionierte. Der arme Mann war beruhigt. Er ging zu einem blechernen Essenskübel und löffelte noch etwas mehr Reis in die Schale.

»Nein«, sagte ich.

»Makan«, sagte er und lächelte.

Ich nahm die Schale und aß langsam kauend ein paar Körner. Ich zeigte auf die Zeitung. »Sie lesen, eh? *Sin Chew Jit Poh?*« Den Namen der Zeitung auszusprechen war wie eine Unterhaltung. Ich erinnerte mich an eine andere: »*Nanyang Siang Pau*, eh?«

Er nickte eifrig und reichte mir die Zeitung.

Ich stellte die Schale hin und faltete die Zeitung auseinander, sah hinein, sagte: »Ja, ja«, und gab sie zurück.

Er reagierte nicht. Er blickte auf meine Arme. Er legte seine mageren Finger auf eine Reihe Tätowierungen und arbeitete sich, jedes Zeichen kurz antippend, in der Spur der senkrechten Kolumne nach unten. Er runzelte die Stirn und tippte an eine weitere Kolumne, diesmal jedoch schneller.

»Chinesisch«, sagte ich. »Chinesische Tätowierung.« Ich grinste.

Er wich zurück und streckte dabei eine Handfläche aus, um mich abzuwehren; er gab ein deutliches Stöhnen von sich, und dann rannte er los, stieß dabei den blechernen Essenskübel um und trampelte über die zerbrochenen Bretter des Musikzimmers und lief schreiend die Auffahrt hinunter.

In der Nacht schlief ich auf der Decke des alten Mannes und atmete die Dämpfe aus seinem verkrusteten Essenskübel ein.

»›Fluch der Hundescheiße‹«, sagte Mr. Tan, als er am nächsten Tag im Bandung übersetzte. Er las meinen linken Arm. »›Vorsicht Teufel‹, ›Hurenbengel‹, ›Mund voller Lügen‹, ›Entferne dies und du stirbst‹. Sehr übel«, sagte Mr. Tan. »Lassen Sie mich Ihren anderen Arm sehen.« Der rechte lautete: »Rotes Ziegengesicht«, »Verbotener Affe«, Zehn Teufel in einem«, »Ich bin Gift und Tod«, »Entferne dies und du stirbst«.

Danach wurde Mr. Tan in die Unterhaltungen einbezogen, die Yardley mit den anderen hatte, wenn meine Tätowierungen zur Sprache kamen. Jahrelang hatte Mr. Tan mit seiner Flasche Sojabohnenmilch allein dagesessen. Jetzt war er willkommen. Yardley konnte sich nicht an sämtliche Flüche erinnern und forderte Mr. Tan auf, sie zu wiederholen.

»Unglaublich«, sagte Yardley. »Da, was war mit dem hier?«

»Verbotener Affe«, sagte Mr. Tan prompt.

»Ist doch nicht zu fassen«, sagte Yardley. »Und der da – ›Affenarsch‹ oder so was?«

»Hundescheiße«, sagte Mr. Tan. »In Ordnung«, sagte ich. »Das reicht.«

»Erinnert ihr euch an den alten Baldwin, den Kerl, der für Jardine arbeitete?« fragte Smale. »Der hatte Tätowierungen überall. Vögel und so was.«

»Willst du die behalten, Jack?« fragte Coony. »Andenken an Singapur. Kannst du deiner Mutti zeigen.«

»Ihr haltet das für einen Witz«, sagte ich. »Diese Dinger *tun weh*. Und der Arzt sagt, ich muß warten, bis sie abheilen, bevor ich sie wieder runter bekomme.«

»Die Scheißdinger kriegst du nie runter«, sagte Yardley.

»Der Arzt sagt...«

»Man kann sie transplantieren«, sagte Smale.

»Säure«, sagte Yates. »Man brennt sie mit Säure aus. Es hinterläßt Narben – das ist der Haken dabei. Aber Narben sind tausendmal besser als das, was du da hast, wenn du mich fragst.«

»Vielleicht haben sie irgendeine Chinatusche verwendet«, sagte Coony. »Die Sorte, die nie wieder abgeht.«

»Quatsch!« sagte Smale. »Wenn das Chinatusche wäre,

dann könnte er die verdammten Dinger mit Seife und Wasser abwaschen. Nein, das ist ganz normale Tätowierfarbe. Das sieht man.«

»›Verbotener Affe‹«, sagte Yardley und lachte. »Jesus, sei froh, daß es nicht in englisch ist! Wenn es englisch wäre, und Jack wäre in London, sitzt in einem Bus oder so? ›Fahrschein bitte‹, sagt der Schaffner und guckt rüber und sieht auf Jacks Arm ›Ziegengesicht‹, ›Affe‹ und alles.«

»Wahrscheinlich würden sie ihn gratis fahren lassen«, sagte Frogget. »Nein, ich weiß was Besseres«, sagte Smale. »Sagen wir mal, Jack ist in der Kirche, und der Vikar hat gerade eine kleine Predigt gehalten über das Fluchen und so. Die Lady neben Jack schaut nach unten und...«

»Hört auf«, sagte ich und rollte meine Ärmel herunter, um die anstößigen Schriftzeichen zu verdecken. »Wie würde es euch gefallen, wenn man das mit euch machte?«

»Keine Angst, verdammt noch mal«, sagte Coony. »Wenn einer von diesen kleinen Scheißkerlen...«

»Halt's Maul«, sagte Yardley. »Die würden dir dasselbe auf die Eier tätowieren, bevor du Buh sagen könntest.« Yardley wandte sich an mich und sagte: »Reg dich nicht auf, Jack. Es gibt jetzt Methoden, das Zeug wieder wegzumachen. Aber eins will ich dir sagen – du wärst ein Narr, wenn du es noch einmal versuchen würdest.«

»Wovon redest du?«

»Von deinem Hurenhaus da«, sagte Yardley. »Du hast das alles selbst heraufbeschworen. Jeder von uns hätte dir das voraussagen können. Richtig, Smelly?«

»Richtig«, sagte Smale.

»Willst du also sagen, ich hätte das verdient?«

»Was meinst *du* denn?«

Ich sagte: »Ich habe ein paar Dollar verdient.«

»Und wo sind die jetzt?« Yardley stieß Frogget an.

»Geht dich nichts an«, sagte ich.

»Jack glaubt, er wär was Besonderes«, sagte Yardley. »Das Dumme ist nur, er ist genau dasselbe wie wir, lebt hier in diesem Pißloch und schwitzt bei einem *Towkay* im Geschäft. Find dich mit den Tatsachen ab, Jack, du bist verflixt noch mal nichts anderes als wir!«

»Wirklich?« sagte ich und überlegte, ob das stimmte, und entschied dann, daß es nicht stimmte.

»Außer der Schrift da auf seinen Armen«, sagte Coony.

Macpherson, der gelegentlich zum Trinken ins Bandung kam, trat ein und sagte: »Guten Abend.«

»He, Mac, guck dir das an«, sagte Yardley. Er schnappte sich meinen Arm und meinte vertraulich: »Das ist noch gar nichts im Vergleich zu dem, was sie mit manchen Leuten anstellen. Du hast jetzt deine Lektion gelernt. Von jetzt an bleibst du bei uns – wir halten zu dir, Jack. Und nur um dir zu zeigen, daß ich wirklich meine, was ich sage: Als erstes werden wir dafür sorgen, daß das wieder in Ordnung kommt.«

»Was steht denn da drauf?« fragte Macpherson.

Mr. Tan räusperte sich.

Wochen später fand Yardley einen chinesischen Tätowierer, der sagte, er könne sie entfernen. Wir trafen uns eines Abends im Bandung, und er sah aus, als meine er es ernst. Er hatte einen schwarzen Arztkoffer bei sich. Er kam jedoch nie dazu, ihn zu öffnen; er warf einen Blick auf die Tätowierungen, las ein paar Schriftzeichen und war schon wieder zur Tür hinaus.

»Seht mal, wie der läuft«, sagte Smale. »Wie ein Querschläger.«

»Ein Chink wird das nicht anfassen«, sagte Coony.

»Dann werden wir eben einen Malaien finden«, sagte Yardley. Der Malaie hieß Pinky, und sein Tätowiersalon befand sich in einem *Kampong* draußen am Flughafen. Er hatte nicht viel Hoffnung, sie entfernen zu können, obwohl er sagte, er kenne die Säurebehandlung. Aber er meinte, wieviel Säure er auch immer einriebe, ich würde immer noch einen schwachen, aber lesbaren Abdruck zurückbehalten. Und Transplantationen würden Jahre dauern.

»Warum schneidest du dir nicht einfach die Arme ab und machst das Beste draus?« sagte Smale.

»Können Sie wirklich nichts tun?« fragte ich Pinky.

»Kann machen zu etwas anderem«, sagte Pinky. »Mann reinkommen. Er Tätowierung mit ›I love Mary‹, aber er nicht mögen. Also ich machen ein bißchen dies und das, Segel oder so. Machen ein Schiff, zum Beispiel.«

»Ich verstehe«, sagte ich. Er konnte den Fluch unkenntlich machen, aber ihn nicht beseitigen.

»Er tätowiert anscheinend etwas anderes darüber«, sagte Yates.

»Nur das eine da unten bleibt unverändert«, sagte Frogget.

»Das ist besser, als sie so zu lassen, wie sie sind«, sagte Yardley.

Die Wände von Pinkys Salon waren mit Tätowiermustern bedeckt. Viele zeigen dasselbe Motiv in verschiedenen Größen, »Lieber tot als ehrlos«, Inianerhäuptlinge, Totenköpfe, Adler und Pferde, »Süß-sauer«, »Hier aufreißen«, Tiger und Kruzifixe, »Mutter«, Rotkehlchen, amerikanische Flagge und Union Jacks. Hinter Pinky auf einem Regal befanden sich Flaschen mit antiseptischen Mitteln, Dettol, Verbandmull, Aspirin und viele Reihen Nadeln.

»Wird hart werden, aus den Dingern Schiffe zu machen«, sagte Yates und tippte auf meine blauen Flüche.

»Möchtest du vielleicht einen Dolch?« fragte Smale. »Oder wie wär's mit dem alten Sternenbanner?«

»Das ist wahr«, sagte Coony. »Jack ist ein Yank. Er sollte unbedingt eine amerikanische Flagge auf dem Arm haben.«

»Fünfzig amerikanische Flaggen kommen der Sache schon näher«, sagte Smale.

»Heh, Yates«, sagte Coony und zeigte auf das Muster mit der Aufschrift »Mutter«, »hier ist eins für dich.«

Meine Arme lagen auf Pinkys Tisch. »Chinesische Schriftzeichen. Ich mache zu Blumen.«

Also war ich einverstanden. Aber an jedem Handgelenk war die breite, einzeln stehende Kolumne – »Entferne dies und du stirbst« – zu eng gestichelt, um sie in voneinander getrennte Blumen zu verwandeln. Pinky schlug Stiele für die Blüten auf meinen Unterarmen vor. Ich hatte eine bessere Idee. Ich traf meine Wahl aus der passenden Symbolik an der Wand: ein triefender Dolch für mein rechtes Handgelenk, ein Kruzifix für das linke.

Ich ging zurück in Hings Geschäft. Ich war dankbar dafür, daß ich auf meinen Hocker klettern und dort weitermachen konnte, wo ich aufgehört hatte: Gemüse für die *Vidia*, Einstellspritzen für die *Joseph B. Watson*, neue Frachtnetze für die *Peshawar*. Es war, als sei ich niemals fort gewesen. Aber was für die Jungs im Bandung zum Ereignis wurde und dem Jahr, in dem Jack seine Tätowierungen bekam, die gleiche Bedeutung verlieh, die sie dem Jahr beimaßen, in dem Ogham abgereist war, und dem Jahr, in dem die Bienen zum Fenster hereingeflogen waren – eine Bedeutung, die Rassenunruhen, Bombenangriffe, Kennedys Tod und den drohenden indonesischen Krieg in den Schatten stellte –, wurde von Hing keines Kommentars gewürdigt. Gopi sagte: »Tut mir leid, Mister.«

Hings Mangel an Interesse für alles andere außer seinen immer gleichen Geschäften führte dazu, daß er das Ungewöhnliche grundsätzlich anzweifelte. Er lehnte es ab, von meinem Überleben beeindruckt zu sein oder von dem Durcheinander blauer Bilder, das jetzt meine Arme bedeckte. Er grüßte mich nicht, als ich zurückkam. Er weigerte sich, mich zu sehen, als ich durch die Eingangstür kam. Das war seine Art, meine lange Abwesenheit nicht zur Kenntnis zu nehmen: Eine Erklärung war nicht erforderlich. Obwohl er so alt war wie ich, verliefen seine Jahre kreisförmig und endeten dort, wo sie begannen. Er wendete die Seidenpapierblätter eines Kalenders, der ebensogut hätte leer sein können. Er besaß die chinesische Meisterschaft im Beherrschen der Enttäuschung: Er weigerte sich, davon zu essen, und so konnte er sich nie den Magen verderben. An manchen Tagen beneidete ich ihn.

Ich zog in die niedrige schwarzbraune Hälfte eines Doppelhauses am Moulmein Green, ein uninteressantes Gebäude, dem die vor ihm aufgespannte Leine voller Wäsche das Aussehen eines alten stillgelegten Bootes gab. Meine alte *Amah* fand mich und tauchte mit einem Bündel meiner Kleidungsstücke und zwei von den Katzen auf. Sie wollte nicht sagen, was den anderen zugestoßen war; sie berichtete, durch das Feuer im Dunroamin sei keine verletzt worden. Meine Tätowierungen faszinierten sie, und als ihre Mah-Jongg-Partnerinnen kamen, fragte sie mich, ob sie einen Blick darauf werfen könnten. Meine Entführung und die Tätowierungen hoben ihren Status in der Nachbarschaft. Hin und wieder schloß ich zum Vergnügen kleine Wetten im Turf Club ab, und ungefähr zu dieser Zeit überredete ich Gopi, sich die Beinschiene anpassen zu lassen, aber das führte zu nichts. Ich schlief viel länger und an Wochenenden manchmal den ganzen Tag hindurch, wachte dann mitunter schweißgebadet auf und sagte laut: »Es ist erst Sonntag«, döste ein und wachte auf und sagte es noch einmal.

Mit der Anschafferei machte ich erst mal Schluß. Jeden Abend trank ich im Bandung, und meine Reminiszenzen waren ebenso vorhersagbar wie bei den anderen Jungs; das Wiedererschaffen des Gewesenen, eine ständige Wiederholung der Vergangenheit in Anekdoten, alten Geschichten, manchmal verfälscht und abgewandelt, damit der Zuhörer sich erholen konnte, machten die Gegenwart erträglich. Faszinierten Fremden erzählte ich von meinem »Ganz schön heiß, nicht?«, der *Richard Everett*, dem Dunroamin und meinen Tätowierungen. »Und wenn Sie's nicht glauben, dann sehen Sie sich das hier mal an...«

Mein Vermögen war wieder auf Null, aber wie ich schon sagte, Trostlosigkeit dieser Art gab mir mehr Hoffnung als eine Reihe lächerlicher Erfolge. So unangenehm die Armut auch war, ich hielt sie für Verheißung, für einen geheimen Reifeprozeß. Ich bereute nichts. Aber da war noch etwas, das wichtiger war als diese Tatsache und dessen einziger Zeuge ich war. Meine Geschichten verliehen dem Schrecken Glamour, und oft grübelte ich über meine Entführung nach und suchte nach Irrtümern oder Auslassungen. Ich hatte meine Entschlossenheit dadurch unter Beweis gestellt, daß ich die Marter überlebte, ohne zu verleugnen, was ich getan hatte – meine Mädchen, mein Haus –, und zu keinem Zeitpunkt war ich auf die Knie gesunken und hatte ein Gebet gesprochen. Nicht das ich der Meinung gewesen wäre, ich bedürfe keiner Vergebung. Aber notwendig war sie nicht. Ich hatte nichts wiedergutzumachen. Der barmherzige Kredithai, den seine wütenden Schuldner über Bord geworfen hatten, war ans Ufer geschwommen.

15

»Sie kennen mich nicht«, sagte die verschmitzte Stimme am anderen Ende der Telefonleitung. »Aber ich habe einen guten Freund von Ihnen in Honolulu getroffen, und der, na ja...«

»Wie heißt der Mann?« fragte ich.

Er sagte es mir.

»Nie von ihm gehört«, sagte ich. »Er soll ein Freund von mir sein?«

»Richtig. Er war vor ein paar Jahren in Singapur.«

»Was Sie nicht sagen! Den Namen hör ich zum erstenmal«, sagte ich. »In welcher Branche war er denn? Woher kommt er?«

»Ich kann hier nicht reden«, sagte er. »Ich bin in einem Büro. Es sind ein paar Leute da.«

»Warten Sie«, sagte ich. »Was ist mit diesem Mann, der mich kennt? Hatte er eine Nachricht für mich oder was in der Richtung?« *Halten Sie sich fest. Ich habe phantastische Nachrichten für Sie. Fertig? Also los*... Ich hielt mich fest.

»Vielleicht erinnern Sie sich nicht mehr an ihn«, sagte er. »Ich schätze, er war nur eine Nacht in Singapur.«

»Oh.«

»Aber das hat gereicht. Verstehen Sie?«

»Schauen Sie...«

»Er, hm, hat Sie *empfohlen*. Sehr sogar. Merken Sie, worauf ich hinaus will?«

»Was haben Sie auf dem Herzen?«

»Ich kann hier nicht reden«, sagte er. »Wie sieht's bei Ihnen mit Lunch aus?«

»Tut mir leid. Ich kann hier auch nicht reden«, sagte ich. Wie gefiel *ihm* das?

»Dann ein Drink, so gegen sechs. Sagen Sie ja.«

»Sie verschwenden nur Ihre Zeit», sagte ich.

»Machen Sie sich nichts draus«, sagte er. »Lassen Sie uns einen trinken. Was meinen Sie?«

»Wo wohnen Sie denn?«

»Das Ding heißt Cockpit Hotel.«

»Ich weiß, wo es ist«, sagte ich. »Ich bin um sechs dort. Auf einen Drink, okay? Ich seh Sie dann an der Bar.«

»Woran werde ich Sie erkennen?«

Fast hätte ich gelacht.

»Der und der hat mir gesagt, ich soll Sie mal aufsuchen.« Er war der erste von vielen. Er wollte nicht viel, mir nur einen Drink ausgeben und mir vulgär-ehrliche Fragen stellen: »Wie war das wirklich?« Und: »Glauben Sie, daß Sie eines Tages wieder anfangen?« Ich pflegte dann alles mögliche zu antworten, was mir gerade in den Kopf kam, etwa: »Ich liebe Cornflakes.« Oder: »Verkaufen Sie mir Ihre Schuhe.«

»Warum haben Sie mit der Anschafferei aufgehört?« wollte so ein Typ dann immer wissen.

»Ich hatte keinen Bindfaden mehr«, sagte ich dann.

»Wie lange werden Sie in Singapur bleiben?«

»So lange, wie meine Zitrone es aushält.«

»Was macht Ihnen am meisten Spaß?«

»Das erinnert mich an eine Geschichte. Also, da war dieser Typ ...«

In früheren Jahren hätten dieselben Leute einen chinesischen Massagesalon besuchen wollen; jetzt wollten sie mich sehen. Das Motiv hatte sich nicht verändert: Erfahrungen sammeln. Und offensichtlich kursierten über mich Geschichten im touristischen Nachrichtensystem: Man hatte mich aus den Staaten ausgewiesen; ich war ein Päderast; ich hatte irgendwo Frau und Kinder; ich arbeitete an einem Buch; ich war ein Spion auf höchster Ebene, ein gejagter Mann, ein Kautschukpflanzer, ein Spitzel, ein Verrückter. Die Leute vertrauten mir dieses Gerede treuherzig an und versprachen, keinem Menschen etwas davon zu erzählen. Und einer erklärte, warum er mich aufgesucht hatte, mit den Worten: »Machen wir uns nichts vor, Flowers, Sie sind eine Institution.«

Ich ermutigte sie nicht. Wenn sie ein Mädchen wollten, schlug ich ihnen einen »Begleitungsservice« vor, Mädchen, die ihnen dann nach einer Tour durch die Stadt – Sehenswürdigkeiten des Hafens, Mount Faber, Tiger Balm Gardens, chinesische Tempel, Ehrenmal für die Gefallenen, St. Andrew's Cathedral – auf Amateurbasis »Intimitäten« anboten, wie sie das nannten. Die Politik hatte die Prostitution nicht unterdrückt; sie hatte sie komplizierter gemacht, ihr den Spaß genommen und nur bewirkt, daß sie sich versteckte. Die Häuser waren in die Randbezirke der Stadt ausgewichen – Mr. Sim war am Tanjong Rhu tätig in einem harmlos aussehenden Bungalow in der Nähe des Swimming Club –, viele waren nach Johore Bahru gegangen, das auf der anderen Seite des Causeway lag, und alle zahlten viel Protektionsgeld an die Geheimgesellschaften. Es gab zwei Bordelle in der Stadt, das von Madame Lum hinter dem Supermarkt und Joes im Bristol Chambers gegenüber dem Schilderhaus der Ghurkas am Oxley Rise: Es waren nichtssagende Apartments, die Ausstattung war lieblos, und man verließ sich darauf, daß Taxifahrer Kunden anbrachten.

So merkwürdig es war, die Leute, die mich aufsuchten, waren selten an Mädchen interessiert. Sie waren Touristen, die sich wie Abenteurer vorkamen, wie kühne Entdecker, und sie hatten zwei einander widersprechende Wünsche: Sie wollten die ersten an einem weit entfernten Ort sein, und sie wollten bei ihrer Ankunft gesehen werden. Sie hielten es für ein Bravourstück, nach Singapur zu fliegen, aber sie brauchten auch einen glaubwürdigen ortsansässigen Zeugen, der ihre Ankunft bestätigen konnte. Dieser Zeuge war ich, und die Prozedur war immer die gleiche – ein Drink, ein Bummel durch die schäbigeren Viertel der Stadt, dann ein Foto, auf dem sie mit mir posierten und das von dem Inder mit seiner Box auf der Esplanade aufgenommen wurde. Alles, was diese Typen in Singapur taten, war reden, Bemerkungen über die Unbequemlichkeiten ihrer Hotels, die Hitze, die Gerüche, ihre Angst, sich die Malaria zu holen. Und wenn ich meine reichgeschmückten Geschichten erzählte, dann sagten sie: »Flowers, Sie sind genau so schlimm wie ich!« Manchmal, wenn sie reich waren, hätte ich mich am liebsten über den Tisch gelehnt und sie angefleht: *»Holen Sie mich hier raus!«*

Aber das war die Stimme der Faulheit, die gleiche Stimme, die Gebete im Turf Club schrie und die Spielautomaten herumkommandierte, um einen Jackpot zu erzielen. Ich tat mein Bestes, sie zu unterdrücken, und hörte zu, wenn die weitgereisten Leute weiter vor sich hinplapperten und von ihren Erfahrungen berichteten. Ich wünschte, ich hätte fünf Cent für jeden Typ, der mir die Geschichte erzählte, wie er ein hübsches Mädchen aufgegabelt und in sein Hotel mitgenommen hatte, nur um dort zu entdecken (»Ich war fertig!«), daß es in Wirklichkeit ein Junge in einem eleganten Kleid war; oder die Lieblingsgeschichte der typischen Wunschträumer, die mit den Worten beginnt: »Ich kannte mal eine Nymphomanin...«

Für mich waren dies keine produktiven Jahre. Je länger ich in Hings Geschäft blieb, desto mehr hatte ich mit den Typen im Bandung gemeinsam: »Mein *Towkay* sagt...« Das Currygericht am Sonntag war das einzige Ereignis der Woche, dem ich mit Vergnügen entgegensah. Obwohl Singapur von Touristen überfüllt war und zum erstenmal auch von amerikanischen Soldaten, die auf Urlaub aus Vietnam kamen, betrieb ich die Zuhälterei nur sehr selten. Die Einstellung zum Sex machte in den Staaten gerade eine Veränderung durch, und ich stellte fest, daß es in Singapur schwer war, mit den Veränderungen Schritt zu halten. Die neue Einstellung kam mit den Touristen herüber. Leute waren an Live-Shows der einen oder anderen Art interessiert; kantonesische Mädchen hingen in Hinterzimmern herum wie Flughunde und keiften ihr: »Fucky-fucky«; mürrisches Zurschaustellen grauer Anatomie auf hochgebockten Tischplatten; in einer Seitenstraße der Rochore Canal Road gab es verkommene Zimmer, in denen Touristen wie Assistenzärzte in einer Klinik um ein Doppelbett herumsaßen und Nummern zusahen, die mit Gurken geschoben wurden. Der Typ, der sagte, er sei in den Slip eines Mädchens verliebt, meinte das wörtlich; und einer von diesen Kerlen bat mich flehentlich, ihm einen chinesischen Jungen zu besorgen, der sich (ich glaube, ich habe das richtig verstanden) über ihn stellen sollte, und dann, wie er sich ausdrückte, »muß er Nummer zwei machen – aber haufenweise – alles auf mich drauf«.

»Na, vielleicht halten Sie mich jetzt für altmodisch«, sagte ich zu diesem Typ. »Ich weiß ja auch, niemand ist vollkommen. Aber...«

Ich konnte nichts Wollüstiges darin sehen, sich unter einen Chinesen zu legen und sich dann vollscheißen zu lassen – etwas, das ich in gewissem Sinne jeden Tag in Hings Geschäft über mich ergehen lassen mußte. Wenn ich mit so einem Touristen ins Gespräch kam, hörte ich mich selbst sagen: »Da ist bei mir die Grenze.« Was ich mir unter Sex vorstellte – auch wenn Sie mich altmodisch nennen –, war eine befriedigende und leicht verhüllte und feuchte Überraschung, ohne Eile, privat, phantasievoll und nicht teuer, der Leidenschaft so nah wie möglich, weder geschäftsmäßig noch übertrieben zimperlich, etwas, wodurch die Illusion des Verlangens aufrechterhalten und durch Stöhnen unter Beweis gestellt wurde, ein Fest der Phantasie, ein Akt des Glücks, wobei der Preis die richtige Größenordnung wiederherstellte: Geben und Nehmen, keine Lügen über Liebe.

Die anonyme Roheit der neuen Pornographie hatte vielleicht etwas zu tun mit der veränderten Einstellung der Touristen. Ich hatte mich immer für einen sachverständigen Kenner der Pornographie gehalten, aber ich geriet ins Schwimmen bei dem Zeug, das mit den Frachtern hereinkam und mir aus Gefälligkeit von den Maaten überreicht wurde, die für die Proviantaufnahme zuständig waren. Es war so wenig anziehend wie ein Paar ausgezogene Gummihandschuhe. Ich weigerte mich, es zu verkaufen, obwohl ich noch immer Kartenspiele mit Fotos verkaufte. Ich wußte nicht, was ich mit der neuen, gefühllosen Sorte anfangen sollte; ich hatte zuviel davon, um es unauffällig zu verbrennen, und irgendwer würde es finden, wenn ich es in eine Mülltonne werfen würde. Ich bewahrte es im Bandung auf, hinter der Bar. Im Bandung konnte ich mir auch die Bestätigung dafür holen, daß ich nicht der einzige war, der es grotesk fand.

»Das ist sinnlos«, sagte Yardley. »Sie haben keinen Ausdruck in ihren Gesichtern.«

»Die da hat jedenfalls etwas in ihrem Gesicht«, sagte Frogget. »Zum Kotzen, nicht wahr?«

»Da sehe ich immer zuerst hin«, sagte Smale. »In ihre Gesichter.«

»Was meinen Sie«, sagte Yates und wählte ein Bild aus. »Ob sie glaubt, die Glühbirne beginnt zu leuchten, wenn sie das damit macht?«

»Vielleicht hat sie eine Sicherung durchbrennen lassen«, sagte Frogget.

»Jaha«, sagte Smale, »hier schiebt sie sich gerade eine Sicherung rein.«

»Schrecklich«, sagte Coony. »Ein Mädchen und ein Maulesel. Seht euch das mal an.«

»Zeig mal«, sagte Yates. »Nein, das ist kein Maulesel. Es ist ein Esel, ein geiler Esel.«

»Ja, das ist ein Esel«, sagte ich. »Wirklich. Bru-hu-hu!«

»Sie wird sich verletzen«, sagte Smale.

»Schrecklich«, sagte Coony.

»Auf diesem hier sind nur Kerle drauf«, sagte Yardley. »Alle irgendwie miteinander verbunden. Ich möchte nur wissen, warum der da rote Socken trägt.«

»Gibt es Namen für diese Art Sachen?« fragte Yates.

»Das da würde ich als Klammergriff bezeichnen«, sagte Frogget.

»He, Wally, komm mal her«, sagte Yardley.

»Laß ihn in Ruhe«, sagte ich.

»Mal sehen, was er macht«, sagte Yardley.

Wallace Thumboo kam grinsend herüber; er sah hinunter auf die Bilder und blickte dann weg, ins Leere.

»Was hältst du davon, Wally, alter Junge?«

»Hübsch«, sagte Wally. Er sah an die Decke.

»Hör auf damit«, sagte ich. »Er findet sie nicht gut. Ich kann's dir nicht verdenken, Wally. Sie sind scheußlich, nicht wahr?«

»Ein kleines bißchen«, sagte er und verzog das Gesicht zu einer stummen Bitte.

»Du hast gesagt, sie wären *hübsch*, du Spinner!« schrie Yardley. Wally rang verzweifelt die Hände. Yardley wandte sich mir zu. »Du bist ein verdammter Scheinheiliger, Jack.«

»Diese Fotos sind schockierend«, sagte Yates. »Was für Leute müssen das sein...«

»Und er ist derjenige, der diesen Mist verkauft!« sagte Yardley.

»Nicht dieses Zeug«, sagte ich. »Andere Sachen, aber nur, wenn man mich fragt.«

Edwin Shuck fragte. Er rief mich eines Morgens bei Hing an und sagte: »Sie kennen mich nicht...«

»Doch, das tue ich«, sagte ich bissig. Schon lange hatte ich mir vorgenommen, einen von diesen Jo-Jos in seine Schranken zu verweisen, und dies war der richtige Tag dafür. Draußen im Lieferwagen wurde eine Ladung Gefrierfleisch für die *Strode* in der Sonne weich. Little Hing parkte auf der Beach Road in der zweiten Reihe und hupte. Die *Strode* hatte das Recht, das Fleisch zurückzuweisen, wenn es nicht hartgefroren war, was bedeutete, daß wir gezwungen wären, es billig an eine Hotelküche zu verkaufen. »Sie haben irgendwo einen geilen Typ getroffen, und der hat Ihnen erzählt, er sei ein Freund von mir, richtig?« sagte ich in anklagendem Ton. »Und er hat gesagt, Sie sollten mal bei mir vorbeischauen, richtig? Sie wollen meine Zeit nicht zu lange in Anspruch nehmen, nur mal eben einen Drink, richtig? Und danach...«

»Nicht so schnell«, sagte er.

»Mein Freund«, sagte ich, »das einzige, das ich von Ihnen nicht kenne, ist Ihr Name.«

»Warum treffen wir uns nicht zum Lunch? Dann kann ich Ihnen meinen Namen sagen.«

»Ich hab zu tun.«

»Nach der Arbeit.«

»Großer Gott, verstehen Sie denn nicht? Mein ganzes Fleisch taut auf!«

»Was soll *das* denn bedeuten?«

»Mein Fleisch ist im Lieferwagen«, sagte ich.

»Das will ich nicht abstreiten«, sagte er.

»Also dann«, sagte ich.

»Geben Sie mir eine Chance«, sagte er. »Sicher kann das Bandung mal für einen Abend auf Sie verzichten.«

Das Bandung war mein privater Unterstand. »Also gut, mein Freund, wie *ist* denn nun Ihr Name?«

Und: »Eddie Shuck, nett, Sie kennenzulernen«, sagte er am gleichen Abend im Flutlichtgarten des Adelphi. Ich war gerade von der *Strode* gekommen, wo ich den ganzen Nachmittag im schattigen Teil des zugigen Decks verbracht und mit dem Chefsteward Gin Rummy gespielt hatte.

»Hoffentlich habe ich Sie nicht warten lassen«, sagte ich.

»Überhaupt nicht«, sagte Shuck. »Was trinken Sie?«

»Normalerweise um diese Tageszeit einen Pink Gin.«

»Das ist ein guter Marinedrink«, sagte er und rief dem Kellner ein lautes »Boy!« zu.

Das war unangenehm, aber etwas interessierte mich an diesem Edwin Shuck. Er stieß mit der Zunge an – kein gewöhnliches Lispeln, bei dem die Zunge zwischen den Zähnen stekkenbleibt; bei Shuck war es das Geräusch eines gespaltenen Fischmauls: Seine zusammengerollte Zunge erweichte und befeuchtete jeden Zischlaut und machte daraus ein schwammiges, trunkenes Surren. »Flowers« zog er mit diesem Surren in die Länge, und besonders liebenswert war, daß sein Lispeln es ihm unmöglich machte, seinen eigenen Namen richtig auszusprechen.

»Noch Hausaufgaben zu erledigen, wie ich sehe.«

»Das hier?« Auf meinem Schoß lag ein dicker Umschlag, Pornographie von der *Strode*, ein Abschiedsgeschenk des freundlichen Stewards. Ich sagte: »Schweinereien.«

»Im Ernst?« Ssst, ssst, sein Lispeln klang leutselig.

»Der wahre McCoy«, sagte ich.

»Kann ich mal sehen?«

Wir waren die einzigen im Garten. Ich legte den Umschlag auf den Tisch und zog die Bilder heraus. Dann sagte ich: »Wenn jemand hierher nach draußen kommt, dann drehen Sie sie um, schnell. Dafür könnten wir im Knast landen.«

»Sie haben ja wirklich genug davon!«

»Ein paar gehören immer zusammen. Man muß sie sich der Reihe nach ansehen. Ah, hier geht's los. Fängt nett an, all die Leute in Unterwäsche, wie sie im Wohnzimmer gemütlich einen trinken.«

»Welches kommt dann?« Shuck war ungeduldig.

»Jetzt sind wir im Schlafzimmer. Ein paar Vorbereitungen, ja, ich glaube, so könnte man es nennen.«

»So 'ne Gruppensache, hm? Das Mädchen da...«

Der Kellner kam mit unseren Drinks. Ich schnippte den großen Umschlag über die Bilder. Ich befürchtete zwar nicht, daß wir ihretwegen verhaftet würden, aber die Vorstellung, der alte und höfliche chinesische Kellner könnte sie sehen, brachte mich in Verlegenheit. Pornographie hatte diese Wirkung auf mich: Ich konnte nicht anders, ich war der Auffassung, daß jeder, der sich das Zeug besah, verantwortlich war für das, was auf dem Bild passierte. Dieses Mädchen, dieser Hund; diese knienden Männer und grätschenden Frauen; diese fliegenden Hintern. Ein einziger Blick bezog einen in die Handlung mit ein und vollendete sie. Solange man nicht hinsah, blieb sie unvollständig.

»Immer rein in den alten Kanal«, sagte Shuck und stürzte seinen frischgepreßten Limonensaft hinunter. »He, ist das der Arm von dem Kerl oder was?«

»Nein, das ist sein Signalhorn.«

»Sein *was*?«

»Schwanz, glaube ich.« Ich drehte es um. »Hier haben wir die japanischen.«

»Man kann ihre Gesichter nicht sehen«, sagte er. »Woran erkennen Sie, daß es Japse sind?«

»An ihren Füßen. Sehen Sie? Das hier ist ein japanischer Fuß.«

»Ist in einer verdammt merkwürdigen Position.«

»Dies hier ist unscharf. Da kriege ich nicht raus, wo der Kopf und wo der Schwanz ist.«

»Schlaues Bürschchen.« Shuck lachte. »Was haben Sie denn sonst noch da?«

»Diesen Packen kenne ich schon«, sagte ich. »Aus irgendeinem kleinen Dorf in Dänemark.«

»Ich möchte mal wissen, warum der Kerl da rote Socken trägt.«

»Keine Ahnung«, sagte ich. »Ich habe noch mehr – hier sind sie. Mein Gott, die hier hasse ich. Die armen Tiere tun mir wirklich leid.«

»Labrador-Apportierhund«, sagte Shuck.

»Armes Schwein«, sagte ich. »Na ja, das ist alles.«

»Was?« Shuck war überrascht. Er redete nicht sofort. Er runzelte die Stirn und sagte dann nachdenklich: »Haben Sie keine, auf denen der Mann oben und das Mädchen unten ist und die beiden – na ja, Sie wissen schon – *vögeln*?«

»Merkwürdigerweise nein«, sagte ich. »Nicht die Missionarsstellung.«

»Ist ja toll«, sagte Shuck.

»Es ist ein Jammer«, sagte ich. »Aber die Sorte ist wenig gefragt. Hier, Sie können sie haben, wenn Sie wollen. Mit meinen besten Empfehlungen. Ausschließlich für Horrorzwecke.«

»Das ist mächtig freundlich von Ihnen«, sagte Shuck. »Wollen wir hier essen?«

»Hängt von Ihnen ab«, sagte ich. »Wann geht Ihr Flugzeug denn?«

»Ich brauch kein Flugzeug«, sagte Shuck. »Ich wohn hier.«

»Was machen Sie beruflich? Ich habe Sie hier in der Stadt noch nie gesehen.«

»So allerlei«, sagte er. »Ich reise viel rum.«

»Und wo?«

»Kuala Lumpur, Bangkok, Vientiane«, sagte er. »Manchmal Saigon. Und Sie? Wie lange haben Sie vor, in Singapur zu bleiben?«

»So lange, wie meine Zitrone es aushält«, sagte ich. »Was tut sich in Saigon?«

»Nicht viel«, sagte Shuck. »Ich war dort, als der Zauber losging.«

Ich drängte ihn nicht. Er war entweder ein Spion und würde es dann natürlich nicht zugeben, oder er war ein Geschäftsmann, der sich schämte, es einzugestehen, und dem es Spaß machte, bei mir den Eindruck zu erwecken, er sei ein Spion. In jedem Fall ein mittelmäßiger Abenteurer, der nicht recht mit der Sprache herauswollte.

Wir aßen im Sikh-Restaurant am St. Gregory's Place und gingen dann in einen Nachtclub, den Eastern Palace, wohin auch Hing mich in meinen *Allegro*-Tagen mitgenommen hatte. Shuck löcherte mich mit Fragen – über die Zuhälterei, die absurden Gerüchte (ein neues: War ich der Typ, der in dem Roman von Mr. Soundso auftaucht?), den »Fleischexpreß«, das Dunroamin, die Preise für eine schnelle Nummer und für eine ganze Nacht. Es war die gleiche Ausfragerei, die auch andere Typen mit mir anstellten, das Geschwätz, das so etwas wie ein Ersatz für die eigentliche Sache war.

Der Eastern Palace hatte sich verändert. »Vor ein paar Jahren hatte dieses Lokal eine Tanzgruppe mit koreanischen Mädchen und ein kleines chinesisches Orchester. Es war nicht so laut wie das hier. Es gab sogar eine Tanzfläche.«

»Erzählen Sie mir mal ein bißchen mehr von dieser

Madame Lum«, sagte Shuck. »Wie kommt sie damit durch in dieser Stadt?«

»Gute Frage. Sie...« Er konnte mich nicht mehr hören, weil hinter der Bühne eine Maschine losdonnerte. Der Vorhang ging auseinander, und mitten auf der Bühne kauerte ein Mädchen auf einem schwarzen Motorrad. Die hintere Wand glitt zur Seite – eine Landschaft, die sich vorbeibewegte, ein Film mit vorüberschießenden Bäumen und Telefonmasten. Wenn ich mich konzentrierte, konnte ich mir einbilden, das Mädchen, das sich nicht von der Stelle rührte, tatsächlich eine Landstraße entlangrasen zu sehen.

Sie warf Schutzbrille und Sturzhelm weg. In der Seitenkulisse lief ein Ventilator an und blies ihr langes Haar waagerecht nach hinten. Sie wand sich aus ihrer Lederjacke und ließ sie fliegen. Die Musik wurde lauter, ein pumpender Rhythmus, der das Röhren des Motorrades noch verstärkte.

»Ich mag das nicht«, sagte ich.

Shuck runzelte die Stirn, wie er es schon getan hatte, als er mich fragte: »Haben Sie keine, auf denen der Mann oben...«

Das Mädchen stellte sich auf den Sattel, schleuderte die Stiefel von den Füßen und zog sich die Hosen aus. Sie kämpfte gegen den Luftzug des Ventilators an; sie hakte ihren Büstenhalter auf und zog sich mühsam das Höschen aus – beides segelte davon. Dann hüpfte sie nackt wieder auf den Sitz und tat so, als führe sie, und dabei bewegte sie sich auf und ab und scheuerte sich am Sattel.

»Ich bin schockiert«, sagte Shuck.

Das gefiel mir an ihm. Ich sagte: »Ist das nicht eine Harley-Davidson?«

Die Filmlandschaft bewegte sich jetzt schneller, die Musik war nur noch ein wildes Toben, und der Motor heulte auf. Das Mädchen begann mit kleinen Kunststückchen und stellte allerlei Unfug an, hob die Beine und warf den Kopf zurück. Sie riß die Augen auf und kreischte; sie bedeckte ihr Gesicht mit den Händen. Es gab einen fürchterlichen Krach. Die Landschaft blieb stehen, das Motorrad kippte um, das nackte Mädchen stürzte und lag dann ausgebreitet auf der Maschine in der Stellung eines verletzten Fahrers mit gespreizten Beinen, schiefhängendem Kopf, ihre Arme in die Räder verhakt.

Um uns herum begannen chinesische Geschäftsleute, *Towkays* in makellosen Anzügen, wie wild zu applaudieren und schrien: *»Hen hao!«*, was »Sehr gut« bedeutete und klang wie »Genau!«

»Hier ist bei mir die Grenze«, sagte ich. »Lassen Sie uns abhauen.« Die Nummer hatte mich betroffen gemacht – welchen Wunschträumen entsprach diese Art von Gewalt? –, und ich vermied es, mit Shuck darüber zu sprechen. Als wir die Orchard Road hinuntergingen, bei Tang vorbei, war ich verwirrt, weil ich nicht wußte, was ich sagen sollte, und fragte ihn noch einmal nach seinem Beruf.

»Man könnte sagen, ich beschäftige mich mit den asiatischen Verhältnissen«, sagte Shuck.

»Na schön«, sagte ich, »aber wie wollen Sie etwas über asiatische Verhältnisse wissen, wenn Sie noch nie eins gehabt haben?«

Madame Lum begrüßte mich als alten Freund mit einer kräftigen Umarmung, und während sie ihre Arme noch um mich geschlungen hielt, drehte sie sich zu Shuck um und sagte: »Mister Jack ein sehr netter Junge und er mein bester Bruder, oder nicht, Jack?«

»Sie ist eine ganz Süße«, sagte ich.

»Sie wollen Mona?« fragte Madame Lum. »Sie frei in ein paar Minuten – hihi!«

»Wer ist Mona?« fragte Shuck.

»Eines von den Vögelchen«, sagte ich. »Ziemlich athletisch. Ihre Zunge ist über zwanzig Zentimeter lang, und sie kann durch die Ohren atmen.«

»Genau mein Typ«, sagte Shuck und sah sich um. »Meine Güte, sehen Sie sich mal all die Torten hier an!«

Gegenüber am Fenster saßen drei Mädchen auf einem Sofa und blätterten lustlos in chinesischen Comics; eine in einem Sessel polierte ihre Fingernägel, und eine andere aß gerade rosa Garnelen von einem viereckigen Stück Zeitungspapier. Keine Handtücher, kein Tee. Im Dunroamin wäre so etwas nie vorgekommen: Kein Mädchen blieb sitzen, wenn zwei Typen zur Tür hereinkamen. »Das ist hier die neuere Sorte Puff«, sagte ich zu Shuck. »Absolut nicht mein Stil.« Eins der

Mädchen legte den Comic weg, kam zu Shuck herübergeschlendert und strich sich das Kleid glatt.

»Wie dein Name?« fragte sie.

»Shuck.«

»Ab zwanzig Dollar.«

Shuck zuckte zusammen, sagte »Nein, nein« und preßte dabei den Mund zusammen, um nicht mehr zu lispeln. »*Ich* Shuck.«

»Ich shuck *dich*«, sagte das Mädchen mit der passenden Handbewegung.

»Vergiß es«, sagte ich. Aber ich hatte den Wortwechsel registriert; er war »Material«, und widerwillig gestand ich mir ein, daß ich schon bald in einem trivialen Gespräch mit einem bewundernden Fremden sagen würde: »Komisches Ding ist mir neulich passiert. Ich kenne da einen Typ mit dem unglücklichen Namen Shuck, und wir hingen da so rum in...«

»Mona kommt«, sagte Madame Lum.

»Heute abend nicht«, sagte ich. »Aber mein Kumpel hier ist vielleicht interessiert. Was ist, Ed?«

»Ich mach nur einen Schaufensterbummel«, sagte er. Ssst, ssst. »Wie hieß dieses andere Lokal, das Sie erwähnten?«

»Bristol Chambers«, sagte ich. »Aber hören Sie, die mögen Leute nicht, die nur reinkommen und wieder rausgehen, wenn sie nichts Ernsthaftes vorhaben.«

»Sie sind ein komischer Kerl«, sagte Shuck. »Ich kannte mal einen, der war genau wie Sie.«

Das ärgerte mich. Es war anmaßend; er kannte mich überhaupt nicht. Mich konnte man nicht mit jemand anderem verwechseln. Der halbgare Hurenhändler im geblümten Hemd mit den Tätowierungen auf den Armen, der auf der Orchard Road den Schmierenkomödianten mimte (»Wie wollen Sie etwas über asiatische Verhältnisse wissen, wenn Sie noch nie eins gehabt haben?«) – das war alles, was er sah. Ich konnte Vergleiche nicht ausstehen, ich haßte die Typen, die sagten: »Flowers, Sie sind genauso schlimm wie ich!« Sie trafen mich und sahen einen Zuhälter, einen Pornokraten, einen bescheidenen Gauner, der auf einer tropischen Insel gestrandet war und sich da auslebte: ein Original. Ich sagte: »Ich will deren Gefühle nicht verletzen.«

»Das mein ich ja«, sagte Shuck.

»Na, und was zum Teufel ist daran falsch?«

»Das nächste, was Sie mir erzählen werden, ist, daß sie goldene Herzen haben wie die Stripperinnen, die angeblich in ihrer Garderobe Mathematik studieren. Daß sie besser sind als wir oder so was.«

»Nie im Leben«, sagte ich und hatte das alarmierende Gefühl, daß sein Urteil über sie ein Urteil über mich war, und fügte hinzu: »Aber sie sind auch nicht schlechter.«

»Ich schätze, Sie haben recht. Wir prostituieren uns alle auf die eine oder andere Art«, sagte Shuck mit einem Anflug von Selbstmitleid. »Ich meine, wir verkaufen uns alle, oder tun wir das nicht?«

»Tun wir das?«

»Jaaa. Wir verkaufen alle unsere Seele.«

»Diese Mädchen da verkaufen ihre Seele nicht, mein Lieber. Das ist kein Geschäft.«

»Sie wissen, was ich meine. Man hat einen Job, und es trampeln ständig Leute auf einem herum. Es ist schon eine Art Nummer. Ich mach's für fünfzehn Riesen.«

»Madame Lum macht es für fünfzig«, sagte ich, weil ich ihn treffen wollte. »Steuerfrei.«

Als wir den Mount Elizabeth hinuntergingen, sagte ich: »Vor einigen Jahren war es besser mit den Massagesalons und all den Sachen. Es gibt noch immer ein paar in Johore Bahru. Madame Lums Laden erinnert mich immer an eine Arztpraxis. Haben Sie die Topfpflanzen und die Zeitschriften gesehen? Das einzig Gute an ihm ist, er ist bequem zu erreichen. Der Bus Nummer zwölf hält hier, und der Supermarkt da drüben ist sehr gut, wahrscheinlich billiger als Einfrieren. Ich hole mir hier für gewöhnlich ein halbes Pfund Gehacktes und ein paar tiefgekühlte Erbsen, bevor ich zu Madame Lum rüberflitze. Ist von der Lage her wirklich unschlagbar.«

»Sie sind witzig«, sagte Shuck.

»Vielen Dank«, sagte ich.

»Ich meine das im guten Sinne«, sagte er.

»Ich bring Sie zum Bristol«, sagte ich. »Es ist nicht weit. Aber Sie können da nicht reingehen, wenn Sie nicht ein bißchen Action haben wollen.«

»Wenn ich muß«, sagte Shuck. Sss, Sss. »Was ist denn da die Hauptattraktion?«

»Der Kerl, der den Laden schmeißt, ist nicht sehr freundlich«, sagte ich. »Und die Mädchen sind auch nichts, um darüber nach Hause zu schreiben. Ist ein ziemlicher Durchschnittsbetrieb außer einer Sache.«

»Spucken Sie's aus.«

»Eins von den Schlafzimmern – das mit der Klimaanlage – liegt gegenüber dem Haus des Premierministers. Nachmittags kann man ihn manchmal auf seinem Übungsplatz Golf spielen sehen. Abends, so um diese Zeit, kann man durch das Fenster einen Blick auf ihn werfen. Während Sie im Sattel sind, verstehen Sie? Nur so aus Blödsinn. Aber da Sie ja an den asiatischen Verhältnissen interessiert sind...«

»Ich glaub, ich hab ihn gesehen«, sagte Shuck später im Pavillon, wo wir uns für einen Drink verabredet hatten. »Er sagte etwas zu einem Kerl mit Spitzbart und in einem Hemd wie Ihrem hier. Das schlägt wirklich alles«, sagte er und lächelte vor sich hin. »Aber die Nutte war die ganze Zeit am Reden, ich sollte mich beeilen. Ist das so üblich? Mein Gott, da vergeht einem ja alles!«

»Ist 'n beliebtes Zimmer«, sagte ich.

»Vientiane«, sagte Shuck und verfiel in die Monotonie der Erinnerung. »Das ist eine sehr großzügige Stadt. Lu-Lu's oder das White Rose. Erstklassige Nutten. Die machen Tricks mit Zigaretten. ›He, Joe, willst mal sehen, wie ich rauche?‹ Das merkwürdigste Erlebnis habe ich da mit einer Alten gehabt – ich *dachte* jedenfalls, es wäre eine Alte.«

»Aber es war keine.«

»Nein, aber das ist noch nicht die ganze Geschichte«, sagte Shuck.

»Ich muß los«, sagte ich.

»Warten Sie einen Moment«, sagte Shuck. »Ich bin noch nicht fertig.«

»Ich hab das alles schon gehört.«

»Nein, bestimmt nicht.«

»Über die Kellnerinnen mit den nackten Ärschen im White Rose in Vientiane und das Mädchen, das in Wirklichkeit ein Typ war, und die Nymphomanin, die Sie mal kannten. Ich habe das alles schon gehört. Also, jetzt halten Sie mal die Luft an und entschuldigen Sie mich...«

»Jack«, sagte Shuck, »setzen Sie sich hin. Ich habe gute Nachrichten für Sie.« Ss, ss.

16

Sex hatte ich immer als eine Form exaltierter Ungeduld angesehen, die sich zitternd – genau wie die Liebe – in der Mitte zwischen Ausgelassenheit und Verzweiflung bewegte, aber so flüchtig und darin der Liebe unähnlich, daß sie glücklich beides vermied; das Ganze war eine Erleichterung, Gnade nach Gefahr. Und der seltsamste Aspekt des Wunsches nach Sex war, daß er einem immer ganz und gar im Gesicht geschrieben stand. Diese Annahme war die Grundlage meiner gesamten Tätigkeit gewesen. Paradise Gardens, Shucks gute Nachricht, bewirkte dann, daß ich meine Ansicht darüber änderte.

»Da kommt er«, sagte ich, und Ganapaty rappelte sich hoch. Ich stand im hellen Sonnenlicht am Ende der mit Schlacke bestreuten Auffahrt neben seinem Wachhäuschen und blinzelte die Adam Road hinunter, wo an der Kreuzung der funkelnde Bus vor der Ampel angehalten hatte. Ich verschränkte die Arme. Die ersten Kunden kamen an. Hinter mir lag in vollem Glanz Paradise Gardens, im Distrikt zehn bekannt als Privathotel.

Es war ein neues Gebäude mit drei Stockwerken, lang und schmal, weißer Stuck, mit Blau abgesetzt, und zu jedem Zimmer gehörten ein blauer Balkon und eine grandiose Klimaanlage. Der übliche hohe Hurenhauszaun – dieser hier war mit Purpurwinden berankt und stützte eine Hecke aus Pong-Pong-Sträuchern – schirmte es auf der einen Seite von Dr. B. K. Lims Bungalow ab und auf der anderen von einer Reihe Doppelhäusern (jedes mit einem Stacheldrahtzaun und mit einem ausgehungerten winselnden Wachhund) an der Jalan Kembang Melati. Auf unserem kühlen Rasen gab es Mimosen und Jasmin und die herrlichen aufrecht stehenden Wedel von drei ausgewachsenen Fächerbäumen. In dem abgeschlossenen Innenhof hinter dem Haus hatten wir einen kleinen Swimmingpool.

Die Idee zu Paradise Gardens stammte von Shuck oder vielleicht von der US Army, die ihn und jetzt auch mich beschäftigte. Der Bauplan war von mir; ich hatte die Bauarbeiten beaufsichtigt. Den Vertrag über die Belieferung mit Lebensmitteln hatte Hing bekommen, und die an der Vorderseite verglasten Läden in der Arkadenpassage – das gesamte Erdgeschoß – wurden von Hings Verwandten betrieben: einem Schneider (an jenem ersten Tag trug ich einen seiner weißen Leinenanzüge), einem Fotografen, einem Antiquitätenhändler (schmale Schnitzereien aus Bali, *Wayang*-Puppen und eine Auswahl chinesischer Bronzen, hervorragende Fälschungen aus Taiwan), einem Drogisten, der ein Schild *Gummiartikel* mit Klebeband an seinem Fenster befestigt hatte, einem Friseur und einem Zeitschriftenhändler. Ich hatte die Anweisung erhalten, ein Haus zu entwerfen, in dem Gäste – Shuck sagte mir, als es fertig war, es würden in unserem Fall GIs sein – sich einquartieren und dann für fünf Tage dort bleiben konnten, ohne daß sie das Grundstück verlassen mußten. Es war eine frühe Version des tropischen Touristenhotels, das nicht nur ein Platz zum Schlafen ist, sondern das Land widerspiegelt – eine Frage der Größe, des Essens, des Dekors und der Unterhaltung. Mir schwebten Luxushotels vor, die die seltensten und exotischsten Kulturleistungen eines Volkes unterstützten, die Zweige der Kunst und des Handwerks, die im Hilton überlebten, obwohl sie in den Dörfern schon lange nicht mehr ausgeübt wurden. Der Bedarf des Tourismus nach Atmosphäre und authentischer Folklore würde das Hotel zwingen, das Land selbst zu sein. Also ließ ich es Wirklichkeit werden. Wir hatten jeden Abend malaiische und chinesische Tänze und traditionelles Essen, und wir achteten sorgfältig auf die Einhaltung der Festtage. Es dauerte zwei Tage, bis unser Mr. Loy eine Ente gekocht hatte; draußen vor dem Serene House dagegen aßen die Chinesen ihre Hamburger stehend in Imbißbars oder in ihren geparkten Wagen im A&W-Drive-in-Restaurant. Einmal pro Woche inszenierten wir eine Scheinheirat im malaiischen Stil. Schon seit Jahren hatte in Singapur niemand mehr so etwas gesehen.

»Der Bus kommen«, sagte Ganapaty.

»Und er ist voll«, sagte ich.

Ganapaty nahm Haltung an, eine krumme, heruntergekommene Gestalt mit hübschem Kastenzeichen, einem Fingerbreit Asche zwischen den Augen. Es freute mich, daß ich im Paradise Gardens jeden anstellen konnte, dem ich einen Gefallen schuldig war: Yusof bediente in der großen Bar, Karim an der kleineren; der Raum, den Shuck »Ihr kleines Theater« nannte, stand unter der Leitung von Henry Chow, einem Pornofilmvorführer, der seit den Razzien keine Arbeit mehr gefunden hatte; Mr. Khoo, meinen alten Bootsführer, beschäftigte ich als Mechaniker; Gopi holte die Post – obwohl das Postamt sich direkt auf der gegenüberliegenden Straßenseite befand, wurde der Ruheposten, den er damit eigentlich bekommen sollte, für ihn durch sein krankes Bein zu einem lästigen und anstrengenden Job. Und die Mädchen; die Mädchen waren kein Problem – Vögelchen aus der Anson Road, Straßennutten, Athletinnen aus den geschlossenen Massagesalons, das süße Dutzend aus dem Dunroamin und Betty aus der Muscat Lane; alle meine schnellen und geschmeidigen Töchter.

Shuck wollte ihre Papiere sehen: »Wir werden keinerlei Risiko eingehen.« Er bestand darauf, daß ich drei entließ, die in China geboren waren, außerdem eine mit einer wunden Stelle auf der Nase und ein javanisches Mädchen, eine gertenschlanke Fellatiospezialistin mit goldenen Zähnen, dem Vernehmen nach eine Mätresse des verstorbenen Bung Sukarno.

Alle fünf Tage schwankte der Bus wie an jenem ersten Tag in die Einfahrt, und ich konnte die jungen Gesichter hinter den grüngetönten Scheiben sehen. Ich winkte. Sie winkten nicht zurück. Sie gafften nur. Ich lernte diesen erstaunten starren Blick kennen, dem jede Ungeduld fehlte. Es war ein Blick purer Erschöpfung, der sich auf das Unmittelbare konzentrierte, daran haftenblieb und nicht darüber hinausreichte. Das war neu für mich. Früher hatte ich einen mutmaßlichen Kunden aus fast dreißig Metern Entfernung an der Art und Weise erkennen können, wie er die vorübergehenden Mädchen ansah mit dem Gesicht eines Mannes, der Fieber hat, das Maul verzogen von hilfloser Geilheit, mit jener verräterischen nervösen Wachsamkeit, wenn er sich umwandte mit verkrampften Armen und ungeduldigen Händen, wenn er Luft einsog durch den Schlitz eines Lächelns und dabei aussah, als wolle er gleich etwas laut sagen. Jede einzelne Zappelbewegung war zehn Dollar wert. Aber die Gesichter der Jungen in den Bussen, die man hier zu ihrem Fronturlaub absetzte – zu »eurem *Rest and Rotation*-Programm«, wie Shuck es nannte –, waren ausdruckslos und behielten dieses betrunkene und unkritische Starren bei, bis sie fünf Tage später wieder im gleichen Bus verschwanden. Die Jungen saßen ordentlich in ihre Sitze zurückgelehnt; sie beugten sich nicht vor wie Touristen, und sie unterhielten sich nicht.

Am ersten Tag erwartete ich Uniformen. Shuck hatte zwar nicht erwähnt, daß sie Hawaiihemden tragen würden, aber hier stiegen sie nun aus dem Bus mit Bürstenschnitt, hellen Hemden, den weißen Socken, die jeden Amerikaner sofort verraten, und blickten starr aus ihren gebräunten, müden Gesichtern.

»Jack Flowers«, sagte ich und ging auf sie zu. »Freut mich, daß ihr es geschafft habt, Leute.«

»Das ist ja, verdammt noch mal...«, begann einer langsam.

»Entschuldigen Sie, Sir«, mischte sich ein anderer ein. »Sind die Mädchen da...«

»Die Mädchen«, sagte ich und hob die Stimme, »sind da drüben und brennen schon darauf, eure Bekanntschaft zu machen!«

Florence, May, Soo-chin, Annapurna und Betty der Nußknacker hörten mich und schlenderten daraufhin auf die Veranda der Arkadenpassage, wo das Sonnenlicht auf sie fiel. Die übrigen Mädchen folgten ihnen. Die Typen trugen ihre Kleidersäcke und ihr Handgepäck zur Veranda hinüber und ließen alles fallen, dann schritten sie fast schüchtern auf die Mädchen zu und gingen paarweise davon.

»Wir sind im Geschäft«, sagte Shuck.

Später gingen sie im Garten herum und hielten Händchen.

Die fünftägige Romanze der Soldaten war eine Generalprobe in Unschuld, dann gingen sie zurück nach Vietnam. Dieses Allzweckhaus war das einzige freundliche Obdach auf der halben Strecke des Kriegspfades, und ich stand am vorderen Eingangstor und sagte: »Gibt es irgend etwas...?« Mein Gemurmel beschwor Erinnerungen: Vor der Leidenschaft, die uns wie ein Käfig umgab, gab es kein Entkommen – es ging darum, die Sanftmut zu lernen, um im Käfig zu überleben, und niemals wie ein Tolpatsch an den Gitterstäben zu rütteln.

»Für einige von diesen Kerlen ist es das erstemal mit einer Hure«, sagte Shuck. »Was sagen Sie ihnen?«

»Raucht nicht im Bett.«

Betreute ich Folterknechte? Ich fand, ich hatte nicht das Recht, danach zu fragen. Ich glaubte an die Gerechtigkeit. Der Folterknecht schlief in Unrecht und Gestank, die Syphilis würde ihn auffressen, seine Erinnerungen würden ihn zerfleischen. Ich wollte, daß die anderen in ihren Zimmern auf die Matte gingen, bis sie vor Erschöpfung aller Sorgen ledig waren – ein glückliches Bett war nicht alles, aber es war mehr, als die meisten anständigen Kerle bekamen.

Ich schreibe auf, was ich nie aussprach. Unterhaltung ist ein hektisches Gebet; sie zerstörte alles Subtile und wies unerbittlich auf die verrinnende Zeit. Sie war keine Hilfe. Im Paradise Gardens in der Nähe der Bar, wo ich meine Tätowierungen zeigte und mit den Mädchen und Soldaten rumscherzte, war ich ein lautes und fröhliches Tier. Aber das Gemurmel in meinem Kopf sagte mir, daß ich Saint Jack war. Wenn Edwin Shuck so beiläufig meinte: »Wir sind alle Prostituierte auf die eine oder andere Art«, dann war das eine Parodie auf eine ungeheure Möglichkeit, die nie widerlegt werden konnte, solange wir Slang redeten, die ausweichende Sprache der Hure, hart, aber ehrlich. Ich vereinfachte, ich gebrauchte Slangausdrücke, ich war als Zuhälter bekannt, die Mädchen als Huren, die Typen als Soldaten: Keiner von den Namen paßte.

Ich sorgte dafür, daß im Paradise Gardens alles glattging, und was mich antrieb, waren Dinge, die mich seit Jahren beschäftigt hatten, meine priesterliche Berufung, mein pflegerischer Instinkt, mein aufgeregter Hunger nach Neuem und meine Wißbegierde, mein Wunsch, jede Grausamkeit zu verhindern, meine einzigartige Sehnsucht nach Glück. Ich hatte eine Menge Leute ankommen sehen, und wie ich schon sagte, die allgemeine Tendenz entfernte sich damals von meinen alten Sexvorstellungen. In Singapur waren meine Anregungen seit langem überholt durch wildere Ideen, Bilder, Filme, Liebestränke, Akrobatik oder völlige Zurückhaltung; mein Wortschatz war veraltet, und Ausdrücke wie »wild«, »gepfeffert«, »gewagt« und »ausgefallen« bedeuteten überhaupt nichts mehr. Was mir früher so einfach vorgekommen war wie eine Art rituelles Korkengeld, wurde zu einem Zuschauersport oder sonstwie zu einer Aktivität alptraumhafter Sportbegeisterung. Über Paradise Gardens war ich deshalb doppelt froh. Die Soldaten waren glücklich mit einem kalten Bier und dem, was sich während einer fünftägigen Romanze tat. Ich ging sicher, daß das Bier so kalt war, daß ihnen die Mandeln erfroren, und ließ Karim in jeden Drink zehn Zentimeter Eis packen. Den ganzen Nachmittag zeigten wir im kleinen Kino alte Cowboyfilme. Ein paar der Jungen brachten den Mädchen das Schwimmen bei. Alle fünf Tage kam der Bus, und fünf Tage lang verließen die meisten das Grundstück nicht. Wenn sie draußen umherstreiften, dann gingen sie meist zur Universität hinauf, die ganz in der Nähe lag, und probierten ihre Kameras aus.

Eine Gruppe GIs kaufte mir einen Feldstecher, ein teures Glas mit meinen Initialen in Goldbuchstaben auf dem Köcher und einer kleinen Karte, auf der die Worte standen: *Für einen prima Kerl.*

»Dann seh ich ja jetzt immer, was in euren Zimmern passiert«, sagte ich.

Sie lachten. Und was passierte in diesen Zimmern wirklich? *Ach Honey*, reinste Kuschelromanzen, Kissenschlachten; sie kitzelten die Mädchen bis zum Verrücktwerden, und sie zerbrachen oder klauten nie etwas.

»In Busters Zimmer werden Sie nicht viel sehen«, sagte einer.

Ich wandte mich an Buster. »Stimmt das? Kein Interesse am Pimpern?«

»Ich hab keine Verwendung dafür«, sagte Buster mit einer tölpelhaften Bewegung seiner Kinnlade.

»Buster ist verheiratet.« Der Typ sah mich an. »Sind Sie verheiratet, Jack?«

»Nö, hat mich nie gejuckt – ruiniert einem den Sinn für

Humor«, sagte ich. »Heiraten – ich hab nichts dagegen, aber ich persönlich glaube, ich würde mir ein bißchen überbelichtet vorkommen.«

»Wo wohnt deine Alte denn, Buster?« fragte der Typ.

»Denver«, sagte Buster schüchtern, »treibt sich da rum. Wie wär's mit 'ner Runde Karten?«

»Später«, sagte ein langer Kerl. »Mein Mädchen will eine Kamera haben.«

Mein Mädchen. Das war Mei-lin. Alle wollten sie Kameras haben; sie kannten die Fabrikate und suchten sich die ausgefallensten Apparate aus. Wenn die Typen den Bus bestiegen, um zurück in den Krieg zu fahren, dann stürzten die Mädchen in Sungs Fotoladen in der Arkadenpassage und verkauften sie wieder zum halben Preis.

»Gebrauchte Kamera«, sagte Jimmy Sung, als ich ihn zur Rede stellte.

»Schluß mit der Scheiße«, sagte ich. Es war eine Masche, den Soldaten das Geld aus der Tasche zu ziehen. An einer Zweihundertdollarkamera verdiente Sung hundert und das Mädchen hundert; der Soldat bezahlte. Aber Sung hatte zu guter Letzt die Kamera wieder und konnte sie erneut verkaufen.

»Den vollen Preis für die Kamera«, sagte ich zu Sung, »oder ich schmeiß Sie hochkant raus.«

In der Küche stellte Hing lange betrügerische Lebensmittellisten zusammen, die er Shuck vorlegte, ohne sie mir vorher zu zeigen, und er erhielt Schecks für Waren, die er nie einkaufte. In den Arkadengeschäften wurden Wucherpreise verlangt, und die Mädchen waren habgierig. Niemand beschwerte sich. Im Gegenteil, die Typen sagten oft, sie wollten meine Mädchen heiraten und sie mit in die Staaten nehmen, »in die Welt«, wie sie das nannten.

Ich tat, was ich konnte, um die Betrügereien einzuschränken. Die Ladeninhaber der Arkadenpassage akzeptierten meinen Standpunkt. »Gewiß, gewiß«, sagten sie dann und kratzten sich ihre steifen Haarborsten, wenn ich drohte.

Bei Sung auf dem Ladentisch gab es ein Album mit Fotos, eine Chronik von Paradise Gardens, die von Woche zu Woche dicker wurde. Viele davon waren gestellte Aufnahmen, die Sung gemacht hatte, große Kerle mit kleinen dunklen Mädchen in den Armen, Typen an einem Tisch beim Biertrinken, Muskelprotze am Swimmingpool, Gruppenaufnahmen auf der Veranda, aber auch echte Schnappschüsse – Typen, die mit Mädchen im Garten herumalberten. Es gab viele Bilder von mir, aber das eine, das mir gefiel, zeigte mich in meinem Leinenanzug, wie ich meinen üblichen Gin am späten Nachmittag zu mir nehme, allein im Korbsessel unter einem Fächerbaum und mit einer Zigarre im Mund; ich war von einer Aureole in Gold und Grün umgeben, und staubige Sonnenstrahlen fielen schräg durch die Hecke.

Shuck hatte recht: Die Nachricht war gut, es war fast die Herrlichkeit, die ich mir vorgestellt hatte. Ich war überrascht, wenn ich mir überlegte, daß zur Erfüllung meiner Wünsche ein Krieg nötig gewesen war. Aber ich hatte den Krieg nicht angezettelt und wäre ohne diese Katastrophe glücklicher gewesen. Auf jedem Bild in Sungs Album war der Krieg in irgendeinem Detail vorhanden, das so winzig und bedeutsam war wie ein berühmter Namenszug oder wie die beiden bekannten Initialen in der Ecke eines Gemäldes: die Hundemarke, die Socken, der militärische Haarschnitt, die unpassenden schwarzen Schuhe, die die Jungen zu ihrer Tropenkleidung trugen, ein Verband oder eine Narbe, eine bestimmte Art Sonnenbrille oder auch nur die Tatsache, daß sich die Backe eines Farmerjungen neben der Kaninchenwange eines schmollenden Chinesengesichts befand. Im Haus war es ein Geruch nach Leder und Aftershave-Lotion, eine namenlose Ahnung wie die panische Erinnerung an ein Zimmer mit einem Riß in der Decke, der gegen Morgen für den Schlaflosen eine ganz bestimmte Bedeutung erhält. »Saigon, Saigon«, sagten die Mädchen; wir sprachen nicht darüber, aber die Jungen hinterließen Gerüchte und Gesichter, die wir nicht verscheuchen konnten.

Und Sungs Fotoalbum, das die Größe einer Familienbibel hatte und von einer Stahlspirale zusammengehalten wurde, war unsere Geschichte.

Ein Himmel voll sprühender Sterne: der 4. Juli. Die Jungen ließen im Garten fachmännisch-kühl Raketen und Leuchtkugeln los, nacheinander ganze Wellen von Explosionen, die Dr. B. K. Lim veranlaßten, über die Hecke zu schreien, und sämtliche Wachhunde in der Nachbarschaft zum Heulen brachten. Die Jungen aßen Wiener Würstchen und Sauerkraut und veranstalteten ein hartes Spiel Touch-Football; in dieser Nacht sprang jeder voll bekleidet in den Swimmingpool.

Mr. Loy Hock Yin mit einem riesigen Erntedankfest-Truthahn auf einer Platte. Jungen mit Servietten, die sie sich oben in die Hemden gesteckt hatten. Ich saß am Kopfende des Tisches, und der Junge neben mir fragte: »Wie sind Sie an all die Tätowierungen gekommen, Jack?« Die Ventilatoren liefen, der Tisch war mit Essen vollgepackt, und ich hatte eine Flasche Gin und einen Kübel mit Eis neben meinem Glas stehen. »Was ich euch jetzt erzählen werde, ist die absolute Wahrheit«, sagte ich, und eine Stunde lang hörten sie gebannt zu. Zum Schluß zeigte ich Betty meinen Arm.

»Was steht unter der Blume da?« fragte ich.

Sie kniff die Augen zusammen. »›Hurenbengel.‹«

Ich als Weihnachtsmann mit einem Sack. Während des Weihnachtsfestes ging uns am späten Nachmittag das Eis aus. Ich fuhr mit Shucks Toyota in die Stadt, zusammen mit vier lärmenden Soldaten und ein paar quietschenden Mädchen. Ich trug noch immer meinen roten Nikolausanzug und schwitzte unter meinem Wattebart, als wir von einem Geschäft ins andere zogen und riefen: »Eis für Nikky!« Auf dem Rückweg sangen wir Weihnachtslieder im Straßenverkehr.

Gopi mit einem Armvoll Post. Er sagte: »Hübsche Post für Sie.« Postkarten aus Saigon klebte ich an die Wand meines Büros. Die Mitteilungen lauteten: »Hier sieht es ganz schön böse aus...«, »Wenn ich wieder in der Welt bin...«, »Sagen Sie Florence, meine Angehörigen haben nichts dagegen, und ich werde im September kommen...«, »So einen wie Sie, Jack, könnten wir hier gebrauchen, dann hätten wir ein bißchen was zu lachen. Ich bin hier in einer beschissenen Kompanie...«, »Die VC haben uns zwei Tage lang beschossen, und wir konnten sie nicht einmal sehen...«, »Richards hat es in Danang erwischt, aber sagen Sie es seinem Mädchen lieber nicht...«, »Wie heißt dieses Fleisch auf Stöcken, das Mr. Loy gemacht hat...?«, »Das war eine schöne Zeit im Paradise Gardens. Wie geht es Jenny?«, »Es ist hier verdammt gräslich oder wie man das schreibt – ich weis ich schreibe unter aller Sau...«

Ein malaiischer Sanitäter im weißen Kittel schiebt eine zugedeckte Bahre in einen Krankenwagen.

»Mann in Bad nicht kommen raus.«

Ich klopfte an die Tür. Keine Antwort. Wir holten eine Brechstange und stemmten das Schloß auf. Der Junge hatte sich oben an der Dusche mit einer Jalousieschnur erhängt. Eine Whiskyflasche, halb voll, stand auf dem Fußboden. Er war neunzehn Jahre alt und hatte keine einzige Falte im Gesicht.

»Das mußte eines Tages passieren«, sagte Shuck. Welch eine Gewißheit! »Aber wenn das noch mal vorkommt, müssen wir den Laden hier dichtmachen.«

Niemand wollte danach das Zimmer benutzen, und die Tür wurde langsam staubig. Alle Mädchen spielten die Zimmernummer in der Nationalen Lotterie.

Überschwemmung. Wenn ein heftiger Regen mit der Flut zusammentraf, schwoll der Kanal an, und die Bukit Timah Road wurde überschwemmt; schlammiges Wasser schwappte gegen die Veranda. Das Foto zeigte drei Mädchen, die mit ihren Schuhen in der einen Hand und einem Schirm in der anderen auf Paradise Gardens zuwateten, und die Jungen, die in der Auffahrt pfiffen und Beifall brüllten.

Das kleine Kino. Audie Murphie in einem Cowboyfilm. »Er ist ein mutiger kleiner Kerl«, sagte ich. »Er hat 'ne Tapferkeitsmedaille bekommen.« Ein Junge rechts von mir: »Scheiß drauf.«

Eine Gruppenaufnahme: Roger Lefever, zweiter von links oben.

»Was soll das heißen, Roger?«

»Ich hab's nicht so gemeint.«

»Sie ist weinend heruntergekommen und hat gesagt, Sie hätten sie geschlagen.«

»Es war nicht so schlimm. Aber sie hat mich auch stocksauer gemacht.«

»Ich hab hier keinen Platz für Schläger. Ich hätte Lust, dir dafür einen aufs Maul zu hauen, Roger. Und ich überlege mir, an Ihren Vorgesetzten zu schreiben. Zu Hause würden Sie das schließlich auch nicht machen, oder?«

»Woher wissen Sie das?«

Ich schlug ihm ins Gesicht.

»Paß auf! Du stehst auf meiner schwarzen Liste, bis du dich entschuldigst.«

Eine Gruppenaufnahme: Jerry Waters am Ende der mittleren Reihe, finster dreinblickend.

»Sie haben Glück, Jack. Sie haben gegen die Nazis gekämpft.«

»Ich habe keine Nazis zu sehen gekriegt in Oklahoma.«

»Sie wissen, was ich meine. Es hilft einem, wenn der Feind ein Schwein ist. Aber manchmal sitzen wir nachts zusammen und quatschen so rum, scheißmüde, und dann sagt einer: ›Wenn ich Vietnamese wäre, würde ich den Vietcong unterstützen‹, und ein anderer sagt: ›Ich auch‹, und ich sag: ›Das ist doch klar.‹ Es ist unglaublich.«

Der Antiquitätenladen. Nach und nach veränderten sich die Schnitzereien. Zunächst waren es Elfenbeinochsen und Elefanten gewesen, Teakholzhirsche, Jade-Eier und Schmuckkästchen in Lackarbeit. Dann erhielten wir schlechte Repliken und schließlich obszöne Sachen – Mädchen in Hockstellung, schwere Nackte aus Holz, geschnitzte Fäuste, zwanzig Zentimeter hoch und mit emporgerecktem Mittelfinger, Hände in der Geste des *Cornuto*.

Der Schwarze Tisch.

»Ich würde Ihnen gern helfen, George, aber es ist gegen die Vorschriften, hier Rassentrennung einzuführen.«

»Wir wollen keine Rassentrennung *an sich*, aber was wir wollen, ist ein Tisch, an dem wir sitzen können, und zwar so, daß wir uns keine Charlies ansehen müssen. Und die Brüder haben mich beauftragt, diese Sache hier anzuführen.«

»Ich glaub nicht, daß das eine gute Idee ist«, sagte ich.

»Ich frage Sie nicht, ob Sie glauben, daß das eine gute Idee ist. Ich sage Ihnen, besorgen Sie uns einen Tisch, oder wir nehmen dieses Haus auseinander.«

»Sie sind nur noch drei Tage hier. Ist es denn zuviel verlangt, wenn wir Sie bitten, sich wieder abzuregen und sich Freunde zu suchen?«

»Wir haben die Freunde, die wir haben wollen. Nächste Woche kommen mehr Brüder, also wenn Sie nein sagen, dann müssen Sie über die Forderung eben mit einem wirklich gemeinen Hund verhandeln, mit Baraka Johnson.«

»Haraka-haraka, haina baraka«, sagte ich. »Suaheli. Mein Schiff hat immer in Mombasa angelegt. *Nataka* Tusker-Bier *kubwa sana na beridi sana*.«

»Schluß mit dem Gequatsche, wir wollen einen Tisch!«

»Wenn nun jeder einen Tisch haben wollte?«

»Das ist es ja, Mann. Alle Typen hier außer uns *haben* einen Tisch. Meinen Sie, die Charlies da drüben in der Ecke der großen Bar wollen, daß wir uns zu ihnen setzen? Schon mal gesehen, daß Brüder an der Wand gesessen haben?«

»Vielleicht wollt ihr das gar nicht.«

»Vielleicht nicht, und vielleicht wollen die Charlies und die Südstaatenärsche das auch nicht. Schon mal dran gedacht?«

»Was Sie sagen wollen, ist, es gibt schon weiße Tische, warum also nicht einfach auch einen Tisch für die farbigen Leute?«

»Was für *farbige Leute*?«

»Vor Jahren noch ...«

»Wir sind *schwarze* Brüder, und wir wollen einen *schwarzen* Tisch!«

»Tatsache ist, ich habe nicht gewußt, daß es weiße Tische gibt. Sonst hätte ich das verhindert.«

»Na los, Alter, verhinder mal was, meinst du, das rührt mich? Ich sage nur, wir wollen einen Tisch – *jetzt* –, und wenn wir ihn nicht kriegen, machen wir dich fertig. Kapiert?«

Es stimmte. Yusof bestätigte es: Wir hatten eine Wand mit »weißen« Tischen. Ich gab nach. Sungs Foto zeigte lächelnde und finstere Gesichter, alle schwarz, und langhaarige Tamilenmädchen – die einzigen, die sie anrührten, weil sie auch schwarz waren.

»Man muß ihnen geben, was sie haben wollen«, sagte Shuck.

»Bis zu einem gewissen Punkt«, sagte ich; »ist das meine Philosophie.«

Ich in meinem geblümten Hemd mit drei Jungen beim Bier. Wenn ich redete, tauchte immer wieder ein Satz auf, der die mittleren Jahre verriet: »Das war ein Haufen Geld für die damalige Zeit...«

Eine Gruppenaufnahme. Bert Hodder, fünfter von hinten, mittlere Reihe: Eines Abends war er besoffen, stand auf seinem Stuhl und sang:

»East Toledo High School,
die beste High School der Welt!
Wir lieben East Toledo,
unsere Farben sind Blau und Gold.«

Kinder aus der Nachbarschaft. Sie hatten sich die Arme um die Schultern gelegt und sich so fotografieren lassen. Sie lungerten am Tor herum und riefen: »He, Joe!« Ganapaty rannte mit einem Eisenrohr hinter ihnen her. Die Jungen plauderten mit ihnen und ließen sie kleine Aufträge erledigen. Sie kamen an die Tür meines Büros.

»Zehn Cent, Mister.« Und das von einem, der ein sauberes weißes Hemd trug.

»Schwirr ab, Kleiner, siehst du nicht, daß ich beschäftigt bin?«

»Fünf Cent.«

»Hau ab!«

Edwin Shuck. Blaues Hemd mit kurzen Ärmeln, Sommersprossen auf den Armen und schmale Krawatte; Brille mit dunklen Vorsteckgläsern; dicke Socken und Mokassins.

»'ne Minute Zeit?« fragte er.

Ich war bei Karim. »Der Kühlschrank ist kaputt. Ich komme dann gleich zu Ihnen.«

»Das da kann warten«, sagte er. »Ich muß Sie in Ihrem Büro sprechen.«

»Okay«, sagte ich und wischte mir die schmierigen Hände an einem Lappen ab.

Shuck goß sich an meiner Hausbar einen Drink ein. Er schloß die Tür hinter mir.

»Ich war gestern nachmittag beim Botschafter.«

»Was macht sein Golfspiel?« Ich zog eine Zigarre aus der Tasche meines Seidenhemds.

»Er war gestern morgen bei der Army.«

»Und?«

»Ich habe schlechte Nachrichten für Sie.«

»Raus damit«, sagte ich. Aber ich ahnte schon dunkel, was es sein würde. Eine Woche vorher war ein Chinese namens Lau mit einem Vorschlag zu mir gekommen. Er kam aus Penang und hatte da oben achtundzwanzig Mädchen, die er runterschicken wollte. Er erwartete Maklerprovision, Rückerstattung der Busfahrt für alle von ihnen und für sich einen Job. Er sagte, er könne Buchführung; außerdem wußte er, wo ich ein paar Flipper, amerikanische Sportgeräte, einen Filmprojektor und die Ausrüstung für einen Swimmingpool einschließlich eines neuen Sprungbretts bekommen konnte. Ich sagte ihm, ich sei nicht interessiert.

»Sie machen Ihnen den Laden zu«, sagte Shuck.

»So kann man's auch nennen«, sagte ich. »Wer sind *sie*?«

»Die amerikanische Regierung.«

»Die machen *mir* den Laden zu?« schnaubte ich wütend. »Was soll das bedeuten?«

»Es ist nichts Persönliches...«

»Das kann man wohl sagen«, antwortete ich. »Das hier ist nicht mein Laden, er gehört *ihnen*! Ich nehme an, Sie meinen, die wollen ihren eigenen Laden zumachen.«

»In gewissem Sinne ja«, meinte Shuck. »Offiziell betreibt die US Army keine Puffs.«

»Wenn Sie meinen, dies hier wäre ein Puff, dann haben Sie wirklich verdammt wenig Ahnung von Puffs.«

»Regen Sie sich nicht auf«, sagte Shuck, und ich begann, sein Lispeln zu hassen. »Es war nicht meine Entscheidung. Die Army erörtert die Idee schon eine Ewigkeit. Ich habe meine Befehle. Es tut mir nur leid, daß ich Sie nicht schon früher informieren konnte.«

»Tun Sie mir einen Gefallen, Ed. Gehen Sie hinunter in die Halle und suchen Sie Mr. Khoo. Er hat gerade das erste Auto gekauft, das er jemals besessen hat – im Vertrauen auf seinen Arbeitsplatz. Er muß noch ungefähr zweiundneunzig Raten dafür abzahlen. Gehen Sie hin und sagen Sie ihm, das Pentagon will, daß er es verkauft und sich ein Fahrrad anschafft. Passen Sie mal auf, was er sagt.«

»Ich dachte nicht, daß Sie es so schwer nehmen würden«, sagte Shuck. »Sie sind wirklich bitter.«

»Gehen Sie zu Jimmy Sung. Er hat gerade schwer für eine neue Ladung japanischer Kameras bluten müssen. Erzählen Sie ihm, der Botschafter sagt, es täte ihm leid.«

»Sung ist ein Gauner, das haben Sie selbst gesagt.«

»Er wußte, was er tat«, sagte ich. »Ich hätte ihn nicht daran hindern sollen. Ich reiße mir ein Bein aus und versuche, dafür zu sorgen, daß dies ein ehrliches Haus bleibt, und dann kommen Sie daher und pissen jedem zwischen die Schulterblätter.«

»Es wird jeder entschädigt werden.«

»Und was ist mit Penang? Da habt ihr sie auch angeschissen.«

»Das ist geheim – wer hat Ihnen etwas über Penang erzählt?«

»Ich habe so meine Informationen«, sagte ich. »Sie stellen dort das Fronturlaubsprogramm ein. Alle suchen jetzt Arbeit, und Sie wissen genauso gut wie ich, daß sie keine finden werden. Es ist nicht fair.«

»Jack, seien Sie vernünftig«, sagte Shuck. »Wir können nicht halb Südostasien für immer auf unserer Lohnliste behalten.«

»Warum hat man sie dann überhaupt erst auf die Lohnliste gesetzt?«

»Ich nehme an, damals sah es so aus, als wäre es eine gute Idee«, sagte Shuck. »Ich weiß es nicht. Ich mach die Politik nicht.«

»Ich verstehe euch nicht«, sagte ich. »Ihr seid wie die Typen von den Vergnügungsdampfern, die vor Jahren immer nach Singapur kamen und mit aller Gewalt vögeln wollten. Geld spielt keine Rolle, sagten die. Und wenn ich ihnen dann ein Mädchen besorgt hatte, meinten sie: ›Haben Sie nicht ein bißchen was Billigeres da?‹ Und ihr erst! Ihr kommt hierher mit einer Armee, macht Versprechungen, schmeißt mit Geld um euch, stellt Leute ein, baut alles mögliche und – ich weiß nicht – *fallt* förmlich über die Gegend her und bezahlt jeden dafür, daß er *God Bless America* singt. Und dann blast ihr die Sache ab. Vergeßt es, sagt ihr, einfach nur so.«

»Vielleicht ist es zu teuer geworden«, sagte Shuck. »Es kostet...«

Aber ich ließ ihn nicht: »Ihr sagt den Leuten, spielt mit, und dann pfeift ihr das Spiel plötzlich ab! Nennen Sie das fair?«

»Ich habe Sie nie für einen Falken gehalten.«

»Ich bin kein Falke, Sie alberner Bastard!«

»Okay, okay«, sagte Shuck. »Ich bitte um Entschuldigung. Was soll ich Ihnen denn sagen? Wir werden für die Leute hier alles tun, was wir können – sie entschädigen, was immer sie haben wollen. Sie sind der Boß.«

»O jaha, ich bin der Boß.« Ich saß hinter meinem Schreibtisch, paffte meine Zigarre und blies den Rauch zu Shuck hinüber. Für kurze Zeit hatte es alles wirklich ausgesehen. Ich hatte ein Notizbuch voller Kalkulationen: In fünf Jahren würde ich genug gespart haben, um auszusteigen und mich in aller Ruhe zurückzuziehen. Aber es war vorbei, ich war wieder aufgewacht.

Shuck sagte: »Sie brauchen sich überhaupt keine Sorgen zu machen.«

»Da können Sie verdammt sicher sein, daß ich das nicht brauche«, sagte ich. »Ich hatte einen Job, bevor Sie mich angeheuert haben. Ein Haus, jede Menge Freunde.« Hings Geschäft, meine Haushälfte am Moulmein Green, das Bandung. *Es ist immer jemand, den Sie kennen, im Bandung!*

»Ich will damit sagen, daß ich einen Vorschlag für Sie habe.«

»Also, Sie können Ihren Vorschlag zusammenrollen und ihn sich in den Arsch stecken. Ich bin nicht interessiert.«

»Sie haben ihn sich nicht mal angehört.«

»Ich will nicht.«

»Er bedeutet Geld«, sagte Shuck.

»Ich habe euer Geld gesehen«, sagte ich. »Ich brauche es nicht.«

»Sie werden uns doch nicht im Stich lassen, oder?«

»Das hab ich gern«, sagte ich. »Kennen Sie den von dem Typ mit dem Ausschlag auf dem Arm? Er geht zu einem Hautarzt, und der sagt ihm: ›Das ist wirklich ein böser Ausschlag! Da nehmen Sie mal dieses Puder hier.‹ Das Puder hilft nicht. Er probiert Salben, Cremes, Spritzen, alles, aber der Ausschlag geht nicht weg. Wochen vergehen, und der Ausschlag wird schlimmer. ›Das ist ein ganz schön hartnäckiger Ausschlag, schwer zu behandeln‹, sagt der Arzt. ›Haben Sie eine Ahnung, wie Sie da drangekommen sind?‹ Der Typ sagt, er habe keinen blassen Dunst. ›Übrigens, wo arbeiten Sie eigentlich?‹ – ›Ich?‹ sagt der Typ, ›ich arbeite im Zirkus. Bei den Elefanten.‹ – ›Sehr interessant‹, sagt der Arzt. ›Und was genau machen Sie da?‹ – ›Ich mache ihnen Einläufe – aber die Sache ist die, wenn man einem Elefanten ein Klistier verpassen will, dann muß man ihm den Arm in den Arsch schieben.‹ – ›Heureka!‹ sagt der Arzt. ›Geben Sie Ihren Job auf, und ich garantiere Ihnen, daß der Ausschlag auf Ihrem Arm verschwindet.‹ – ›Machen Sie sich nicht lächerlich‹, sagt der Typ, ›das Showgeschäft geb ich nie auf.‹«

Shuck schürzte die Lippen. Ich konnte es ihm nicht verübeln: So gut war der Witz auch wieder nicht und ich zu wütend.

»Kennen Sie den über Omas Puff? Da war ein Kerl, der...«

»Kenn ich«, sagte Shuck. »Die Oma hat Sie gerade gevögelt.«

»Genau so fühl ich mich«, sagte ich. Mit dem Daumennagel spaltete ich das Ende eines Streichholzes und begann, mir in den Zähnen herumzustochern.

»Hören Sie sich doch einfach meinen Vorschlag an, und dann sagen Sie ja oder nein.«

»Nein«, antwortete ich. »Wie der Mann schon sagte, es ist eine Frage von Recht und Ordnung. Mir geschieht es ganz recht, und Sie sind sowieso in Ordnung. Kapiert?«

»Sie machen es mir schwer.«

»Nicht schwer – unmöglich«, sagte ich und fügte hinzu: »Mister Shuck«, und lispelte es so fischmäulig, wie er seinen Namen immer aussprach. Ich bereute es sofort, und um es zu vertuschen, fuhr ich fort: »Also, wenn Sie mich jetzt entschuldigen, ich glaube, ich gehe mal los und bringe Hing die Nachricht schonend bei. Ich habe das Gefühl, Hing und ich sind schon auf dem Weg zurück in die Beach Road. Ich bin in Wirklichkeit kein Zuhälter. Das ist nur so ein Gerede.« Ich paffte die Zigarre und grinste ihn an. »Ich bin von Beruf Schiffsausrüster, und man sagt, als Schiffsausrüster bin ich ein absolutes As!«

Ich zwinkerte ihm zu.

Shuck machte ein verdrießliches Gesicht und zog den Reißverschluß seiner Aktentasche zu. »Wenn Sie irgendwann mal Ihre Meinung ändern ...«

»Nie!«

Mittags regnete es, und der Regen entwickelte sich schnell zu einem richtigen Unwetter, einem Sumatra von der gleichen Heftigkeit, wie ich ihn im Hafen auf Mr. Khoos Barkasse überstanden hatte, als wir jenen Leichter voller Mädchen im Schlepp hatten und damit zur *Richard Everett* hinaustuckerten. Seit damals hatten Stürme mich erregt: Ich konnte während eines Sturms weder lesen noch schreiben, und solange Regen und Wind anhielten, war meine Stimme lauter; mir fiel das Lachen leicht, und ich trank schneller, während ich am Fenster stand und hinausstarrte. Ich konnte mich von einem Sturm nicht losreißen. Ich schaltete das Radio aus und beobachtete diesen hier aus meinem Büro im Paradise Gardens. Um halb eins wurde es so dunkel wie sonst bei Einbruch der Nacht – nicht wie bei einem Sonnenuntergang, sondern danach, an einem dunklen Abend ohne Sonne. Ich riß das Fenster auf, um den Sturm zu hören; es war kühl, noch regnete es nicht, aber es war sehr dunkel. Blätter drehten sich im Wind, und starre Zweige bewegten sich wie Haare.

Der Himmel über dem Horizont war schwach beleuchtet, das blaßgrüne Gras und die Blätter der Palmen färbten sich oliv, Baumstämme wurden schwarz. Die Vögel verschwanden: Ein letzter Nachzügler wurde über Dr. Lims Hecke geweht. Die Wedel der Fächerbäume teilten sich, die größeren Bäume schwankten, und in der Dunkelheit begannen die weit voneinander entfernten Tropfen, die so groß waren wie Halbdollarstücke, die Auffahrt mit Flecken zu übersäen. In der Ferne war das Grollen des Donners zu hören. Zunächst herrschte noch Dunkelheit, aber mit dem Wolkenbruch wurde es silbrig, es klärte sich auf, als der Regen zu fallen begann, bis es schließlich taghell war, während die dickeren Wolken in sich zusammenfielen und sich in die gläsernen Streifen eines Platzregens verwandelten, der den Garten überschwemmte. Bald darauf war alles ein Kreisen aus Tönen, Wasser und Licht; die Bäume, die vorher um sich geschlagen hatten, wurden schwerer, die herabhängenden Blätter schienen die Zweige nach unten zu ziehen. Wasser schäumte und sprudelte die Dachziegel hinunter und überflutete die Dachrinnen von Dr. Lims Bungalow.

Es hielt weniger als eine Stunde lang an, und bevor es vorbei war, kam die Sonne heraus und ließ die letzten fallenden Tropfen und den Nebel, der von der heißen Straße aufstieg, erglänzen. Alles, was vom Regen berührt wurde, glitzerte und tropfte, und danach waren alle Häuser und Bäume, die Planen auf den Schubkarren und die Bambuszäune verändert. Die Nässe ließ alles, worauf die Sonne schien, aussehen, als sei es gequollen und ein bißchen, gerade noch wahrnehmbar, verzogen.

Einige Monate später, in dem alten Geschäft an der Beach Road, schlängelte sich Gopi, der *Peon*, in meine Nische, zeigte mir zwei große feuchte Handflächen und zwei farblose Augen und sagte: »Mister Hing wollen sehen Mister Jack sehr eilig-*lah*.« Sie wissen ja schon, was er wollte.

3. Teil

17

Der Rauch hinter mir – Leigh war verbrannt –, als ich mit Gladys im Auto vom Krematorium wegfuhr, war von der gleichen blassen Farbe wie die Vormittagswolke über Singapur, die sich als ein Gebilde aus Dampf über die Insel senkt und im Laufe des Nachmittags gelb und stickig wird und die Nacht zu einer tintigen, kühlen Überraschung macht. Ich empfand Erleichterung, die federnde Leichtigkeit wie nach einem Freispruch, so etwas wie Jugend. Alle meine Geheimnisse waren mir wieder gestattet, und ich konnte sie für mich behalten, wenn ich aufpaßte. Es war, als habe man sich als dumm erwiesen und sei dann wie durch ein Wunder weise geworden: eine Luftveränderung.

Beim Wegfahren erinnerte ich mich an die Hetzjagden meiner Vergangenheit, an die Zeiten der Flucht und der Rückschläge; und ich begann zu verstehen, warum ich es nie zu etwas gebracht hatte. Der Trick des Romanautors, einen Sterbenden sein Leben blitzartig an sich vorüberziehen zu lassen, ist eine praktische Erfindung, aber wohl doch etwas Unredliches. Ich hatte einmal einen Schlag über den Kopf bekommen: Was ich sah, waren ein abgelöstes Netz von Blutgefäßen auf dem Hintergrund meiner Augen und ein schwaches Bild von der Wurst, die ich zum Frühstück gegessen hatte. Der Schmerz verkleinerte die Erinnerung, und Leigh hatte so empfindungslos und gehetzt ausgesehen, daß ich nicht sicher war, ob er sich auch nur an seinen Lunch erinnert hatte. Ein ganzes Leben? Da würde der Sterbende schmerzbedingte Verkürzungen riskieren oder auch, daß der Tod die Erinnerung an einer irreführenden Stelle anhält. Die ungetrübte, quicklebendige Seele, die ich war, als ich holpernd den Weg vom Krematorium zurückfuhr, hatte Zugang zur Vergangenheit und konnte eine Pause einlegen, um bei einer zweideutigen Erinnerung zu verweilen oder eine ironische Bemerkung zu genießen. »Machen wir uns nichts vor, Flowers«, hatte der Mann gesagt, »Sie sind eine Institution!« Ich bereute, daß ich aus Kameradschaft oder was immer so vielen geholfen und mich bereitwillig ihrem Wankelmut ausgeliefert hatte – jeden Dienst hatte ich auf mich genommen, beinahe bis zum Martyrium, und immer wieder hatten sie mich reingelegt! Aber, ah, ich war nicht tot.

Leigh war tot. Er hatte mir seine Pläne erzählt, seine Träume. Es lief auf sehr wenig hinaus, eine ruhige Kate auf jener regenreichen Insel, eine paar Blumen, etwas Frieden – kein teurer Wunsch. Er hatte nichts bekommen. Sein Beispiel warf mich aus dem gewohnten Gleis; und da der Tod das Leben eines jeden neu formuliert, der in der Nähe ist, fühlte ich, daß ich in meinem Innern etwas Neues wahrnahm, die veränderte Version einer früheren Hoffnung. Es war eine Korrektur, und sie stachelte mich zum Handeln an. Ich war beunruhigt. Der Entschluß, zu dem sein Tod mich inspirierte, wurde zugleich auch verspottet durch seinen Tod, der mir vorkam wie eine Aufforderung, Hoffnung zu schöpfen, und zugleich die Sinnlosigkeit allen Hoffens zeigte. Sein Leben sagte: *Tu was, bald.* Sein Tod sagte: *Erwarte nichts.* Meine Verärgerung über ihn als einen rüden Fremden, der mein Leben durcheinandergebracht hatte, war gering, verglichen mit meiner Verzweiflung, ihn tot zu sehen – es war nicht möglich, eine Antwort zu finden. Und schlimmer noch, sein starrer, erstaunter Blick war ein Hinweis auf das Unerwartete gewesen, der Beginn einer neuen Art des Sehens, gleichzeitig aber auf beunruhigende Weise verbunden mit einem Ende der Sprache. Hinter mir, als Wolke über der Upper Aljunied Road, hing der Rauch dieses stummen Propheten, der sich in den Tod zurückgezogen und eine unerklärliche Offenbarung angestarrt hatte, die vielleicht überhaupt nicht existierte.

»Wo ich absteige?« Gladys' Stimme beendete meine Träumerei.

»Palm Grove.«

»Klimaanlage?«

»Würd mich nicht überraschen.«

»Ich *mögen* Palm Grove.« Gladys umarmte sich selbst.

»Schön für dich«, murmelte ich.

»Du traurig, Jack. Ich weiß. Dein Freund tot«, sagte Gladys. »Er war netter Mann, ich denke.«

»Das war er nicht«, sagte ich. »Aber das ist es gerade, nicht?«

»Heiratet mit einer Frau?«

»O ja«, sagte ich. »In Hongkong. Die Einäscherung war ihre Idee. Sie hat das Lied ausgewählt. Die Asche geht morgen früh nach Hongkong per Einschreiben. Sie meinte, es sei besser so.« Ich konnte den Briefträger sehen, wie er vom Fahrrad stieg und ein Päckchen, das in braunes Packpapier eingewickelt war, aus seinem Postsack holte. Ihr Mann, anderthalb Pfund; Zolldeklaration und so weiter. *Unterschreiben Sie hier, Missy.*

»Warum du nicht heiraten?«

»Das fehlte mir noch.« Heiraten! Wenn die Rede auf Chinesen kam, entstand in meiner Erinnerung das Bild eines käfigähnlichen Ladens in der Nähe der Muscat Lane, die Familie saß brummig um einen Tisch herum (der Sohn machte Schularbeiten) unter einer nackten Glühbirne von unnötig störender Helligkeit; ich konnte mir Chinesen nicht einzeln vorstellen – sie lebten in Horden und Familienclans, und ihr gellendes Geschrei täuschte Sprache vor. Das Wort Heiraten erzeugte bei mir ein anderes Bild, ein klinisch sauberes amerikanisches Badezimmer mit verschlossener Tür, bereit für die Inszenierung des Ehelebens: Vati beim Rasieren, Mutti auf dem Klo, die Knie zusammengepreßt, die nackten Kinder planschen in der Badewanne und quasseln alle auf einmal. Es war scheußlich – Agonie verheiratet mit Sicherheit; zwar war ich versucht worden, aber auf diese Weise gesündigt hatte ich nie. Ich fragte Gladys: »Was ist denn mit dir?«

»Ich? Klar, ich heiraten jede Nacht!« Sie lachte gackernd. Meinen Mädchen wurden immer die gleichen Fragen gestellt – Name, Alter, Familienstand –, und sie hatten sich einen Vorrat an feststehenden Antworten zugelegt. Daran, wie schnell und geistreich eine Antwort war, konnte ich erkennen, wie lange ein Mädchen schon in dem Gewerbe tätig war. *Ich heirate jede Nacht:* Gladys war ein Oldtimer.

In der Lobby des Palm Grove Hotels drängte sich eine

wirre Masse von Touristen, die uns beäugten, als wir zum Fahrstuhl gingen. Hätte ich noch einen Beweis dafür gebraucht, daß Zuhälterei für Touristen keine Zukunft mehr hatte, hier hätte ich ihn gehabt:

Zwei verhutzelte Typen schnappten auf einem Sofa nach Luft, ein anderer stützte sich auf Krücken, ein leerer Rollstuhl, ein weißhaariger Mann, schlafend oder tot in der Umarmung eines großen Lehnstuhls. Almosenempfänger. Wie in dem Witz von dem alten Kerl, der erzählt, er schlafe fünfzig Wochen im Jahr mit seiner jungen Frau. »Toll«, sagt ein junger Bursche, »aber was ist mit den anderen beiden Wochen?« Worauf der Alte antwortet: »Oh, dann macht der Mann Urlaub, der mich immer rauf und wieder runter hebt.«

Gladys war keine Schönheit, ich war nicht jung; die Touristen beobachteten uns, um sich über die Beziehung zwischen dem Amerikaner mit dem roten Gesicht und dem mageren Chinesenmädchen klarzuwerden. Ich hängte mich bei ihr ein wie ein altmodischer Liebhaber und begann, laute Bemerkungen über die Einrichtung der Lobby und den dicken Teppich zu machen, und war froh darüber, daß etwas von der Verachtung an dem Anzug abprallen würde, den ich trug. *Was glaubt dieser Esel eigentlich, wer er ist?*

Oben kam der Kunde im Bademantel an die Tür.

»Mein Name ist Flowers.«

Er sah Gladys an, dann mich.

»Wir haben am Telefon miteinander gesprochen, ungefähr vor einem Monat, als Sie mit der *Empress* hier durchkamen.«

»Das ist richtig«, sagte er. »Ich dachte schon, Sie hätten es vielleicht vergessen.«

»Ich habe es hier notiert«, sagte ich und tippte an meinen Schreibtischkalender. »Hier ist sie jedenfalls, Skipper.«

Jetzt schielte er lüstern. Gladys nickte und blickte an ihm vorbei in das kühle, schattige Zimmer.

»Vielen Dank auch«, sagte er. Er öffnete ihr die Tür, fischte dann fünf Dollar aus seiner Tasche und reichte mir das Geld.

»Was ist damit?«

»Für Ihre Mühe.«

»Die ist damit wohl nicht ganz bezahlt«, sagte ich.

»Muß sie aber.«

»Nun mal immer mit der Ruhe«, sagte ich. »Für wie lange wollen Sie sie haben?«

»Das werden wir ja sehen«, sagte er.

Gladys war im Zimmer und sah aus dem Fenster.

»Gladys, laß dich nicht...«

»Halten Sie sie da raus«, sagte der Mann.

Ich hätte ihm gerne eine reingehauen. Ich sagte: »Bis morgen früh macht einhundertzwanzig Dollar oder die entsprechende Summe in Pfund Sterling, zahlbar im voraus.«

»Ich sagte bereits, *wir werden sehen*«, meinte er. »Und jetzt verpissen Sie sich.«

»Ich bin dann unten.«

»Das wird nicht nötig sein.«

»Das mache ich immer so«, sagte ich. »Damit hier keine krummen Sachen ablaufen.«

»Wie Sie wollen«, sagte er und schlug die Tür zu.

Um halb vier war Gladys nirgendwo zu sehen. Ich stand am Fahrstuhl, weil ich es vermeiden wollte, in der Lobby zu sitzen und von den Almosenempfängern angestarrt zu werden, die sofort wissen würden, was ich trieb, sobald sie mich allein sahen. Bevor Leigh kam, hatte mir das nie etwas ausgemacht.

Neben dem Fahrstuhl stand eine blaue chinesische Vase, die mit Sand gefüllt war, und aus dem Sand ragten Zigarettenenden, zerdrückte Kippen und gut fünf Zentimeter von etwas, das wie eine gute Zigarre aussah. Ich war plötzlich unruhig, und mir wurde schnell klar, daß der Grund für meine Unruhe in dem Verlangen bestand, mir diese Zigarre zu schnappen, den Sand abzuklopfen und sie anzuzünden. Was mich störte, war die Tatsache, daß nur der Gedanke, man könnte mich dabei sehen, mich davon abhielt.

Ein Dreiundfünfzigjähriger, der in Aschenbechern herumwühlte und im Palm Grove Hotel in einer schattigen Ecke der Lobby stand. In der Stadt auf der Beach Road krächzte jetzt ein *Towkay* meinen Namen, trat seinen Hund und wollte wissen, wo ich war. Zwischen der Einäscherung eines Fremden und dem schweren Besäufnis, das noch stattfinden würde, hatte ich einem Typ ein chinesisches Mädchen besorgt, und man hatte mir fünf Dollar in die Hand gedrückt und mir gesagt, ich solle mich verpissen. Ich hatte die fünf Dollar behalten. Ich wartete wie ein Hund, aber ohne zu bellen, und schluckte weiterhin Selbstmitleid in mich hinein, streichelte meine Tätowierungen und sah zu, wie Chinesen eilig durch Luft hasteten, die in bemerkenswerter Weise dem Rauch ähnelte, wie er von ihrer eigenen Asche aufsteigen würde. Ich wußte, was Sterblichkeit war, ich kannte ihren menschlichen Geruch und die verzweifelten Phantasiegebilde, die aus ihr entstanden. Worauf wartete ich?

»Sie ist noch nicht wieder unten, Skipper«, sagte ich über das Zimmertelefon. »Sie sind über der Zeit.«

»Wem sagen Sie das!«

»Wo ist sie?«

»Dreimal dürfen Sie raten.«

»Ich werde die Hotelleitung informieren«, sagte ich. »Sie lassen mir keine andere Wahl.«

»Ich werde die Hotelleitung über *Sie* informieren. Harhar-har!«

»Seien Sie vernünftig, Skipper. Ich find das nicht komisch.«

»Hören Sie auf, mir auf die Nerven zu gehen. Sind sie ihr Vater oder so was?«

»Ich bin ihr Beschützer, könnte man sagen.«

»*So* nennt man das also heutzutage!«

»Ich habe Ihnen gerade einen großen Gefallen getan, mein Lieber!« schrie ich. »Und was bekomme ich jetzt dafür? Einen Haufen dreckiger Bemerkungen!«

»Ich schulde Ihnen nichts.«

»Sie schulden mir«, sagte ich, »eine ganze Menge, und Sie schulden Gladys...«

»Hauen Sie ab.«

»Ich rühr mich nicht vom Fleck.«

»Sie sollten sich schämen«, sagte der Typ und legte auf.

Im Gang des Kellergeschosses kam ich an einem Feuermelder vorbei, dem roten Sporn eines Schalters hinter Glas, und gleich daneben hing ein handlicher Stahlhammer an einem Haken. Die Gebrauchsanweisung schrie mich förmlich an. Ich wartete, bis der Korridor leer war, dann sprang ich hin und folgte den Anweisungen auf dem schwarzen Schild, das an die Wand genietet war. Ich schlug zu und zog. Eine große Klingel über meinem Kopf ruckte an und läutete und steigerte sich in ein ohrenbetäubendes Schrillen.

18

Eine Stunde später in einer Telefonzelle schrillte mir jener Alarm noch immer in den Ohren und verwandelte meine Rücksichtslosigkeit in Mut, als ich die Nummer der amerikanischen Botschaft wählte. Ich hielt mir den Hörer vor den Mund wie eine Sauerstoffmaske; ich war außer Atem, und während ich nach Luft schnappte, fühlte ich mich leer – gehetzt und einfallslos. Die Redensarten, auf die ich mich vorbereitet hatte – Angebote von Dienstleistungen, die ich früher einmal mit schlauen Rechtfertigungen barmherzig abgesegnet hatte –, kamen mir plötzlich hurenhaft vor. Sie hatten mich vorher nie gestört – »Was ich auch immer für Sie tun kann...«, »Sie brauchen es nur zu sagen...«, »Überlassen Sie das nur mir...«, »Eine ausgezeichnete Wahl, ich hätte keine bessere treffen können...«, »Überhaupt kein Problem...«, »Es war mir ein Vergnügen...«, »Dafür bin ich ja da...«, »Wozu hat man denn Freunde...?«. Aber das war zu einer Zeit, als ich noch die Wahl hatte. Dieser Telefonanruf war kein Akt der Entscheidung. Er war für mich auch kaum eine Wahl; er war das Letzte, was mir noch blieb. Ich war aufgeschmissen. Jemand mußte mir einen Gefallen tun. *Gibt es irgend etwas – ganz egal was –, das Sie für mich tun können?*

»Ed, erinnern Sie sich...?«

»Flowers, sind Sie das?« Es war eine Erleichterung, Shucks Maul zu hören, das vertraute und liebenswerte Zischen, als er meinen Namen beiläufig mit dem Kuß seines fischigen Lispelns befeuchtete. »Wo hatten Sie sich denn versteckt?«

»Hatte alle Hände voll zu tun«, sagte ich.

»Immer gut, wenn man fleißig ist.«

»Es hat mich wahnsinnig gemacht«, sagte ich.

»Nett, Ihre Stimme zu hören.«

»Ganz meinerseits«, sagte ich. »Ich dachte, ich könnte mal

irgendwann reinschauen. Die alten Zeiten durchkauen. Vielleicht heute nachmittag, wenn es Ihnen recht ist. Im Büro ist es ziemlich ruhig. Ich könnte in ein Taxi springen und in ein paar Minuten dort sein, oder...«

»Würde ich ja wirklich gut finden«, sagte Shuck. »Aber ich bin im Moment voll.«

Um Himmels willen, wollte ich schon sagen. Ich tat es nicht. »Dann ein andermal. Es ist nur so, daß ich heute nachmittag frei habe und, ah, ich weiß nicht, ob Sie sich erinnern, aber da ist noch eine unerledigte Sache zwischen uns.«

Shuck zögerte. Dann sagte er: »Jack, um ganz ehrlich zu sein, ich dachte nicht, daß ich von Ihnen noch mal etwas hören würde. Verstehen Sie?«

»Genau das will ich Ihnen ja erklären.«

»Verstehen Sie mich nicht falsch. Ich bin froh, daß Sie angerufen haben«, sagte er. »Ich bin *verdammt* froh, daß Sie angerufen haben.«

»Wie wär's mit einem Drink?«

»Tut mir leid«, sagte er.

»Und nach der Arbeit? Wann machen Sie Feierabend?«

»Ich schreibe Ihnen einen Brief«, sagte Shuck schnell.

»Einen *Brief*? Und wenn der bei der Post verlorengeht?«

»Sie sind vielleicht 'ne Marke«, sagte Shuck. »He, haben Sie in der letzten Zeit ein paar gute gehört?«

»Witze? Nein, nichts.« Aber ich dachte an Leigh, an die Heiterkeit und die Gehässigkeit, die er provoziert hatte, an die Peinlichkeit, die er erweckte und die nichts anderes war als die Peinlichkeit seiner abgegriffenen Ironie (»Hat dieses Etablissement...?«), ungeschicktes Verhalten, das durch die Umstände noch betont wurde, verzerrt zu Gesten der Verzweiflung, über die man nicht mehr lachen konnte. Er hatte gewirkt wie ein fremdartiger Clown, umgebracht durch Albernheit. Mit einigem Abstand und als Geschichte – ohne den Tod – war sein Aufenthalt bei uns komisch. Aber der Tod verwandelte die Geschichte in eine Tragödie, weil sie durch ihn unwiderruflich wurde. Wäre Leigh am Leben geblieben, hätte ich im Bandung den Witz seines Auftauchens bei uns in immer neuen Variationen entfaltet, ich hätte ihn verspottet, wenn er nur abgereist wäre. Aber er war auf die andere Weise verschwunden, und die Erinnerung an den Rauch über dem Krematorium verschloß mir den Mund.

»Den Brief haben Sie morgen«, sagte Shuck. »Machen Sie's gut.«

Er wurde durch einen *Peon* der Botschaft in Hings Geschäft gebracht. Ich quittierte den Empfang und nahm ihn mit in meine Nische, um ihn zu öffnen. Es war ein schlaffer Umschlag, einer, den ich nur zwischen die Finger zu nehmen brauchte, um zu wissen, daß er nichts Wichtiges enthielt. Ich schlitzte ihn auf und schüttelte einen braunen Abschnitt und einen kleinen Notizzettel heraus. Auf dem Abschnitt stand: *Hafenrundfahrt – Erwachsene $3.50*; der Notizzettel enthielt Angaben über Tag und Uhrzeit und trug Edwin Shucks schräge Initialen.

»Hier können wir besser reden«, sagte Shuck auf der Barkasse *Kachang*. Wir kletterten die Leiter zum Kajütdeck hinauf und bezogen etwas abseits von den Touristen Stellung. Shuck blickte sich um und sagte: »Bleiben Sie am Apparat.«

Ein Mann mit Strohhut war hinter uns hochgekrabbelt und sagte: »He! Können Sie mir einen Gefallen tun? Machen Sie eine Aufnahme von mir und meiner Frau? Die da unten ist es mit dem Hut. Sie brauchen nur hier durchzusehen und dann zu knipsen. Den Belichtungsmesser habe ich eingestellt. Prima.«

»So voll ist es normalerweise nicht«, sagte Shuck und visierte mit der Kamera den Mann und die Frau auf dem Achterdeck an.

»Vielen Dank«, sagte der Mann, als er seine Kamera wieder an sich nahm. »Wie wär's mit einem Bild von Ihnen beiden? Ich schicke Ihnen einen Abzug, wenn wir wieder in den Staaten sind.«

»Nein«, sagte Shuck scharf, drehte sich um und schloß die Augen in einer kindlichen Geste der Ablehnung.

Die Maschine der *Kachang* surrte und pumpte, und das Boot drehte stampfend von den Stufen des Kais ab. Rings um uns hatten sich Proviantboote und Sampans ineinander verkeilt und begannen jetzt, zu tuckern und sich voneinander zu trennen, und bewegten sich quer vor unserem Bug auf und ab.

Hinter einer unförmigen Barrikade aus Seesäcken und Pappkoffern warteten oben an der Treppe sechs sonnenverbrannte Russen, zwei stämmige Frauen mit Kopftüchern und Baumwollkleidern und vier Männer mit slawischen Lippen, blondem Bürstenschnitt, durchscheinenden Nylonhemden und Strickwesten. Einer rauchte eine röhrenförmige Zigarette.

»Rußkis«, sagte ich.

»Was wollen *die* denn?« murmelte Shuck.

»Fahren zu ihrem Schiff raus«, sagte ich. »Nächste Station Bloodywostok, ha.«

Graue träge Wellen mit Ölschlieren in vipernähnlichen Streifen schlugen gegen eine der höhergelegenen Stufen, fielen dann als rollender Schaum wieder zurück und legten auf halbem Wege eine zerdrückte Plastikflasche auf einer Stufe ab. Eine Sekunde später hob eine neue Welle die Flasche eine Stufe höher. Ich beobachtete das weitere Schicksal dieses Stückchens Treibgut, wie es die Treppe hinauf und hinunter reiste – die Treppe, auf der Doris Goh, die so kleine Zähne hatte, gestolpert und dann ins Wasser gefallen war, von der aus meine hübschen Mädchen in alten Pyjamas und Overalls in Sampans gestiegen waren und während der Fahrt zu den Frachtern unentwegt gekichert hatten.

Es war später Nachmittag; die Sonne stand hinter dem Zollgebäude und dem Maritime Building und hüllte uns in ihren Schatten, der innere Hafen schien nur noch aus schmierigem Wasser und dunklen Schiffsumrissen zu bestehen. Aber weiter draußen, wo das Wasser hell und in der größten Entfernung am reinsten war, glänzten andere Schiffe und wurden deutlich vom himmelblauen Spiegel des Meeres reflektiert.

»Sehen Sie die kleine Mole da?« sagte ich. »Vor einigen Jahren habe ich von dort immer Mädchen in kleinen Booten rausgebracht. Da, wo der alte Kerl in dem Sampan ist.«

Der alte Mann im schlotternden schwarzen Pyjama hatte seinen Fuß gegen eine Sitzplanke gestemmt, rührte mit seiner langen Ruderstange, die in einer langen Rudergabel lag, hin und her und wriggte den Sampan durch die Dünung.

»Ich habe mir immer Sorgen gemacht. Was ist, wenn ein Sturm aufkommt und uns auf das offene Meer hinaustreibt? Wir wären hilflos den Wellen preisgegeben oder würden irgendwo Schiffbruch erleiden. Da wird man doch nachdenklich. Sie würden vermutlich sagen: ›Großartig, allein mit ein paar Nutten auf einer einsamen Insel.‹ Aber es wäre tödlich – man würde verrecken oder zum Menschenfresser werden. Allein wär man besser dran.«

»Auch dann würde man abkratzen«, sagte Shuck.

»Aber man würde nicht zum Kannibalen«, sagte ich.

»Ich bin froh, daß Sie heute gekommen sind«, sagte Shuck.

»Ich auch«, sagte ich. »Mein Gott, ich komme um vor Freude!«

Shuck machte ein saures Gesicht. »Wenn Sie so reden«, sagte er, »weiß ich nie, ob Sie mich auf den Arm nehmen oder nicht.«

»Hören Sie auf«, sagte ich. »Das würd ich nie tun.«

»Im Paradise Gardens hab ich Sie oft beobachtet, wie Sie rumrannten und ganz aus dem Häuschen waren, und da hab ich mich gefragt: *Ist das nun sein Ernst?*«

»Ich hab mir Sorgen um die Leute gemacht«, sagte ich. Die *Kachang* war jetzt fast hundert Meter weit draußen; der Fremdenführer hatte begonnen, seine Platte abzuspielen.

»Das graue Steingebäude da drüben ist das Hauptpostamt. An einem Heiligabend, so gegen elf Uhr, bin ich rein, um Hing ein Telegramm zu schicken. Drinnen gaben drei Marineinfanteristen Telegramme auf – an ihre Angehörigen, vermute ich. Ich folgte ihnen nach draußen und die Straße hinunter. Sie marschierten in strammem Tempo über die Cavanagh Bridge und ich immer hinterher. Am Empress Place wollte ich etwas sagen, ihnen fröhliche Weihnachten wünschen, ihnen einen Drink anbieten oder sie herumführen. Ich hatte etwas Geld damals – ich hätte ihnen ein paar wirklich schöne Stunden machen können. Aber ich habe absolut nichts getan. Sie gingen fort, die Hände in den Taschen. Ich hätte weinen können. Ich würde alles darum geben, noch einmal eine solche Gelegenheit zu haben.«

Die Geschichte machte Shuck geradezu verlegen. »Ich dachte, Sie wollten einen Witz erzählen«, sagte er. »Machen Sie sich deswegen keine Gedanken, Jack. Die Soldaten wissen schon, wo's längs geht.«

»Es lag nicht daran, daß es Soldaten waren«, sagte ich. »Sie waren Fremde. Ich hatte das Gefühl, ihnen würde was Schreckliches zustoßen, sobald sie um die Ecke bogen. Ohne vernünftigen Grund.«

»Sie wären ein guter... Na, wie heißt das gleich? Ich komme jetzt nicht auf das Wort.«

»Ich weiß, was Sie meinen«, sagte ich. »Es gibt keins dafür. Ist ja auch egal – was haben Sie auf dem Herzen?«

»He, *Sie* haben *mich* angerufen, erinnern Sie sich?«

»Diese Hafenrundfahrt war nicht meine Idee«, sagte ich. »Ich wollte einfach nur in Ihrem Büro ein bißchen reden.«

»Sie haben gesagt, da sei noch eine unerledigte Sache zwischen uns.«

»Wirklich? Oh, jaa, ich glaube, das hab ich gesagt.« Ich versuchte zu lachen. Shucks Schweigen brachte die Erinnerung zurück. Ich sagte: »Ich suche Arbeit.«

»Wie kommen Sie darauf, daß ich Ihnen helfen kann?«

»Sie sagten, Sie hätten einen Vorschlag. Damals habe ich geantwortet, ich sei nicht interessiert. Jetzt bin ich's.«

»Ich erinnere mich«, sagte Shuck. »Sie sagten, ich solle ihn zusammenrollen und ihn mir in den Arsch stecken.«

»So eine Redensart«, sagte ich. »Ich war ziemlich wütend – können Sie mir das verdenken?« Ich beugte mich zu ihm hinüber. »Ed, ich weiß nicht, an was Sie gedacht haben, aber ich könnte Ihnen sehr nützlich sein.«

Wenn er jetzt lacht, stoße ich ihn über Bord, dachte ich.

Shuck sagte vage: »Versuchen Sie's mal.«

Ich zitterte. Ich war bereit, alles zu tun, alles zu sagen. »Sehen Sie den Kanal dort?« sagte ich. »Gut, wenn Sie ihm weit genug folgen, kommen Sie zum Raffles-Leuchtturm. Noch ein bißchen weiter, und Sie sind in internationalen Gewässern. Sie wissen nicht, was da vor sich geht. Ich weiß es.«

»Was beweist das?«

»Hören Sie zu«, sagte ich. »Schmuggler aus Indonesien werfen dort riesige Ballen Heroin ins Wasser und fahren wieder weg. Taucher aus Singapur schwimmen dann hin und holen es mit Netzen raus. Auf die Weise wird der Stoff rübergeschafft – unter Wasser. Das haben Sie nicht gewußt.«

»Das ist die Rauschgiftabteilung. Nicht mein Bier.«

»Sind Kommunisten Ihr Bier? Zum Beispiel die Gewerkschaft der Gold- und Silberschmiede auf der Bras Basah Road – was wissen Sie von denen?«

»Wir haben eine Akte über sie.«

»Ich kenne jemanden, der dort Mitglied ist – ein guter Bekannter von mir, nennt mich Jack. Er macht die Zähne für meine Mädchen. Ich könnte Ihnen die Zähne zeigen.«

»Das Herstellen von Goldzähnen fällt noch nicht unter subversive Tätigkeit, Jack.«

»Er ist ein Maoist«, sagte ich. »Das sind sie alle. Ich will damit sagen, daß ich dort jederzeit willkommen bin. Ich könnte Ihnen Namen besorgen, Adressen, alles mögliche.«

»Mit dem Kram können wir nichts anfangen.«

»Na gut, das glaub ich – ich hab es auch nur als Beispiel gemeint«, sagte ich. »Vergessen Sie nicht, ich treibe mich seit vierzehn Jahren in Singapur herum. Was ich über die Geheimgesellschaften nicht weiß, lohnt sich nicht zu wissen. Sehen Sie die Tätowierungen hier? Ich habe ein paar Tricks gelernt.«

Shuck lächelte.

»Sie sehen mißtrauisch aus«, sagte ich.

»Sie sind mir zu eifrig«, sagte Shuck. »Jeden Tag kommen Leute mit solchen Geschichten zu uns in die Botschaft. Sie meinen, wir wären daran interessiert. Viel Geflüster und so weiter. Das Komische daran ist nur, daß wir das meiste davon schon wissen.«

Ich versuchte es anders. »Sagen Sie mir ganz offen: Was ist der mieseste Job, den Sie sich vorstellen können?«

»Offen gesagt, Ihrer«, sagte Shuck. »Ich meine, Zuhälterei – tiefer kann man doch wohl nicht mehr sinken.«

»Einverstanden«, sagte ich. »Und wer ist der ehrlichste Mensch, den Sie kennen?«

»Früher dachte ich immer, das wären Sie.«

»Und warum denken Sie das jetzt nicht mehr?«

»Sie sind jetzt zu sehr unter Druck, Jack.«

»Ich suche Arbeit«, sagte ich. Ich wurde allmählich ungeduldig. »Sie haben mir gesagt, Sie hätten einen Vorschlag. Alles, was ich wissen will, ist – gilt er noch? Denn wenn das so ist, bin ich Ihr Mann.«

Die *Kachang* fuhr jetzt schnell an einem Kai entlang, an

dem ein hoher schwarzer Tanker vertäut war. Der Fremdenführer sagte gerade: »... viertgrößter Hafen der Welt...«

»Es war nur so eine Idee«, sagte Shuck endlich. »Und die ganze Sache ist ziemlich inoffiziell. Ich meine, es ist *mein* Baby, nicht das von Uncle Sam.«

»Um so besser«, sagte ich. »Dann bleibt es unter uns.«

»Da ist noch einer«, sagte Shuck. »Aber der weiß davon nichts.« Shuck sprach langsam und quälte mich mit Lispeln und Pausen. »Wir wollen ihn mal Andy Gump nennen. Er kommt hin und wieder nach Singapur. Aus Saigon. Ist da jemand hinter mir? Nein? Andy Gump macht hier nicht viel – gabelt wahrscheinlich eine Nutte auf und genehmigt sich eine saftige Nummer. Das ist nichts Neues für Sie. In Saigon sieht das allerdings ein bißchen anders aus. Dort macht er Politik.«

»Wie weit oben ist er denn?«

»Weit«, sagte Shuck. »Und das ist das Verrückte. Niemand hat etwas auszusetzen an dem, was er dort tut, aber sie würden sich in die Hosen scheißen, wenn sie wüßten, was er hier macht. Ich rede von Fotos und Beweismaterial.«

»Können wir ein bißchen konkreter werden?«

»Ich skizziere die Sache nur mal so in großen Zügen«, sagte Shuck. »Da ist also ein Mann, der die Macht hat, sich in Vietnam eine ganze Armee zu halten. Er sagt, er sei ein Idealist und so weiter. Jeder glaubt ihm, und warum sollten sie auch nicht? Er hat ein paar zwielichtige Nebeneinkünfte, aber er ist ein Familienvater und behandelt seine Truppen anständig – sogar mehr als das, er deckt sie, wenn sie Zivilisten umbringen. Er liefert seine Berichte rechtzeitig ab und fliegt gelegentlich nach Washington, um die militärische Lage zu erläutern. So weit, so gut. Jetzt nehmen wir an, wir wissen, daß dieser Mann chinesische Huren vögelt – sie vielleicht verprügelt, wer weiß? Schon mal was von der Vertrauenslücke gehört?«

Trotz der steifen Meeresbrise waren meine Hände feucht. Ich sagte: »Eine Minute lang hab ich gedacht, Sie wollten, daß ich ihn umbringe.«

»*So* verzweifelt suchen Sie nun auch keine Arbeit«, sagte Shuck, »oder doch?«

»Wenn sie verzweifelt sind, denken manche Leute an

Selbstmord«, sagte ich. »Ich bin da anders. Ich denke an Mord.«

»Nach allem, was wir so hören, könnte das gleiche auch auf Andy Gump zutreffen.«

Ich sagte: »Sie wollen belastendes Material über ihn?«

»Das wär schön«, sagte Shuck und quetschte das »schön« wieder mit dem Zischen heraus.

»Vor ein paar Jahren«, sagte ich, »hätten Sie für ihn noch den Zuhälter gespielt. Und gelächelt dabei.«

»Das war vor ein paar Jahren«, sagte Shuck. »Jetzt werden *Sie* für ihn den Zuhälter spielen. Sie kennen alle Mädchen, Sie haben Freunde in den Hotels. Es müßte eigentlich einfach sein.«

»Mit dem Vertrauen eines Mannes treibe ich kein Schindluder«, sagte ich. »Die Sache ist ziemlich unangenehm.«

»Sie *stinkt*«, sagte Shuck. »Selber würd ich es nicht tun. Aber Sie denken vielleicht mal darüber nach, und wenn es Sie interessiert – Sie sagen ja, Sie suchen Arbeit –, dann können wir uns vielleicht über die Details unterhalten.«

»Es gibt nur ein Detail, um das ich mir Sorgen mache«, sagte ich. »Geld.«

»Sie werden bezahlt.«

»Wer setzt den Preis fest?«

»Gute Frage«, sagte Shuck. »Sagen Sie, wer tut das in Ihrer Branche?«

»Bei der Anschafferei?« sagte ich. »Das Mädchen macht das.«

»Die Nutte?«

»Ja«, sagte ich. »Wer die Arbeit macht.«

»Also, was ist Ihr Preis?«

Ich kratzte mir die Tätowierungen; die Touristen johlten unten in der Kajüte; die Brise, die mir über das Gesicht strich, war so warm, daß ich nach Luft schnappen mußte, und als ich zu dem *Kampong* auf Stelzen hinüberblickte, an dem wir gerade vorüberfuhren, sah ich ein paar Kinder neben dem haarigen Klumpen eines immer wieder auftauchenden toten Hundes herumschwimmen. Ich sagte: »Unter fünf Riesen mache ich keinen Finger krumm.«

Shuck zuckte nicht mit der Wimper.

»Und noch mal fünf, wenn ich den Job erledigt habe.«

»Okay«, sagte Shuck. Lächelte er, oder zog er nur wieder sein Fischmaul?

»Plus Spesen«, sagte ich.

»Das versteht sich von selbst.«

»Ich könnte einen Drink vertragen.«

»Wenn wir bei der Werft in Kallang Basin ankommen, schenken sie Green Spot aus«, sagte Shuck. »Was ist los?«

»Ich habe gerade über Andy Gump nachgedacht«, sagte ich. »Für wie alt würden Sie ihn halten?«

»Mitte fünfzig.«

Ich schüttelte den Kopf. »Ich hätte es mir eigentlich denken können.«

»Ich werde Ihnen ein paar Geschichten erzählen«, sagte Shuck, »nur damit Sie nicht anfangen und seinetwegen noch ein schlechtes Gewissen kriegen.«

19

»Und noch etwas...« Shuck redete ununterbrochen weiter und erläuterte Andy Gumps Pflichtvergessenheit mit einer so hämischen und scheinheiligen Geläufigkeit, daß ich mir sehr gut vorstellen konnte, daß er log. Und doch war mir das Bild des Mannes vertraut, der in Wirklichkeit Andrew Maddox hieß und den Rang eines Generalmajors bekleidete – so vertraut, daß ich zweimal zu Shuck sagte, ich hätte genug gehört, um wütend auf ihn zu sein: Ich war nicht hinter dem Mann her, sondern hinter dem Job. Ich brauchte nicht erst überzeugt zu werden; ich hatte mich entschlossen. Diese Anstrengung meinerseits, eine letzte Chance, mein Schicksal durch eine Art von massivem und gedankenlosem Verrat aufzubessern, setzte eine Reihe vorsätzlicher Streichungen in meinem Herzen voraus.

Aber Shuck war nicht zu bremsen. Er schwadronierte und heuchelte Abscheu, obwohl der Mann, den er beschrieb, ein Format besaß, das durch jede Einzelheit, wie schurkisch sie auch immer war, nur noch hervorgehoben wurde. Shucks Anschuldigungen hörten sich an wie die Art von neiderfülltem Lob, mit der jemand in einer Bar die Geschichte eines erfinderischen Giftmörders weitererzählt.

»Wie auch immer man schnell an Geld kommen kann – er hat es ausprobiert«, sagte Shuck. Und er fügte im gleichen Ton bewundernder Entrüstung hinzu, daß General Maddox eine Jacht hatte, fette Zigarren rauchte, seidene Hemden trug, vom Cap St. Jacques aus zum Hochseeangeln fuhr und in teuren Hotels wohnte.

»Ich kenn die Sorte«, sagte ich.

Die Geschichten waren nicht neu – die Jungen im Paradise Gardens hatten die meisten von ihnen schon erzählt, ohne den Bösewicht beim Namen zu nennen, und Shuck hatte bereits früher Andeutungen über ihn gemacht. Ich hatte das zwar alles ernst genommen, aber nichts davon hatte mir zu denken gegeben. Ich hatte lange genug gelebt, um mir diese Verwirrung übersetzen zu können. Ich hörte sie so, wie ich die meisten menschlichen Laute hörte – Leighs idyllische Ruhestandspläne, Yardleys Sprüche, Gunstones Kriegsgeschichten, meine alten Witze (*Vor Jahren*... und *Ich kannte mal einen Typ*...) und ganz besonders das triumphierende Stöhnen einer Frau vor Lust und Schmerz, halb Seufzen, halb Schreien, während ich in ungestümer Ehrfurcht zwischen ihren Schenkeln kniete –, ich hörte dies alles als eine Form des Gebets.

Geschichten über Vietnam pulsierten von Widersprüchen, aber sie waren ebenso andächtig und fromm wie ein Oratorium. Wie in Erzählungen über Mord und Blutschande der Borgia-Päpste wandte sich der Inhalt niemals gegen den Glauben selbst – die waren Nebenerscheinungen in der durablen Tugendgeschichte der Kirche. So war auch der ganze Tanz um die Korruption in Vietnam nie mit der Absicht verbunden, die Bombenflüge und Folterungen selbst anzugreifen oder die Tatsache, daß eine Armee ein Land rücksichtslos und plump besetzt hielt (die ganze koloniale Szenerie mit Maddox als Vizekönig); Typen wie Shuck wollten im Gegenteil den »gerechten Kampf« von solchen Begleiterscheinungen wie Maddox' Lebenswandel befreien. Denn eigentlich hätte der Sieg ja längst erfochten sein müssen. Aber: »Diese Schwächen scheinen nun mal in der Natur des Menschen zu liegen...«

»Ich werd Ihnen noch etwas über ihn erzählen«, sagte

Shuck. Er verzog das Gesicht. »Er hat seine Finger im Geschäft mit den Nutten da oben.«

»Dann kann er nicht ganz böse sein«, sagte ich. Die *Kachang* drehte nach Backbord ab und schleuderte mich in die Nähe von Shucks Gesicht. »Ed, da habe ich meinen ganzen *Arm* drin!«

»Er ist ein General der US Army«, sagte Shuck. »Sie nicht.«

Dann machte sich Shuck daran, das zu beschreiben, was er für die dunkelste Seite von General Maddox hielt: daß er in Saigon eine Kette von Bordells betrieb und an den damit verbundenen Seitenzweigen des Handels mit der Haut beteiligt war – ich wußte, daß sich das nicht vermeiden ließ –; Massagen en gros, Pornographie, Live-Shows, Fälschen von Pässen, die Bekanntschaft mit Schwindlern und der Grenzschmuggel von warmen Körpern für die Armeeangehörigen. Ohne daß er es wollte, überzeugte mich Shuck davon, daß dieser General eine erfolgreiche Version von mir selbst war und daß seine menschenfreundlichen fleischlichen Verbrechen ein phantasievolleres und besser aufgezogenes Geschäftsunternehmen darstellten als mein »Ganz schön heiß, nicht?«, der Fleischexpreß oder das Dunroamin. Damit hatte ich nicht gerechnet; ein warmes elendes Gefühl nagte an meinem Entschluß.

»Ich versteh das nicht«, sagte ich. »Was Sie an diesem Kerl auszusetzen haben, ist sein Mangel an dem, was ihr Anstand nennt.«

»Er ist widerlich«, sagte Shuck. »Ein Schandfleck.«

»Na, ja! Sie schmeicheln sich selbst«, sagte ich und fügte hinzu: »Trotzdem ist er mir irgendwie nicht fremd. Hätten Sie ihn einen Helden genannt, dann wär es mir zehnmal schwerer gefallen, ihn zu verstehen.«

»Das sagen *Sie*.«

»Helden fallen nicht in mein Ressort«, sagte ich. »Sie wollen den Krieg beenden, also versuchen Sie, den Bösewicht zu entlarven. Ich würden den Helden demaskieren – der ist Ihr Mann. Vor allem Kriegshelden. Wenn ich zu befehlen hätte, würde ich sie erschießen lassen.«

»Sie haben etwas abseitige Ideen«, sagte Shuck.

»Ich hatte nicht Ihre Privilegien«, sagte ich. »Sehen Sie, ich weiß nun mal nicht viel von der Tugend.«

»Ich schon«, sagte Shuck.

»Gratuliere«, sagte ich. »Tugend ist der Abstand, der Sie von Ihrem Lieblingsschurken trennt, richtig? Und das ist eine jährliche Angelegenheit – jedes Jahr gibt es einen neuen amerikanischen Schurken. Ist Ihnen das schon mal aufgefallen? Tugendhafte Leute wie Sie wählen ihn, und dann steinigen sie ihn zu Tode. Das hat irgendwas zu bedeuten.«

»Vielleicht liegt es daran, daß wir puritanisch sind«, sagte Shuck.

»Ich wollte gerade bankrott sagen und ziemlich wirr im Kopf.«

Shuck ließ ein bitteres Lachen hören. »Maddox ist demnach ein Engel.«

»Maddox ist ein Ganove, ganz offensichtlich«, sagte ich. »Aber Sie meinen, er hätte ein kompliziertes Motiv. Ich kenne eine Menge Leute, die so sind wie er und sich ebenso verhalten, weil sie die mittleren Jahre erreicht und schlechte Zähne haben.«

»Angenommen, er *ist* wirklich übel«, sagte Shuck. »Überlegen Sie mal, was für einen Dienst Sie uns dann erweisen, wenn Sie ihn mit dem Arsch an die Wand nageln.«

»Jetzt kommen Sie mir nicht so«, sagte ich.

»Wissen Sie, was ich glaube?« sagte Shuck. »Ich glaube, Sie wollen diese Sache gar nicht machen.«

»Ich will nicht unbedingt immer, was ich brauche«, sagte ich. »Warum hätte ich sonst so wenig?«

»Sie haben nicht den Nerv dazu.«

»Nur wenn Sie versuchen, dieses lausige Ding zu rechtfertigen.«

»Wer rechtfertigt denn hier? Ich habe Ihnen gesagt, die ganze Sache stinkt.«

»Das läßt sich schon eher hören!« sagte ich.

Kein Job – eine Tat, eine Erpressung, ein irrationales Verbrechen mit einem angemessenen beschissenen Namen; es war das, was ich brauchte, der Beweis für eine böse Magie, die ich nicht verstehen wollte. Wie eine kleine beiläufige Spekulation im Turf Club mit einem Pferd, das nicht viel versprach, und dann der große Gewinn; die einzelne Münze, die im Spielautomaten den Jackpot brachte; alles, was ungewöhnlich war – und danach: keine Fragen. Jetzt verstand ich meine Wunschträume – sie waren eine Vorbereitung, um mich unerschrocken zu machen; auf das Stichwort sprang die tätowierte massige Gestalt sofort auf und war zu Diensten. Als junger Mann hatte ich oft davon geträumt, eine schwarze Limousine würde neben mir anhalten, während ich eine leere Straße hinunterschlenderte, die Tür öffnete sich, und die gepflegte Dame am Steuer sagte leise: »Steigen Sie ein.«

Meine Phantasien lieferten mir noch etwas: eine Methode und die dazu passenden Ausdrücke.

Also sagte ich *»Folgen Sie dem Wagen da«* zu dem Taxifahrer am Flugplatz. Diesen Phantasiebefehl, der jedem englischsprechenden Menschen sofort verdächtig war, konnte ich in Singapur geben. Ich hatte Mary Lim, einer meiner Schützlinge, die sich in eine Bodenstewardeß verwandelt hatte, eine Kopie der Passagierliste abgeschwatzt. Ich stand hinter einer Säule in der Nähe der Zoll- und Einreisekontrollen, nicht weit von der Stelle entfernt, von wo aus ich Leigh gesichtet hatte, und beobachtete, wie der General eintraf – ein braungebrannter Mann mit guten Schuhen und breitem Oberkörper, dessen Gang den leichten und verantwortungsbewußten Schwung eines Menschen hatte, der daran gewöhnt ist, nichts in den Händen zu tragen. Er schritt an mir vorüber, gefolgt von einem schwerbeladenen Gepäckträger, und stieg in ein wartendes Taxi. In meinem eigenen Taxi sagte ich jetzt: »Verlieren Sie ihn nicht – *bleiben Sie dran*!«

Im Belvedere stand ich neben ihm, als er sich anmeldete. Er trug sich schwungvoll in die Gästeliste ein und richtete sich dann auf. Er löste die federnden Drahtbügel seiner militärischen Sonnenbrille von den Ohren und sah sich in der Lobby um: jener Blick der Lust, die abrupt einsetzende Fröhlichkeit eines Mannes, der im Begriff ist, eine Rede zu halten. Ich fing seinen Blick auf.

»Ganz schön heiß, nicht?«

Er stimmte zu. »Schwül.«

»Hier entlang, Sir«, sagte ein livrierter Gepäckdiener zu

ihm. Er sagte »Bis dann« und überholte den Gepäckträger mit langen, scherenhaften Schritten.

Ich kritzelte meinen Namen in die Gästeliste und nahm zur Kenntnis, daß Maddox seinen Dienstgrad nicht angegeben, daß er Zimmer 913 hatte und eine Woche bleiben wollte.

»Hier bin ich wieder«, sagte ich zu dem chinesischen Angestellten. »Erinnern Sie sich an mich?«

»O ja«, sagte er, ohne aufzublicken. Er kritzelte etwas auf einen Schreibblock. »Singapur gefällt Ihnen also? Sauber und grün.«

»Großartiges Städtchen«, sagte ich.

»Bitte sehr, nicht der Rede wert«, sagte er und kritzelte noch immer.

»Und dies ist ein wunderbares Hotel«, sagte ich. »Ich würde nie anderswo absteigen. Irgendwie hänge ich an dem Zimmer, in dem Sie mich sonst immer untergebracht haben – neun-fünfzehn. Kann ich es wieder haben?«

»Wenn es leer ist.«

»Fällt was für Sie ab«, sagte ich leise.

»Kann«, sagte er nach einem Blick auf die Fächer hinter ihm.

Ich beglückwünschte mich selbst, weil ich wußte, daß die Zimmer mit den ungeraden Nummern auf einer Seite des Korridors lagen und die mit den geraden auf der anderen. Schließlich war es nur ein paar Wochen her, daß ich Gunstone hier mit Djamila bekanntgemacht hatte; dort drüben in der Bar-Lounge hatte ich so getan, als sei ich Bischof Bradley.

»Hier entlang, Sir«, sagte der Gepäckträger an der Tür des Fahrstuhls.

»Bringen Sie den Koffer auf mein Zimmer«, sagte ich, als wir im neunten Stock ankamen. »Ich möchte mich noch ein wenig mit meinem Freund hier unterhalten.«

Das Gesicht des Liftboys legte sich vor Schreck in Falten. Er klappte den Mund zu.

»Du siehst aus wie ein patenter Bursche«, sagte ich. »Kannst du die Augen offenhalten?«

»Kann«, sagte er und riß die Augen auf.

»Ja, so ist es recht«, sagte ich. »Dir sind große Dinge beschieden. Wenn du ein bißchen Geld zusätzlich verdienen willst, dann hör mal zu...«

Eine Stunde später ertönte mein Summer.

»Joh?«

Es war der Liftboy, und er grinste. »Ich bringen ihn runter zu Lobby. Er geht nach draußen. Ich kommen sofort zurück.«

»Sehr schön«, sagte ich und gab ihm fünf Dollar. »Weiter so.«

»Okay, Jungs, es geht los«, sagte ich ins Telefon, und fünf Minuten später befanden sich Mr. Khoo, Jimmy Sung und Henry Chow in meinem Zimmer, saßen auf der Bettkante und waren heftig bemüht, den Plan zu verstehen. *Die Jungs, das Zimmer, der Plan:* Magische Worte.

Was mich am stärksten berührte, war die Art und Weise, wie sie geduldig zuhörten, hager, schäbig, ohne mit der Wimper zu zucken: meine heruntergekommene chinesische Kommandotruppe. Es machte Spaß, mit einer Behelfsarmee zu konspirieren, mageren Scharfschützen, in abgelegten Kleidungsstücken. Den Reichen war ich immer zu Diensten gewesen, indem ich mich auf solche Leute verließ und Vertrauen in die einzigen Helfer setzte, die ich mir leisten konnte, die Irregulären, die Mittellosen, die Ausgehungerten der Gesellschaft – den schweigsamen Karim, den buckligen Ganapaty, den hinkenden Gopi, die tuschelnden Straßenjungen, die vor den Sexfilmschuppen in der Nähe der Rochore Road Wache standen, meine Mädchen. Die Armut machte sie unsichtbar, und ich sah, wie sehr ihre geheimen Fertigkeiten den meinen ähnelten. Ich wählte sie wegen ihrer Schlauheit und Loyalität. Mir gefiel das dramatische Geschehen: der zerknitterte Erpresser mittleren Alters im eleganten, rauchverpesteten Hotelzimmer, der zu der Mannschaft seiner abgerissenen Jünger sagte: »Okay, Jungs...«

Auf seinem Schoß wiegte Mr. Khoo eine elektrische Bohrmaschine wie eine vernickelte Maschinenpistole; Jimmy Sung hielt ein Tonbandgerät in den Händen, Henry Chow eine Kamera. Sie hatten nicht nach dem Warum gefragt und würden es auch nicht tun – Chinesen: Das Volk, das keine Fragen stellt.

»Ihr wißt, was ihr zu tun habt«, sagte ich. »Laßt uns anfangen.«

Henry Chow schwenkte den Transporthebel der Kamera herum; er hatte die Sperrvorrichtungen von den Spulen entfernt: Der Apparat transportierte geräuschlos. Mr. Khoo bohrte zügig und trieb ein Loch durch die Fußleiste in das Nachbarzimmer bis direkt unter das Bett des Generals. Vorsichtshalber tarnten wir das Mikrofon zusätzlich mit einer Steckdose. Dann die Kamera. Henry griff sich einen Eimer und den Gummiwischer eines Fensterputzers, kletterte von meinem Balkon auf den des Generals und berechnete den Winkel der Einstellung für das Bett, während er den Glastüren eine kräftige Portion Wasser verpaßte. Er kam zurück mit weißem Gesicht und zitterte, schob sich langsam über die Brüstung und klammerte sich dabei fest an das Balkongeländer.

»Können wir da eine Kamera anbringen?«

»Können«, sagte er, »aber Vorhänge...«

»Es hat keinen Zweck«, sagte ich. »Wenn er auf den Balkon hinausgeht, wird er sie sehen, und das Spiel ist aus. So geht's nicht.« Ich saß in der Klemme. Wie *machte* man überhaupt Fotos im Zimmer eines Mannes, ohne daß er es bemerkte? Nach der Unterhaltung mit Shuck hatte ich mir vorgestellt, wie ich, das Tonbandgerät über eine Schulter gehängt und die Kamera über die andere, in der geduckten Haltung des Erpressers an einem Schlüsselloch oder einem Fenster kauern, zuhören, beobachten, Knöpfe betätigen und dann auf Zehenspitzen mit dem erdrückenden Belastungsmaterial schleunigst verduften würde.

Die Einfachheit des Ganzen war mir grausam vorgekommen, aber so einfach war es gar nicht. Dies war ein technisches Problem, ein Dilemma, dessen Vertracktheit die Grausamkeit fast verschwinden ließ. Und wie ein Scharfrichter sich selbst vielleicht als Elektriker sieht, der sich eingehend mit Watt und Volt beschäftigt, und ein Spezialist für Gehirnwäsche sich wie jemand vorkommt, der mit Lichtstärken zu tun hat, so war mein Gefühl, ein Verräter zu sein, schon bald vergessen, als ich mit Drähten, Objektiven und Bohrern herumexperimentierte – alles so kompliziert, daß der General nicht mehr verwundbar zu sein schien. Er war in Sicherheit; ich war das Opfer.

»Also, jetzt wollen wir mal sehen«, sagte ich. »Wir können die Kamera nicht auf dem Balkon anbringen. Wie ist es mit seiner Klimaanlage? Daß es aussieht wie ein Sicherungskasten?« Meine Jungs sagten nichts. Ich beantwortete meine Frage selbst: »Das hieße, wir müßten in das Zimmer.«

»Schlüssel besorgen«, sagte Jimmy Sung.

»Wenn das Bett doch bloß auf der anderen Seite des Zimmers stände«, sagte ich. »Dann könnten wir hier ein Loch machen, die Kamera durchstecken und zack!«

»Bett umstellen«, sagte Henry.

»Wenn wir das tun, sieht er das Mikrofon«, sagte ich. »Mann, das sieht verdammt böse aus.«

Jimmy Sung schlug etwas anderes vor. Er hatte früher einmal den Auftrag gehabt, hinter der Ehefrau eines *Towkays* herzuspionieren, um Beweise für Ehebruch zu beschaffen. Er war der Frau und ihrem Liebhaber bis zu einem Hotel gefolgt, hatte die Putzfrau bestochen, von ihr einen Schlüssel bekommen und war dann einfach im geeigneten Moment zur Tür hereingeplatzt, hatte von dem kopulierenden Paar eine Blitzlichtaufnahme geschossen und war davongerannt.

»Das ist okay, wenn man nur ein Bild haben will«, sagte ich. »Aber eins ist nicht genug. Es muß eine andere Möglichkeit geben.«

Ich schritt im Zimmer auf und ab. »Henry sagt, das Zimmer des Generals ist genau wie dies hier, richtig? Bett hier, Stuhl da« – die drei Männer sahen sich einen Gegenstand nach dem anderen an, während ich sie aufzählte –, »Kommode dort, Schreibtisch da drüben – *Moment*!«

Über dem Schreibtisch hing ein großer, viereckiger Spiegel, in dem das ganze Zimmer zu sehen war, Mr. Khoo, Jimmy Sung und Henry Chow, die verlegen auf dem Bett saßen. Ein Spiegel, der einen nur ablenkte, wenn man den Schreibtisch benutzte, ihn für eine Frau jedoch gut als Frisierkommode verwendbar machte.

»Wir können das Bett nicht fotografieren«, sagte ich, »aber

wir können ein kleines Loch in die Wand bohren und die Kamera auf den Spiegel richten. Der hängt direkt gegenüber.«

»Weitwinkel«, sagte Jimmy.

Henry Chow lächelte.

Diesmal benutzte Mr. Khoo seine Bohrmaschine wie einen Meißel, um den Putz abzulösen und die Backsteine auf unserer Seite der Wand auszuhöhlen. Er machte eine Nische für die Kamera und stieß für das Objektiv ein kleines Loch zur anderen Seite durch. Jimmy Sung schraubte einen Fernauslöser mit langem Kabel an die Kamera und brachte den Apparat dann hinter dem Loch an, indem er ihn mit Bandagen aus Klebeband in der Nische befestigte.

»Ich schätze, das wär's«, sagte ich.

Mr. Khoo wischte seine Bohrmaschine mit einem Lappen ab.

»Jetzt haben wir einen Drink verdient.«

Henry sagte nein. Mr. Khoo schüttelte den Kopf. Jimmy Sung kratzte sich nervös am Kopf und meinte, er müsse mit seiner Frau zum Einkaufen.

»Na los, ich lad euch ein«, sagte ich. »In diesem Hotel haben sie alles. Wir könnten uns den Lunch raufbringen lassen. Alles – was ihr wollt. Kostet nichts!«

Mr. Khoo murmelte etwas auf kantonesisch. Henry sah verlegen aus. Jimmy Sung sagte »Seng Ho wollen Geld« mit ängstlichem Zucken.

»Ganz wie ihr wollt.« Ich gab ihnen ihr Geld, und während ich es tat, drängten sie schon zur Tür. Ich sagte: »Warum so eilig? Es ist noch früh. Bleibt doch noch hier.«

Es gibt ein chinesisches Lachen, das »Ja, natürlich!«, und ein anderes, das »Nein, auf keinen Fall!« bedeutet. Das erste ist voller Zuneigung, das zweite ist ein leises, freudloses Rasseln in der Kehle. Sie ließen mich das zweite hören und waren weg.

»Bis dann, Jungs.« Ich war allein. Draußen war es hell und laut, aber während ich wartete, fühlte ich mich in dem halbdunklen, kühlen Zimmer im neunten Stock des Belvedere wie eingesperrt. An der gegenüberliegenden Wand hing der Druck eines alten Aquarells, Fort Canning, Ladies mit Sonnenschirmen, Kinder spielten mit Reifen, in der Ferne war der Hafen zu sehen. Das Dröhnen der Klimaanlage wurde mir bewußt, und nach kurzer Zeit war ich taub davon und bekam eine Gänsehaut. In meinem Schlafzimmer am Moulmein Green hatte ich einen freundlichen Ventilator, der *plenk-e-plenk* machte, und eine parfümierte Moskitospirale; direkt am Fenster wuchs ein Feigenbaum. Eine alte Redewendung kam mir wieder in den Sinn, meine persönliche Bilanz: *Ist das alles?* Ich blickte zu der fertigen Arbeit hinüber und haßte, was ich sah. Das Problem war kompliziert und beinahe unschuldig gewesen. Die Lösung war einfach und schrecklich: das Klebeband, die Drähte, der Spiegel, die schwarzen Apparate, die mißhandelte Wand.

20

Krach, bum. Der General ging nach dem Lunch auf sein Zimmer, und mein Tonbandgerät verstärkte den Lärm, den er beim Hereinkommen machte, zu übereilter Tölpelhaftigkeit. Die Tür knallte, der ungeschickt angefaßte Riegel wurde zugeschoben. Schritte und Rülpser und Geräusche des Entkleidens, das Flip-Flap und das Gähnen beim Ausziehen eines Hemdes, das Klimpern von Münzen in einer heruntergelassenen Hose, das Plumpsen zweier abgestreifter Schuhe. Dann das Schwanken von Sprungfedern, Seufzer, Gebrabbel. Ich stand auf einem Stuhl und spähte durch den Sucher der Kamera. Kein Mädchen; er machte sein Nickerchen allein und hatte auf dem Kissen die Hände hochgenommen. Er schlief, prustete und wälzte sich über eine Stunde lang herum, wachte auf, zog sich eine grüne Badehose an, kratzte sich die Brust, schnitt mir im Spiegel eine Grimasse und ging in klappernden Holzsandalen und mit einem Handtuch, das er wie einen Schal um den Hals trug, nach draußen – ich vermutete, er würde sich auf das Dach zum Swimmingpool begeben.

Er brauchte eine Versuchung. Aber ich wußte schon, mit welchem Köder ich den Hering fangen konnte.

»Madame Lum? Hier ist Jack. Ist Thelma beschäftigt? Yeah, jetzt gleich. Sie sind ein Prachtstück...«

Thelma Tay bekam große Augen, als sie das Zimmer sah.

»Nett«, sagte sie, warf ihren Handarbeitsbeutel auf das Bett und ging zum Fenster. Sie zog an den Jalousien und sagte: »Hübsch.«

»Großartig, dich zu sehen«, sagte ich und zwickte sie in die Wange. »Ich dreh hier schon völlig durch.«

Sie glitt hin und her, schnupperte, berührte den Aschenbecher, knipste die Nachttischlampe an und befühlte die Vorhänge. Sie war keine Schönheit, aber ich wußte, sie war tüchtig und brachte die richtige Begeisterung mit. Ihr schimmerndes schwarzes Haar war sorgfältig zu Ringellöckchen und langen Korkenzieherlocken frisiert und oben durch einen kleinen Korb aus ineinandergeflochtenen Zöpfen gekrönt; sie hatte die reizenden Grübchen in ihrem Gesicht, die bei einem chinesischen Mädchen auf kleine, hohe Brüste hindeuten. Sie schlenkerte ihre Schuhe von den Füßen und strich sich das glänzende Kleid glatt, zu dem sie einen Gürtel trug. Sie warf sich in Positur und sagte: »Wie aussehen?«

»Ansteckend«, sagte ich. »Klasse.«

Sie öffnete den Gürtel und zog sich das Kleid über den Kopf, dann kam sie in ihrem roten Büstenhalter und rotem Slip zu mir herüber und lehnte sich mit ihrem weichen Bauch an mein Gesicht. »Du soweit?«

»Wart 'ne Sekunde, Thelma«, sagte ich und sah zu ihr hoch. »Es ist nebenan.«

Sie trat zurück. »Du nicht?«

»Ich nicht – der Kerl da drin«, sagte ich und deutete auf die beschädigte Wand. »Er ist gerade raus, aber er ist gleich wieder da.«

»Oh«, sagte sie. Sie setzte sich auf die Bettkante und fand an ihrem Ellbogen etwas zum Kratzen.

»Wie geht's Madame Lum?«

»Ist okay. Nicht so beschäftigt.«

»Es ist überall schwer«, sagte ich. »Nicht mehr wie früher. Diese Leute von den Pauschalreisen – sie sind alle schon neunzig Jahre alt. Weiß der Himmel, warum sie hierherkommen.«

Thelma hörte nicht zu. Sie brachte ein näselndes Miauen hervor – ein chinesischer Popsong.

»Gute Filme gesehen in der letzten Zeit?«

»*Dracula*«, sagte sie. »Im Cathay.«

»Und wie war's?«

»Hatte Angst-*lah*!« Sie lachte.

Ich schenkte mir einen Gin pur ein. »Möchtest du einen?«

»Soft Drink«, sagte sie. »Ist Green Spot da?«

»Thelma, alles, was du willst...«

Krach, bum.

»Das ist er«, flüsterte ich. »Warte hier. Der Liftboy wird dich vorstellen.« Ich ging auf Zehenspitzen zum Stuhl und blickte durch den Sucher.

Ein dunkles Chinesenmädchen in einem rüschenbesetzten Bikini ging am Spiegel vorüber. Die Tür knallte, und mein Tonbandgerät sagte: *Nein wirklich, ich glaub, du kannst es schon fast. Du mußt nur immer daran denken, die Beine gerade zu halten, und dann rauf und runter und paddeln, hier, so...*

»Alter Drecksack«, murmelte ich und fingerte am Lautstärkeknopf herum.

»Ich jetzt gehen?« fragte Thelma. Sie hielt ihr glänzendes Kleid in die Höhe.

Ich zog sie zum Bett. »Anscheinend«, sagte ich, »ist schon alles geregelt.«

...nein, halt die Finger zusammen. So ist es richtig. Hier, hüpf aufs Bett, ich zeig es dir...

»Es tut mir ja leid«, sagte ich. »Warte mal eine Minute. Ich werde es dir erklären.« Ich schnappte mir den Auslöser und schoß ein Bild, dann ging ich zurück und setzte mich auf das Bett neben Thelma. »Es sieht so aus, als wärst du umsonst hier heraufgekommen.«

»Du nicht bumsen?«

»Ich hab alle Hände voll zu tun«, sagte ich. »Sei unbesorgt, ich bezahl dich trotzdem. In der Zwischenzeit laß uns leise reden.«

»Maschage?«

»Ach, ich weiß nicht«, sagte ich.

...und jetzt die Arme hoch! Ja, so – mach weiter! Du mußt deinen Kopf bewegen, so ungefähr...

Thelma begann, mir die Schultern zu kneten, und arbeitete sich langsam nach unten, dann zwickte sie meine Wirbelsäule. Es war sehr beruhigend. Ich legte mich auf das Bett, und sie zog mir das Hemd aus und setzte sich mit gespreizten Beinen auf mich, schlug mit ihren Handkanten auf meine Schultern und meinen Rücken ein, rieb und klatschte wie jemand, der eine Pizza vorbereitet.

»Mein Gott, tut das gut.« Ich schloß die Augen, genoß es und fühlte, wie sich die Knoten in meinen Muskeln lösten.

...Atemkontrolle ist sehr wichtig. Atme tief ein – bis ganz nach unten. Wunderbar. Und jetzt laß die Luft wieder hinaus, ganz langsam, und dreh dabei...

»Steig mal ab, Thelma«, sagte ich. Ich ging hinüber und sah durch den Sucher. Der General hockte neben dem Mädchen im Bikini, das ausgestreckt dalag und laute Atemgeräusche von sich gab. Ich machte zwei Aufnahmen.

Thelma hatte sich ganz ausgezogen und machte unbekleidet einen ernsthaft entschlossenen und geschäftsmäßigen Eindruck, ihre Nacktheit war wie eine Uniform. Sie setzte sich rittlings auf mein Kreuz und bohrte mir ihre Knöchel in die Rippen, dann zog sie das Programm mit dem Kneten und Zwicken noch einmal durch, Nacken, Schultern, Rückgrat, und mir wurde warm bis hinunter zu den Nieren.

»Großartig«, sagte ich. Ihre Knie lagen dicht an meinen Rippen, und sie ritt noch immer auf mir und versetzte mir beim Massieren leichte Stöße.

...also das nennen wir den Kraulstil. Jetzt laß mich dir den Bruststil zeigen. Alles, was du dabei tun mußt...

»Foto«, sagte ich, und Thelma glitt hinunter. Ich transportierte den Film und knipste.

»Umdrehen«, sagte Thelma, als ich wieder auf das Bett kroch.

»He, Moment...«

Aber sie hatte schon meinen Gürtel aufgeschnallt und betastete mich unter leisem Lachen, während sie mir die Hose bis zu den Fußknöcheln hinunterschob.

...streck die Hände jetzt ganz nach vorn...

»Du sagen nein, aber er sagen ja.«

»Er? Wer ist *er*?« Ich blickte zum Tonbandgerät.

»Dieser hier«, sagte Thelma. Sie drückte meinen Schwanz und hielt ihn so, daß er mich mit dem einen Schlitzauge ansah, das er in seinem rosaroten Kopf hatte.

»Oh, ich versteh«, sagte ich. »Unser Freund hier.«

... tu so, als würdest du fliegen. So ist es richtig ...

Ich machte mich los und hüpfte zur Wand, um ein weiteres Bild aufzunehmen.

»Du sehr sexy, Mister«, sagte Thelma. »Sieh mal!«

»Das stimmt«, sagte ich, »erzähl es ruhig weiter.«

»Er mich *mögen*, Mister.«

»Nicht so laut«, zischte ich.

»Welche Art du wollen?« Sie lag da und legte ihre Hände hinter den Kopf, so als würde sie auf den Schwimmunterricht reagieren, der aus dem Lautsprecher des Tonbandgerätes kam: *Sich auf dem Rücken treiben zu lassen ist einfach, wenn man weiß, wie es geht ...* Dann unternahm Thelma etwas Außergewöhnliches; sie kniete sich hin und machte eine tiefe orientalische Verneigung, eine ausdrucksvolle und sanfte Geste der Unterwerfung, vergrub ihr Gesicht im Kissen und reckte ihren Hintern in die Höhe. Sie lachte und sagte etwas, das klang wie »wuff, wuff«.

»Lieber schlicht und einfach«, sagte ich. Ich stand nachdenklich zwischen der Kamera und dem Bett und hielt meinen Schwanz in der Hand wie ein geduldiger Angler seine Rute. »Und wunder dich nicht, wenn ich mittendrin hochspringe. Ich hab einen Job zu erledigen, Thelma.« Ich schlurfte zum Bett und murmelte: »Und ehrlich gesagt, es ist eine sehr kitzlige Angelegenheit.«

Sexuelle Begierde, für einen zwanzigjährigen Jungen ein Maulwurfshügel, wird mit zunehmendem Alter immer steiler, und mit dreiundfünfzig ist sie ein Berg. Man keucht langsam hinauf, aber eine einzige Pause, und man rutscht zum Ausgangspunkt zurück und muß noch mal von vorn anfangen. *Du lernst wirklich schnell*, sagte der General, und: *Versuch es mal so – sei nicht schüchtern*, und: *Laß mich dich halten*. Die Unterbrechungen bei diesen drei Aufnahmen schafften mich beinahe, und zum Schluß sagte Thelma: »*Aijah!* Wie Mister Frank!«

»Das hast du aber ganz falsch verstanden, Süße«, sagte ich. Frank, einer der beiden kahl werdenden »Eier« aus dem Crikket Club, unterstützte seine Liebesmühen mit einem Sortiment schwedischer Apparate. Die vertrackten Dinger rutschten immer oder klemmten und mußten ständig zurechtgerückt werden. Eines Tages traf ich den alten Kerl auf der Bencoolen Street. Er lächelte. Er holte einen häßlichen, kleinen, in Zellophan verpackten Schnorchel aus seiner Aktentasche und erklärte stolz: »Ich glaube, das ist die Lösung, Jack. Der läuft mit Batterien.«

Thelma schüttelte den Kopf. Es belustigte sie, aber es stieß sie dennoch ab.

»Dies ist eine hochoffizielle Sache«, flüsterte ich. »Du würdest nicht lachen, wenn du wüßtest, um was es geht.«

»Wie Mister Frank!«

»Wenn du unbedingt meinst«, sagte ich und bezahlte sie. »Lust, noch ein bißchen hierzubleiben?«

Sie zählte das Geld und steckte es in ihre Börse. »Madame Lum sagen, auf schnellen Beinen zurückkommen. Wenn ich spät, sie schimpfen-*lah*.«

»Bleib noch bis sechs«, sagte ich. »Den alten Zeiten zuliebe.«

Sie lächelte. »Für zwanzig, kann.«

Ich dachte darüber nach.

Sie wiederholte: »Für zwanzig, kann.«

»Schon gut«, sagte ich. Ich öffnete ihr die Tür, und danach hatte ich das gleiche Gefühl, das mich beunruhigte, als die Jungs gingen: Wenn außer mir niemand im Zimmer war, dann existierte ich gar nicht – wie ein Donnerschlag in der Wüste, den niemand bemerkte. Ich setzte mich hin mit einem Gin in der Hand und las die Belvedere-Broschüren durch. Sie offerierten Zimmerservice – »Dinner mit allen Gängen oder Snacks, kochend heiß im traditionellen malaiischen Stil«. Außerdem: »Entspannen Sie sich an der Bar unseres Swimmingpools – oder nehmen Sie ein kurzes erfrischendes Bad«, »Nutzen Sie die Gelegenheit und probieren Sie unsere neueingerichtete Sauna aus« und »In unserer Diskothek – die Chopsticks mit ihrem ›Right now‹-Sound!«. Eine andere Bar versprach »bezaubernde Hostessen, die Ihnen all ihre Wünsche erfüllen werden«. Es gab eine Kaffeestube, die 24 Stunden lang geöffnet war, einen Schreibservice, französische, chinesische und japanische Restaurants und einen Nachtclub »mit den Freddy Low Dancers als Hauptattraktion«, eine japanische Ballettruppe und eine australische Stripperin. Und abgestandene Vorschläge: *Kein Besuch Singapurs ist vollständig ohne*... und *Sie werden auch probieren wollen*...

Der da immer wieder mit »Sie« angeredet wurde, war ich das? Ich sah noch einmal in die Nachtclubbroschüre. Die Stripperin winkte vom Sitz eines Motorrades herunter. Das gab mir den Rest. Ich zog mein geblümtes Hemd wieder an und begann, mir die Schuhe zuzuschnüren.

... Und du bist sicher, daß ich dir nicht weh tue?

... Sicher.

Ich drehte den Film weiter. Ich schloß die Augen. Ich knipste, sicherte mein Zimmer durch ein Schild mit der Aufschrift *Bitte nicht stören!* und flüchtete über die Feuertreppe.

Sie saßen auf der Veranda des Bandung in den niedrigen Korbsesseln mit den zusätzlichen Stützen, die man an den Armlehnen herausschwenken konnte, alle mit hochgelegten Füßen und festgehakten Absätzen, als hätten sie gerade vor, sich rasieren zu lassen. Yardley las Frogget aus der *Straits Times* vor, und Frogget hörte zu mit einem halben Liter Bier auf dem Bauch.

»Dieser gräßliche alte Mistkerl hat den O. B. E. gekriegt«, sagte Yardley. »Ist so etwas denn möglich? Und rat mal, wer einen M. B. E. bekommen hat? Das ist doch lächerlich...«

»Was ist los?« sagte ich, klappte an einem Sessel neben Yates die Armstützen heraus und machte es mir bequem. Ich legte die Beine hoch, und es ging mir wieder besser.

»Die Ehrenliste ist veröffentlicht worden«, sagte Yates. »Yardley ist ziemlich verärgert; sie haben ihn nicht geadelt.«

»Ich würde das verfluchte Ding zurückschicken«, sagte Yardley. »Ich wollte ums Verrecken nicht mit diesem Abtreiber zusammen auf der gleichen Liste stehen. Jesus, warum gibt man diese Dinger nicht Leuten, die sie verdient haben?«

»Jack zum Beispiel«, sagte Frogget.

»Vielleicht hat Jack einen O. B. E. gekriegt«, sagte Smale.

»Sehr witzig«, sagte ich.

»Dann wollen wir mal nachsehen«, sagte Yardley. Er raschelte mit der Zeitung. »Bemüh dich nicht«, sagte ich. »Reich mir mal die Schiffahrtsseiten rüber.«

»Ach, es ist eine Schande«, sagte Yardley. »Man hat dich wieder übergangen.«

»Wo ist Wally?« fragte ich.

»*Wally*!« schrie Smale. Früher einmal war ein Typ ins Bandung gekommen und hatte genau dasselbe gemacht, von der Veranda aus Wallys Namen gebrüllt, und Smale hatte gesagt: »Wenn Sie das noch mal tun, dann trete ich Ihnen in Ihren ungehobelten Arsch.« Der Typ war nur gelegentlich gekommen; niemand hatte je mit ihm gesprochen, und nachdem Smale das gesagt hatte, kam er nie wieder. Schon bald hatte jeder von uns eine Version der Geschichte, und Yardley kam schließlich zu der Ansicht, der Kerl sei verrückt gewesen.

Wally tauchte neben meinem Ellbogen auf.

»Einen doppelten Pink Gin mit einem Spritzer Soda«, sagte ich. »Und frag diese Gentlemen hier, was sie möchten.«

»Telefon für Sie, heute morgen«, sagte Wally. »Mister Gunstone.«

Das ging ohne Kommentar durch. Ich hatte gerade jedem einen Drink spendiert.

»Was ist mit dir, Yatesie?« fragte Smale. »Wann ist dein M. B. E. fällig?«

»Das ist doch bloß Papier«, sagte Yates.

»Jetzt hört ihn euch an«, sagte Yardley. Er lachte schallend, und seine Füße klapperten dabei auf den hölzernen Beinstützen. »Als ich hier um halb fünf reingekommen bin, da hat er in der Zeitung nach seinem Namen gesucht.«

»Das ist nicht wahr«, sagte Yates mit einem verletzten Unterton in der Stimme, der seine Worte widerlegte.

»Er würde seine Eier für einen M. B. E. hergeben«, sagte Yardley, »und *den* haben sogar die verdammten Beatles gekriegt.«

»Ich hätte nichts dagegen«, sagte Smale und fluchte leise.

»Ich würde mich nicht beklagen, wenn ich eins von den Dingern bekäme. Gebt es zu, von euch würde es auch keiner tun.«

Danach trat für einen Augenblick Stille ein, eine Stille wie eine Seifenblase der Einfalt, während wir im Geist einen Titel anprobierten. Viscount Smale. Lord Yardley. Sir Desmond. Lord Flowers, dachte ich, Saint Jack.

»Wer steht denn auf der Liste?« fragte ich. »Irgend jemand, den ich kenne?«

»Außer Wally, der in den Ritterstand erhoben wurde – stimmt's, Wally? Klar bist du das –, nur Evans, dieser Wicht, der bei der Hong Kong and Shanghai Bank arbeitet. M. B. E.«

»Evans? O jaaa«, sagte ich. »Den kenn ich. Der ist im Crikket Club.«

»Keine Ahnung«, sagte Yardley.

»Hab ich jedenfalls gehört«, sagte ich.

»Er macht ganz schön Kohle«, sagte Smale. »So als Bankier.«

»Quatsch«, sagte Yardley. »Nicht mehr als drei- oder viertausend Pfund.«

»Sagen wir vier«, sagte ich. »Das sind zehntausend US-Dollar. Ganz schönes Geld.«

»Ganz schönes Geld«, sagte Yardley und äffte mich nach. »Viertausend Pfund! Das ist doch kein Geld.«

»Zehntausend Dollar würden mich ziemlich weit bringen«, sagte ich.

Frogget lachte unsicher und sah zu Yardley hinüber.

Yardley wechselte in seinem Sessel die Lage. Er sagte: »Das ist kein Geld.«

»Nein«, sagte Smale. »Kein *richtiges* Geld.«

»Na ja, vermutlich nicht«, sagte ich.

Wir starrten in den Garten. Es wurde dunkel; der Garten wurde im Zwielicht einfach und ordentlich, der geschmeidige Feigenbaum und die Palme, die er abwürgte, verschmolzen. Die Moskitos wachten auf, sammelten sich im Licht der Veranda und stachen uns in die ungeschützten Fußgelenke. Frogget klatschte sich auf den bloßen Arm.

»So fünfzig- oder sechzigtausend Pfund«, sagte Yardley. »Das ist Geld.«

Der Korbsessel unter jemandem knarrte.

»Oder vielleicht hunderttausend«, sagte Frogget.

»Davon könnte man leben«, sagte Yardley.

»Ganz bestimmt könnte man das«, sagte Yates.

»Stellt euch das vor«, sagte Smale.

»Merkwürdigerweise«, sagte ich, »kann ich das.«

»Ich auch«, sagte Frogget.

»Als ich das letztemal auf Urlaub war«, sagte Smale, »da habe ich von Waterloo bis King's Cross ein Taxi genommen. Hatte einen Haufen Gepäck. Ich hab den Fahrpreis bezahlt und dem Fahrer gesagt, er soll das Wechselgeld behalten. ›Ein Shilling‹, sagt er und gibt ihn mir zurück. ›Schieben Sie ihn sich in den Arsch.‹«

»Der Rosenstrauch da muß geschnitten werden«, sagte Yates.

»›Schieben Sie ihn sich in den Arsch‹«, sagte Smale. »Einen Shilling!«

»Würde nicht passen«, sagte Frogget.

»Dabei fällt mir ein«, sagte Yardley, »eine ganz verrückte Sache ist heute passiert. Es war bei Robinson. Jack, du hörst nicht zu.«

»Ich bin ganz Ohr«, sagte ich.

21

Meine Woche war vorbei, obwohl es mir vorkam, als sei es mehr als eine Woche gewesen: Es fiel mir schwer, mit geschlossenen Augen zu sagen, wie schnell die Zeit verging. Es war eine Gefangenschaft voller Ungewißheit, wie ich sie mit Tohs Bande erlebt hatte, damals, als niemand für mich Lösegeld zahlte. Blind vor Entschlossenheit saß ich in meinem luxuriösen Lehnstuhl – Luxus zu diesem Preis war jetzt so etwas wie Strafe – und nahm auf Band, wie der General seinen Rückflug bestätigte, seine Reisetasche packte und telefonisch ein Taxi bestellte; ich belauschte ihn bis zuletzt. Mr. Khoo kam herauf und füllte die Löcher in der Wand aus. Ich zahlte meine Rechnung, verließ ruhig das Hotel und fuhr zum Moulmein Green zurück. Es war drei Uhr nachmittags. Ich schlief unter dem Ventilator und wachte erst am nächsten Tag wieder auf, als Kinder kreischend vor meinem Fenster spielten. Sie verglichen Papierlaternen, die sie offensichtlich gerade erst gekauft hatten: eckige Hähne aus rotem Zellophan, Flugzeuge und kastenförmige Fische.

Ein paar Tage später, bei Hing, stand ich im Schatten des

Säuleneingangs, hatte die Hände in den Hosentaschen und sah dem Verkehr auf der Beach Road zu.

»Verzeihung«, sagte eine Stimme hinter mir. Ich wandte mich um und sah, wie Jimmy Sung den Reißverschluß einer Aktentasche öffnete. »Die Bilder«, sagte er und lachte, »nicht gut, mjah!« Er reichte mir einen dicken Umschlag mit Fotos.

»Wenn es Nieten sind, dann ist das nicht deine Schuld«, sagte ich. Ich ging den Inhalt des Umschlags schnell durch und sah gekräuselte Wasserflecke auf einem trüben Hintergrund; einige waren völlig schwarz, andere verschliert und unscharf. Menschliche Formen waren darauf nicht zu erkennen. Ich war aus der Patsche.

»Falsch belichtet«, sagte er.

»Ja, so geht das«, sagte ich. Ich hätte ihn am liebsten in den Arm genommen.

»Und diese«, sagte er. Er gab mir einen kleineren Umschlag.

»Was ist das?«

»Ein paar gute.«

»Du hast doch gesagt, die wären alle zu dunkel«

»Nicht alle.« Er nickte. »Ich machen ein paar Extraabzüge. Okay, Jack, bis später.«

»Bleib sauber«, sagte ich. Ich nahm den Umschlag mit in meine Nische, um ihn zu öffnen, und mit Fingern, die vor Angst ganz langsam waren, begann ich, die Bilder durchzusehen. Der Schwimmunterricht kam als erstes, und obwohl »Schwimmunterricht« klingt wie ein Euphemismus für die Macke eines Perversen, sah dieser hier echt genug aus: Das Mädchen ruderte mit den Beinen, der General stand am Fußende des Bettes und erteilte Instruktionen, und auf einem Foto schien er dem Mädchen künstliche Beatmung zu verabreichen. Einige zeigten das Mädchen allein oder den General allein und am Rand des Bildes den Arm oder das Bein des anderen. Zwei gefielen mir. Auf dem ersten drohte der General dem grinsenden Mädchen mit dem Finger; auf dem zweiten starrten sie in verschiedene Richtungen, der General geistesabwesend auf seine Uhr, das Mädchen auf ihre gespreizten Finger. Sie war immer eine Schwimmerin. Eins schätzte ich besonders: Der General hatte seine Arme um das dunkle Mädchen gelegt; sie saß auf seinem Schoß und hielt seinen Kopf in ihren Händen. Er war ein großer Mann, seine Umarmung gewährte Schutz, und ihre Haltung war die Antwort darauf. Wenn das Foto einer solchen Stellung irgend etwas beweisen konnte, dann war dies hier ein Beweis für Zärtlichkeit, selbst wenn sie ein ebenso verzweifeltes Abenteuer war wie sein Krieg.

Für eine Erpessung waren sie wertlos – sie waren das Gegenteil von belastendem Material. Es hätte auch anders kommen können; in jener Woche im Belvedere hatte mich die Vorstellung von einem Verbrechen in Atem gehalten. Der Erpresser fotografiert, was er für einen Seitensprung hält, und entdeckt plötzlich, daß er Zeuge eines Mordes wird; er hört die Drohungen, er sieht die Gewalt, er stürzt in das Zimmer, ein geflügelter Retter in letzter Sekunde. Es hätte eine gute Geschichte abgegeben. Meine war nicht so hübsch, aber dort in meiner Nische gewann ich neue Einsichten: Die Bloßstellung eines Menschen kann ihn vernichten, kann ihn aber auch rechtfertigen. So war es schließlich doch eine Art Offenbarung. Ich hatte dem General nachspioniert, um ihn schuldig zu sprechen; ich fand Beweise für etwas, das alltäglich genug war, um unschuldig zu sein. Ich war so erleichtert, als sei es eine Bestätigung irgendeiner gutgemeinten Geste, die ich gemacht hatte: so eine impulsive Umarmung zum Beispiel, bei der man für die Dauer einer ganzen Minute glauben kann, man sei nicht allein. Also war ich gerettet, und ich dachte: Könnte nicht auch ein kalter, grauer Intrigant, wenn er am feindlichen Fenster steht und Traurigkeit oder Liebe auf dem Gesicht seines Widersachers sieht, seine Einstellung ändern? Shuck machte ihn für den Verlauf eines Krieges verantwortlich. Dazu hatte ich wenig zu sagen, aber in einer Beziehung, der einzigen, in der ich ihn gesehen hatte, war der Mann sanftmütig. Ich hatte die Unschuld belauscht.

»Sie sehen zufrieden aus«, sagte Shuck im Pavillon. Shuck hatte sich an einen Ecktisch gesetzt, und er blickte sich in der Bar um.

»Ich hab sie.« Ich klopfte auf meine Brusttasche. »Hier ist er drin.«

»Wie wär's erst mal mit einem Drink?« sagte Shuck. »Ich trink gerade eine Coca.«

»Gin für mich«, sagte ich. »Also, hier sind sie.«

Wir saßen neben einer Schiffsuhr, unter Messinggeräten auf einem langen Wandregal, alten Pistolen, Säbeln und Musketen. Shuck sah sich die Uhr aus der Nähe an, bevor er den Umschlag öffnete. Er behielt sein Pokergesicht, während er jedes Bild eingehend prüfte, und als er fertig war und sie zurücksteckte, sagte er: »Noch andere?«

»Nein.«

Er faltete den Umschlag zusammen. »Er ist kein Casanova, soviel steht fest. Hätte ich nicht geglaubt. Aber die hier sind nützlich. Ich meine, er ist mit einem Chinesenmädchen zusammen, streichelt sie und so weiter. Dürfte schwer für ihn werden, das dem Pentagon zu erklären. Kennen Sie das Mädchen?«

»Schwimmunterricht«, sagte ich. »Kann ich sie noch mal kurz sehen?«

Shuck nahm sie verdeckt auf und gab sie mir in die Hand. Ich ließ den Umschlag in meine Tasche gleiten.

»Was machen Sie da?«

»Ich behalt sie.«

»Vielleicht ist das vorläufig ganz gut.« Shuck sah sich noch immer in der Bar um und bedeckte die Hälfte seines Mundes beim Sprechen mit der Hand, obwohl ich bezweifelte, daß bei seinem Lispeln irgend jemand auch nur ein einziges seiner Worte verstanden hätte.

»Für immer«, sagte ich. »Bis ich sie verbrenne.«

»He, nicht so schnell«, sagte er. »Die Bilder gehören mir.«

»Ich hab sie aufgenommen«, sagte ich. »Sie gehören mir.«

Shuck lachte unsicher. »Ich seh schon«, sagte er. »Sie wollen mehr Geld. Okay, ich gebe Ihnen mehr – zusätzlich zu den zehn Riesen, die wir vereinbart hatten.«

»Nicht genug.«

Shuck umklammerte seine Coca; sein Gesicht war feindselig. »Noch mal fünf.«

»Nein.«

»Jack...«

»Es ist nicht genug.«

»Sechs«, lispelte er, und sein Gesichtsausdruck verwandelte sich von Feindseligkeit in Besorgnis. »Ich verstehe. Sie bestehen auf mehr und meinen, ich müßte es Ihnen geben, weil Sie etwas gegen mich in der Hand haben – weil ich Sie dazu angestiftet habe. Ich habe Neuigkeiten für Sie – das zieht nicht. Jetzt geben Sie die Ware rüber.«

»Es ist nicht genug Geld, erstens«, sagte ich. »Und zweitens kriegen Sie sie sowieso nicht.«

»Das ist typisch«, sagte Shuck. Sein Lächeln war grimmig. »Das passiert einem bei Einheimischen ständig. Thais zum Beispiel oder Kambodschanern. Man vereinbart mit ihnen einen Preis, kleine Fische normalerweise – aber es sind Thais, woher sollen sie wissen, wieviel sie verlangen können? Sie denken in kleinen Zahlen, und später wollen sie dann mehr. Die Sache wird immer größer. Und dann werden sie wirklich teuer.«

»Also sagen Sie ihnen, daß sie zum Teufel gehen sollen.«

»Manchmal«, sagte Shuck. »Wie dem auch sei, als Sie mir sagten, wieviel Sie haben wollten, da wußte ich, daß Sie schon ziemlich lange nicht mehr in den Staaten gewesen sind. Sie gehören wirklich hierher. Zehn Riesen! Ich konnte es erst gar nicht glauben.«

»Ich weiß«, sagte ich. »Das ist kein Geld. Ich bin froh, daß Sie von mir nicht verlangt haben, ihn zu erschießen. Vielleicht hätte ich das für fünfzehn gemacht.«

»Also, was ist Ihr Preis?«

»Kein Preis.«

»Sie nehmen mich schon wieder auf den Arm, was?«

»Das tu ich nicht«, sagte ich. »Kein Preis, keine Fotos. Ich gebe Ihnen die fünf Riesen zurück. Ich verkaufe nicht.«

»Sie haben also doch die Nerven verloren«, sagte Shuck.

»Absolut nicht«, sagte ich. »Ich habe sogar Bandaufnahmen von dem Mann – in mancher Hinsicht anschaulicher als die Bilder, aber es ist schwerer, sich etwas darunter vorzustellen. Gedämpfte Geräusche, wirklich sehr ergreifend.«

»Jack«, sagte Shuck, »gehen Sie damit zur anderen Seite?«

»Sie sind ja ein raffiniertes Kerlchen«, sagte ich. »Wissen Sie, daß ich an diese Möglichkeit bis jetzt überhaupt nicht gedacht habe?«

»Sie spielen mit Dynamit.«

»Dynamit«, sagte ich. »Ein Mann, der ein Mädchen küßt. Ein Mädchen, das ›bumsen‹ sagt. Ein Mann im Bett. Ein Mädchen beim Brustschwimmen. Dynamit!«

»Er ist ein General!« sagte Shuck.

»Er war nicht in Uniform«, sagte ich. »Ich möchte das Thema wechseln.«

»Ich weiß, daß Sie damit zu den Russen gehen«, sagte Shuck. »Oder sind es die Chinesen?«

»Keiner von beiden.«

»Ich werd Ihnen mal was sagen«, sagte Shuck. »Es sind nicht mal gute Fotos. Sie sind sehr amateurhaft.«

»Für mich sind sie Anlaß zur Hoffnung«, sagte ich. »Ich würde sie Ihnen geben – umsonst –, aber Sie würden die falschen Dinge damit anstellen. Sie würden sie mißbrauchen.«

»Jack, ich verspreche Ihnen...«

»Sie würden etwas Falsches in sie hineinlegen«, sagte ich. »Es würde mich umbringen.« Und ich wollte noch sagen, konnte es aber nicht ausdrücken, daß die Ehre, von der er redete, ein sehr willkürlicher Begriff war, ebenso vergänglich wie Macht und morgen vielleicht schon aus der Mode, wenn er die Seite wechselte. Ich wollte mit dieser Art stilloser Verzerrung nichts zu tun haben. Ich war ein Mensch von geringer Tugend; Tugend war nicht die Erlösung, aber dies zu wissen war sie vielleicht.

»Ich glaube nicht, daß er schuldig ist«, sagte ich schließlich.

»Wie können Sie das wissen?«

»Weil *ich* nicht schuldig bin.«

»Wenn Sie mir die Fotos nicht geben, dann sind Sie es.«

»Wenn ich sie Ihnen gebe«, sagte ich, »dann bin ich erledigt.«

»Sie wollen sich also selbst retten!«

»Und Sie auch«, sagte ich.

Shuck bat mich inständig, aber ich hörte kaum noch hin: »Sie werden sich keine Sorgen mehr zu machen brauchen... Ich rede nicht von Kleingeld... diesen Skandal aufdecken... erst der Anfang... alles, was Sie immer haben wollten... *berühmt*.«

Ich sah den alten Kellner an, die glückbringenden kleinen

Muttermale in seinem Gesicht, die staubigen Säbel, die Bierkrüge; und ich dachte: *Was ist das hier für eine angenehme Bar, was für glückliche Menschen.*

Und ich ging, allein, ließ Shuck und meinen Gin, den ich nicht angerührt hatte, zurück, schritt durch die Schwingtüren und stapfte wie ein König die Orchard Road hinunter, die verstopft war vom Verkehr und der nächtlichen Geschäftigkeit der Leute, die noch Einkäufe machten oder spät essen gingen, vorbei an den Autohändlern und den Istana-Gärten zur Dhoby Ghaut, wo über dem Vordach des Cathay grell beleuchtet ein riesiges, blutbesprenkeltes Plakat aufgehängt war, das einen Dracula mit langen Eckzähnen und grünem Gesicht zeigte, vorbei an den Antiquariaten auf der Bras Basah Road (»*Ksst.* Mistah, was Spezielles?«). Ich war in Panik geraten und hatte gehandelt. Ich hätte nicht in Panik geraten sollen; aber das Handeln hatte mich befreit. Ich hatte Glück gehabt.

»He, Jack!« Ein nasaler chinesischer Ruf; der Mann schrie, weil er schüchtern war. Ich sah ein weißes Hemd in einem Eingang, kein Gespenst – einen Freund ohne Gesicht.

Ich winkte ihm zu und ging weiter, quer durch den Lärm, der mich vorwärtstrieb, und genoß die Nachtluft. Ich war mit der Nase auf zwei Leute gestoßen worden, von denen einer tot war und der andere lebte. Ich kannte sie, und mein Verrat, zu Beginn ausschließlich ein Verbrechen – darauf hatte ich bestanden –, war zum Schluß zu einem Akt des Glaubens geworden, jener Beschwörung, die nicht funktioniert, wenn man sie durchschaut. Der Orientalische Buchladen, der Konvent des Heiligen Jesuskindes, die Bamboo Bar, die Gewerkschaft der Gold- und Silberschmiede – bunt und beflaggt –, und unten an der Victoria Street konnte ich Kinder sehen, die schnell in schmalen Gassen verschwanden und hauchdünne rote Laternen zur Feier des Mondfestes trugen: bunte Lichter, die in der Dunkelheit aneinanderstießen, Vorderseiten von Hemden und Gesichter festlich beleuchteten. Ich ging über den grasbedeckten *Maidan*, vorbei am Ehrenmal für gefallene Zivilisten, das aussieht wie vier in Flutlicht getauchte Räucherstäbchen, wich leichtfüßig dem Verkehr aus – ganz flott für einen Mann in meinem Alter – und erreichte mit federnden Schritten das Stahlgeländer der Hafenpromenade. Dort draußen glitzerten die Lichter der Schiffe. Hier war der äußerste Rand der Insel im überfülltesten Teil der Welt.

Nicht nur ein Leben – ich hatte viele gelebt. Memoiren treffen ihre Auswahl unter verschiedenen Ängsten. Es hat andere gegeben; ich erwartete noch mehr, und ich war ruhig, denn ich hatte auch einen Tod erlebt. Alle Handlungen, die ich für Vorbereitungen zur Flucht gehalten hatte, bestärkten in mir nur die Bereitschaft, dazubleiben. Es war ein Gefühl von Zugehörigkeit, etwas, was ich nie gewollt hatte: Vertraut war mir diese Stadt, ja, aber wer wollte schon hier sterben? Ich lebte nicht im Exil. Es gab schnelle Flugzeuge in Richtung Westen, und ich kannte die gemütlichsten Schiffe. Wenn man von zu Hause weggeht, wird man leicht an zwei Orten ein Fremder, dachte ich; aber was ich brauchte, war nicht ein Land, auch nicht Geld, obwohl ich wußte, daß etwas Bargeld meinem trägen Herzen guttun würde. Ich hatte zehn Dollar auf den Sieg von *Major General* im vierten Rennen am Sonnabend gesetzt, und ich hatte ein Lotterielos – Wettnummer 915. Vielleicht blieb mir der Reichtum trotzdem versagt, aber darin lag auch ein Versprechen, so etwas wie ein Aufschub. Keine Pauken, keine Trompeten; ein Liebesgalopp donnerte in meinem Kopf, und unter mir wurde das ziellose Klatschen des Meeres lauter, Signale der Gefahr, die ganz und gar nach Rettung klangen. Ich war schließlich ruhig genug, mich umzubringen – mich in den Hafen zu stürzen; aber ich überlegte es mir anders und beschloß, hundert Jahre alt zu werden. Mein Leben war also erst zur Hälfte vorbei. Ich würde die kommenden Herrlichkeiten mit einem teuren Drink im Raffles feiern, etwas weiter unten an der Straße, und wenn es die Zeit erlaubte, ein bißchen Arbeit erledigen, bevor ich im Bandung auftauchte. Kinder mit hellen Laternen bewegten sich entlang der Promenade auf mich zu und schwenkten ihre Lichtkleckse. Ich segnete sie und wünschte ihnen mit einem Kopfnicken alles Gute.

Es gab noch jemanden, der sie bewunderte. Eine Frau in einem weißen Kleid, eine Kamera über die Schulter geschlungen, lehnte zwanzig Meter weiter am Geländer. Als die Kinder vorüberzogen, kam sie auf mich zu und lächelte.

»Was für schöne Kinder«, sagte sie. »Sind es Chinesen?«

»O ja«, sagte ich. »Aber sie sollten zu dieser Tageszeit im Bett sein.«

»Das sollte ich auch«, sagte die Frau, und sie lachte sanft. Sie gefiel mir sehr. Sie blickte über die Straße und hielt ihre Finger an die Lippen und küßte sie in gespannter Aufmerksamkeit. »O verdammt«, sagte sie, »ich hab mich verirrt.«

»Nein, das haben Sie nicht«, sagte ich.

»He, Sie sind doch auch Amerikaner«, sagte sie. »Haben Sie eine Minute?«

»Lady, ich habe alle Zeit der Welt«, sagte ich, und ein einzelner seltsamer Ton der Freude, wiedergewonnene Hoffnung, lärmte mir in den Ohren, als ich ihn aussprach, diesen verwegenen Satz.

Kriminalromane

Eine Auswahl

Simon Brett

Der dreizehnte Killer
Band 8269

Dunkelmänner haben keine Schatten
Band 8183

Komödianten lachen laut und sterben leise
Ein Fall für Charles Paris
Band 8208

Mord stand nicht im Textbuch
Band 8169

Spekulanten spaßen nicht
Ein Fall für Charles Paris
Band 8158

Anthea Cohen

Carmichaels kleines Glück
Band 8232

Carmichaels kleine Listen
Band 8312

Ein nahezu lautloser Tod
Band 8288

Engel tötet man nicht
Band 8209

Tatmotiv Liebe
Band 8270

Alain Demouzon

Bleierner Sommer
Band 8211

Monsieur Abel und der Fall Raguenaud
Band 8188

Mouche
Band 8170

Stanley Ellin

Das Kartenhaus
Band 8114

Die geordnete Welt des Mr. Appleby
Band 8286

Der Tag der Kugel
Band 8295

Tod am Weihnachtsabend
Band 8267

Jan Flieger

Tatort Teufelsauge
Band 8285

Ein tödliches Ultimatum
Band 8317

Klaus Fröba

Wölfe im Blinding
Band 8293

Fischer Taschenbuch Verlag

fi 503/6a

Bari Wood und Jack Geasland

Die Unzertrennlichen

»Die Unzertrennlichen« ist ein schockierender, beunruhigender Roman, zu dem eine wahre Begebenheit den Anstoß gab: Am 17. Juli 1975 wurden in einem luxuriösen Apartment in Manhattan zwei Männer tot aufgefunden. Die Untersuchung ergab, daß einer der beiden Tage vor dem anderen gestorben war. Anlaß zu den Sensationsmeldungen aber bot eine weitere Entdekkung: Die Männer waren eineiige Zwillinge und berühmte Gynäkologen. Und ihre Leichen lagen in einem wüsten Durcheinander von Unrat – wochenlang angesammelten leeren Flaschen, verrotteten Essensresten und leeren Tablettenröhren von Aufputsch- und Beruhigungsmitteln. Trotz genauester Untersuchungen der Mordkommission konnte der Fall nie aufgeklärt werden. Dieser Roman, der nach seinem Erscheinen in den USA lange auf den Bestsellerlisten stand und jetzt erfolgreich verfilmt wurde – mit Jeremy Irons in den Rollen der Zwillinge und Genevieve Bujold – gibt eine mögliche Antwort: Schocker und Recherche zugleich.

Roman. Band 8357

Fischer Taschenbuch Verlag

fi 1099/1